Fürchte dich nicht

Europäische Hochschulschriften

Publications Universitaires Européennes
European University Studies

Reihe XXIII

Theologie

Série XXIII   Series XXIII

Théologie
Theology

Bd./Vol. 298

PETER LANG

Frankfurt am Main · Bern · New York

Werner Grimm

Fürchte dich nicht

Ein exegetischer Zugang
zum Seelsorgepotential
einer deuterojesajanischen Gattung

PETER LANG
Frankfurt am Main · Bern · New York

CIP-Kurztitelaufnahme der Deutschen Bibliothek

Grimm, Werner:

Fürchte dich nicht : e. exeget. Zugang zum Seel=
sorgepotential e. deuterojesajan. Gattung /
Werner Grimm. — Frankfurt am Main ; Bern ; New
York : Lang, 1986.
   (Europäische Hochschulschriften : Reihe 23,
   Theologie ; Bd. 298)
   ISBN 3-8204-9470-7
NE: Europäische Hochschulschriften / 23

ISSN 0721-3409
ISBN 3-8204-9470-7

© Verlag Peter Lang GmbH, Frankfurt am Main 1986
Alle Rechte vorbehalten.

Druck und Bindung: Weihert-Druck GmbH, Darmstadt

MEINEN ELTERN

I N H A L T

HINFÜHRUNG

Die vorliegende Untersuchung befaßt sich mit den Fürchte-
dich-nicht-Worten Deuterojesajas. Die innerhalb des dtjes. Corpus verstreut erscheinenden Stücke lassen doch,
ähnlich wie die Ebed-Jahwe-Lieder, eine innere Konsistenz
erkennen und sollen hier als ein sinnvolles Ganzes interpretiert werden.
Über die exegetische Klärung vieler Detailfragen und
unter Anwendung der zu Gebote stehenden Methoden der
Bibelwissenschaft möchte ich fünf 'Urworte' so in
die Hand geben, daß sie sich am rechten Ort zur rechten
Zeit heilsam aussprechen können.

Grob gesprochen, sind es seelsorgerliche Worte, wie man
ja auch Dtjes wiederholt schon als den großen Seelsorge-
Propheten bezeichnet hat. Näher besehen und bedacht, stellt
es sich als eine problematische Etikettierung heraus, die
ein Phänomen unserer Zeit zu doch etwas anders gearteten
in der Bibel bezeugten Vorgängen in Beziehung setzt.
Mag es in den Konzeptionen der Theoretiker und in den
Lehrbüchern sich differenzierter darstellen, so verstehen
viele Menschen heute unter Seelsorge doch dies, daß ein
'Stärkerer' für den seelischen Haushalt eines psychisch
in irgendeiner Weise Schwächeren sorgt, der mindestens
vorübergehend ein Quentchen seiner Mündigkeit verloren
hat und also einer 'Betreuung' bedarf; die Kompetenz
des Betreuers mag dann in evident besserem Wissen und
Lebenserfahrung oder in beruflicher Qualifikation bestehen. Die seelsorgerliche Praxis entspricht weithin diesem Bild, und ich kann mich der Assoziation, Seelsorge
müsse wohl ein aus dem Versorgungsdenken kommendes Wort
sein, gelegentlich nicht erwehren.
Aber hier ist nicht das Gewicht gegenwärtiger Seelsorge
zu wägen und ihr Wert zu beurteilen; es ist lediglich

der Blick dafür zu schärfen, wie die in die Augen
springenden Modelle biblischer 'Seelsorge' sich nicht
von vornherein mit unserer professionell oder auch eh-
renamtlich praktizierten Seelsorge decken.

Das eine ist in Röm 12,15 "Freut euch mit den Fröhli-
chen, weinet mit den Weinenden"[1] kurzgefaßt. Geboten
ist hier ein Anteil-Nehmen an der inneren Welt des
anderen, ein Sich-Einlassen in den Lebensraum des anderen, Nähe-Schenken. Seelsorge ist hier nicht thera-
peutisch-methodische Hilfe eines Oberen und Stärkeren,
sondern ereignet sich gleichsam absichtslos im brüderlichen und schwesterlichen Anteilnehmen. Dafür bedarf
es weniger eines Fachkundig-Seins, vielmehr des persönlichen Einsatzes (Liebe), des Wahr-Nehmens (Aufmerksamkeit) und des Herzenstakts: Jeder ist als Mensch und
Christ gefragt, und keiner steht über dem andern.
Urbildhaft-gültig ist diese 'Seelsorge', eigentlich
eher eine wohltuende Humanität, im Hiob-Buch erzählt:
Zug um Zug ist Hiob, der fromme Mann, von dem abge-
trennt worden, was sein Leben ausmachte: von seinem
Vieh, seinen Knechten, seinen Kindern, seinem Besitz,
seiner Gesundheit. Und Hiob "setzte sich mitten in die
Asche und nahm eine Scherbe, um sich damit zu schaben".
(Hi 2,8) Weiter heißt es dann:

> Die drei Freunde hörten von all dem Unheil, das über ihn
> gekommen war. Und sie kamen, jeder aus seiner Heimat...
> Sie vereinbarten hinzugehen, um ihm ihre Teilnahme zu be-
> zeigen und um ihn zu trösten. Als sie von ferne aufblick-
> ten, erkannten sie ihn nicht; sie schrien auf und weinten.

---

1) Vgl. Test.Iss 7: "Mit jedem kummervollen Menschen habe ich (mit)
geseufzt"; Test.Jos 17,7:"Jeder Schmerz von ihnen war auch mein
Schmerz" und Sir 7,34: "Entziehe dich nicht den Weinenden, und
mit den Trauernden traure." O.Michel z.St. spricht von "chassi-
discher" Frömmigkeit und registriert die auffällige Voranstellung
des Sich-mit-freuen-Sollens als der schwierigeren (!) Forderung.

Jeder zerriß sein Gewand; sie streuten Asche über ihr Haupt
gegen den Himmel. Sie saßen bei ihm auf der Erde sieben Tage
und sieben Nächte. Keiner sprach ein Wort zu ihm. Denn sie
sahen, daß sein Schmerz sehr groß war.
Danach tat Hiob seinen Mund auf... (Hi 2,11 - 3,1a)

Die Freunde setzen sich also zu ihm und halten in seiner
zerstörten Welt mit ihm aus. Und gerade so befreien sie
ihn, seine Klage herauszuschreien, den "Exodus aus der
lähmenden Ohnmacht des Masochismus" (Zenger) zu beginnen.
Bei-Sitzen scheint dabei etwas noch Elementareres zu
sein als Bei-Stehen. Beim Bei-Stand ist das Leid immerhin schon soweit gewandelt bzw. so milde, daß der Leid-
tragende im Prinzip bereits wieder 'geht', wenn auch immer wieder kraftlos stehen bleibt. So hilft Bei-Stand
bei Gefahr der Verweigerung auf dem Weg; Bei-Sitzen im
Sinne der Hiob-Freunde ist ratlose, aber innigste Solidarität in der akutesten Verzweiflung, wenn die Wunde gerade erst gerissen ist. Der Beisitzende realisiert die
jetzt einzig mögliche Liebe; seine Liebestat besteht darin, passiv die Nähe des Schmerzerfüllten auszuhalten
und demütig gerade nichts in Bewegung setzen zu wollen;
es wäre unzeitig. Die Körperhaltung des Sitzens flößt
dabei Vertrauen ein; wer in solcher Lage 'Sitzfleisch'
bekennt, gibt das Zeichen, daß er nicht bloß auf einen
Sprung gekommen ist, sondern zu bleiben gedenkt.
Nachher, redend, werden die drei Freunde leidige Tröster
sein, über deren leere Worte Hiob bitter klagt. (Hi 16,
2f)
Mit Recht wendet W.Pisarski diese urbildhafte Szene gegen traditionelle Seelsorge-Praktiken des Vertröstens,
Beschwichtigens, Moralisierens, der Gefühlszurückwei-
sungen, Verallgemeinerungen und der "emotionalen
Verpflichtung" (48).

Daneben finden wir aber in der Schrift Alten und Neuen
Testaments ein völlig anderes seelsorgerliches Reden -
komplementär zum eben besprochenen: Gott selber tröstet
und stärkt durch das Wort eines bevollmächtigten Spre-
chers priesterlicher oder prophetischer Provenienz bzw.
des messianischen Gottessohnes. Der menschliche Sprecher
ist hier gar nicht Seelsorgender, sondern eher Vehikel,
das den Trost transportiert; in der Geschichte der Kirche hat die priesterliche Absolution davon etwas bewahrt. Der Zuspruch Gottes, des Schöpfers mit dem prompt
wirkenden Wort (Gen 1), hilft nicht nur zu einer ver-
trauenderen Sicht der Dinge, sondern verändert schon an
sich die Wirklichkeit. Beispiel dafür sind die Worte des
Geistträgers Jesus im Heilungswunder.
In der Mitte der beiden genannten biblischen Modelle
liegen die 'dialogisch-therapeutischen' Gespräche,
die Jesus nach der Überlieferung der Evangelien mit
'suchenden' Menschen geführt hat.[1]

Dank seiner messianischen Intuition "weiß er, was in
einem Menschen ist" (Joh 2,25 = Jes 11,3); sie hilft
ihm, Situationen zu klären; im Zuhören und Stellung-
nehmen befähigt er Menschen, sich über sich selbst und
ihren bis dahin gegangenen und nun zu gehenden Weg kla-
rer zu werden. So leistet er Hebammenhilfe, wo in einem seelisch und geistlich steril gewordenen Menschen
etwas Neues geboren werden muß.
Hier hat heutige Seelsorge ein Vorbild, an dem sie
sich orientieren kann, wenn auch einschränkend zu sagen ist, daß keine Schulung, Methodik und berufliche
Qualifikation, noch nicht einmal ein hohes Maß an Intuition das Entbehren des messianischen Charismas auf-
wiegen kann.

Dtjes.s Worte wird man nun gewiß eher der zweiten Kategorie biblischer 'Seelsorge' zurechnen: Ein Prophet
begreift sich in der Stunde besonderer Not seines Volkes als autorisierten Verkündiger göttlicher Zusage.
Aber im Stil, in welchem er sie vorträgt, beweist er

---

1) Vgl. zB Mk 10,27-22; Lk 7,36-50; 10,25-42; 19,1-10; Joh 4,1-
   26; 8,1-11

zugleich die hohe Menschlichkeit, Kunst des Einfühlens, von der Paulus in Röm 12,15 spricht, Solidarität, die das Gegenüber ganz ernst nimmt und sich, zuhörend, lange zurückhält, ehe sie gegebenenfalls ein lösendes Wort sagt.

Dtjes scheint mir in vielen seiner Worte ungefähr den Seelsorger-Typus zu verkörpern, den W.Lindenberg treffsicher so geschildert hat:

"Später, als ich älter wurde, begriff ich, daß, während sie sich ihre Sorgen und ihren Kummer von der Seele redeten, in ihnen selbst, aus der eigenen Tiefe, die Antwort erwuchs, so daß sie meiner Antwort gar nicht erst bedurften. Da wurde ich mit meinen Antworten sparsamer. Denn solche Antworten müssen schwer sein, wie Bleigewichte, damit sie wie ein Lot sich in die Tiefe der Seele des andern versenken." (27)

Ich meine zu sehen, daß wie in der Erkenntnis Lindenbergs, so auch im Trostwort Dtjes.s die Gegensätze zuhörender und spiegelnder Seelsorge einerseits und autoritativer, zupackender andererseits versöhnt sind: coincidentia oppositorum. Dtjes.s Ant-Worten auf die Fragen und Klagen der Exulanten kommen in der Tat verzögert, aber sie kommen dann genau und versenken sich bleischwer, mit einem Gewicht, das sie nicht nur in der Tiefenseele der Exulanten ruhen, sondern auch in der Geschichte des Gottesvolks haltbar lagern läßt.

Kein anderes psychologisches, philosophisches oder theologisches Thema   findet   so viel existentielle Betroffenheit der Menschen als das der Angst. Und so versteht es sich wohl von selbst, daß viele große Denker aus den Human- und Geisteswissenschaften das Phänomen Angst zu begreifen suchten. Soviel ich sehe, geschah dies auf dreierlei Weise: Man beschrieb a) das Phänomen, man war

b) bemüht, eine 'Urangst' auszugraben, von welcher sich
alle anderen Ängste ableiten und verstehen ließen, und
man versuchte c) eine Ordnung und systematische Darstellung der verschiedenen Ängste, um aus dem Zusammengehören
und Sich-Unterscheiden von Phänomenen Erkenntnis zu gewinnen.

(a) Hinsichtlich der somatischen Symptomatik der Angst
wird, weil hier immer wieder gleiche Erfahrungen die
Menschen verbinden, leicht Übereinstimmung zu erzielen
sein; M.Wandruszka zählt die Fülle körperlicher Erschei-
nungsformen auf: "die schreckhaft aufgerissenen oder zu-
gepreßten Augen, das wildschlagende, sich zusammenkram-
pfende Herz, der stockende Atem, das erstarrende Blut,
Leichenblässe, Angstschweiß und Zähneklappern, die aus-
getrocknete, zusammengeschnürte Kehle, das sich sträu-
bende Haar, der heisere Schrei des Entsetzens, die zit-
ternde Lähmung des ganzen Körpers, das Versagen aller
Organe". (16) Die Angst erscheint jedoch nicht nur am
Körper, sondern auch in der Sprache, die sie verrät.
Gutturale Laute wie das "ng" im lateinischen "angustiae",
im deutschen "Angst", "bang", "eng"[1] und die hebräische
Sprache - das Wort für Not und Angst kommt etymologisch
von "Enge"; ein wichtiges Wort für "Rettung" und "Heil"
hängt mit einer Wurzel "weit sein" zusammen[2] - weisen
aus: "Die Empfindung der Enge, der Beengung, der würgen-
den Beklemmung, die von der gestörten Herztätigkeit und
Atmung her den Menschen ergreift, das ist also das kör-
perliche Merkmal, von dem die Angst herkommt. Neben der
inneren Beklemmung bleibt darin aber auch die äußere Be-
drängnis lange Zeit lebendig." (a.a.O. 17)

---

1) Vgl. auch angoscia, angoisse, anguish.
2) Siehe S. 93f.

(b) Als eine Art Urangst wurde immer wieder die Todesangst gesehen, etwa von Hermann Hesse im "Steppenwolf":
"Die Angst der Ängste: die Todesfurcht." Kierkegaard
(Begriff der Angst, 1844) erkannte in der Angst den
"Schwindel der Freiheit". "Wessen Auge veranlaßt wird, in
eine gähnende Tiefe hinunterzuschauen, der wird schwind-
lig. Worin liegt aber die Ursache hiervon. Ebenso in
seinem Auge wie in dem Abgrund; wenn er nur nicht hinun-
terstierte!" So ist die Angst "die Wirklichkeit der Freiheit als Möglichkeit vor der Möglichkeit."
Martin Heidegger bestimmt die Angst als "Grundbefind-
lichkeit der wesenhaften Daseinsverfassung des In-der-
Welt-Seins", eine Weisheit, die in der Substanz nicht
über das so schlichte wie wahre "In der Welt habt ihr
Angst" des johanneischen Christus hinausführt.
Sigmund Freud fand auf dem Grund aller Angst die "Tren-
nungsangst", die Angst vor dem Verlust des geliebten
Menschen. Was das Kind in der Lösung von der Mutter
traumatisch erlebte, wiederholt sich der Struktur nach
in vielen Kinder- und Verlassenheitsängsten und noch in
der Todesangst.
Ist Angst, auch die inhaltlose, immer Angst vor einem
Bösen: "daß jemand, ich weiß nicht wer, mir böse ist"
(J.Boutonier), das Angst-voreinander-Haben in der Hölle,
die die anderen sind (J.P.Sartre)?
Oder das blitzartige Gewahrwerden der Möglichkeit, "daß
kein Gott sei", daß wir in einer gottlosen Welt in der
"weiten Leichengruft des Alls" leben müssen (Jean
Paul)?
(c) Ähnlich vielfältig sind die Versuche, zwischen Angst
und Angst zu unterscheiden, Ängste zu gruppieren, durch
Ordnen die Vielgestaltigkeit des (Angst-)Lebens besser
zu durchschauen.

Philosophisches Gedankenspiel will Furcht vor realen
Bedrohungen und objektiven Gefahren, die man exakt beschreiben, erklären und beseitigen könne, unterscheiden
von namenloser, pathologischer oder einfach durch das
Existieren-Müssen bedingter Angst (u.a. Kierkegaard,
Heidegger). Der Volksmund bestätigt solche Unterschei-
dung aber nicht: Im Spiegel des allgemeinen Sprachgebrauchs ist keine entsprechende Differenzierung er-
sichtlich.
Dagegen hat sich die tiefenpsychologisch begründete
Systematik F.Riemanns, der vier Grundformen der Angst
plausibel, ja in vielen Exempeln hautnah beschreibt,
bewährt; sie deckt überdies die 'noch gesunde' und
die neurotische Persönlichkeitsstruktur ab.

Danach gehört zur schizoiden Persönlichkeitsstruktur
"die Angst vor der Selbsthingabe, als Ich-Verlust und
Abhängigkeit erlebt" und - gegenpolig - zur depressiven Persönlichkeitsstruktur "die Angst vor der Selbst-
werdung, als Ungeborgenheit und Isolierung erlebt".
"Die Angst vor der Wandlung, als Vergänglichkeit und
Unsicherheit erlebt", ist die Grundangst des Zwanghaften und wiederum gegenpolig zur "Angst vor der Notwendigkeit, als Endgültigkeit und Unfreiheit erlebt", der
Angst des Hysterischen.
Alle möglichen Ängste sind letztlich immer "Varianten
dieser vier Grundängste und hängen mit den vier Grund-
impulsen zusammen, die ebenfalls zu unserem Dasein gehören und sich auch paarweise ergänzen und widerspre-
chen: Als Streben nach Selbstbewahrung und Absonderung,
mit dem Gegenstreben nach Selbsthingabe und Zugehörigkeit; und andererseits als Streben nach Dauer und Sicherheit, mit dem Gegenstreben nach Wandlung und Risi-
ko. Zu jeder Strebung gehört die Angst vor der Gegen-
strebung. Und doch scheint eine lebendige Ordnung nur
möglich zu sein, wenn wir eine Gleichgewichtigkeit zwischen diesen antinomischen Impulsen zu leben versuchen."
(15f)

Wieder eine andere, dem Leben abgelauschte Einteilung
legt Ilse Hilzinger vor: Sie unterscheidet reale Ängste,
Ängste bei Entwicklungsschritten, die Urangst (im

Freudschen Sinn), Schuld- und Strafangst, Zwänge als
Vermeidung von Angst, die Angst vor dem Bösen, die
Chaosängste, die verkleideten Ängste. Das Geheimnis der
Angstbewältigung: Angst ertragen oder aushalten zu können, faßt sie in den unbewußt weisen Satz eines zehn-
jährigen Jungen, der wegen starker Angstzustände in
psychotherapeutische Behandlung kam: "Gelt, zu zweit
sind wir stärker!" Schon die Tatsache, einen (warmherzi-
gen) Ansprechpartner zu haben, stärkt das Ich.

Damit sind nun Perspektiven genug eröffnet, die dtjes.
Fürchte-dich-nicht-Worte wahrzunehmen und zuzuordnen,
die dort angesprochenen Ängste zu identifizieren und
die göttlichen Hilfen zu vernehmen. Daß uns neue Einsichten in das Wesen unserer Angst und möglicher Bewältigung geschenkt werden, steht zu erwarten.
Dabei vermag der Ausleger wohl die Früchte bibelwissen-
schaftlicher Exegese wie ein Fährmann seine Fracht am
anderen Ufer der konkreten Existenzen abzusetzen; aber
dort wird es noch zu einem Ausfalten und Aneignen der
Fracht kommen müssen, wofür der Exeget nichts mehr tun
kann. Auf einem andern Blatt steht, daß man von ihm
füglich erwarten darf, den Inhalt seiner Fracht am eigenen Leibe gekostet zu haben und in diesem Sinne kein
gänzlich Unwissender zu sein.

A   JES 41,14-16

I   DIE TEXTGESTALT

14 Fürchte dich nicht, du Wurm Jakob,
    erschrick nicht[a], du Made[b] Israel!

    Ich, gewiß helfe ich dir - Spruch Jahwes,
    dein Erlöser ist der Heilige Israels!
15 Siehe, ich mache dich zum Dreschschlitten[c],
    einem neuen, mit doppelten Schneiden.

    Sollst Berge dreschen und zermalmen,
    Hügel zur Spreu machen.
16 Sollst sie worfeln, daß der Wind sie fortträgt,
    Sturmwind sie zerstieben läßt.

    Du aber wirst jubeln in Jahwe,
    das Lob singen vom Heiligen Israels und was er an dir getan[d].

Anmerkungen zur Textüberlieferung:

a) Das Einschieben einer zum "Fürchte dich nicht" der
   ersten Zeile parallelen Aufforderung, zuletzt wieder
   von Fohrer und Westermann vorgeschlagen, ist allerdings
   ohne Anhalt in der Textüberlieferung und, wie Elliger
   146 zeigt, auch metrisch nicht zwingend.
   Gehört das Stück jedoch gattungsmäßig zu den "Ermutigungen vor einem Krieg" (siehe dazu unten), dann gewinnt die Konjektur einige Wahrscheinlichkeit.
   Westermann, Fohrer nehmen ein אַל תִּשְׁתָּעִי an; wahr-
   scheinlicher ist mir im Blick auf Deut 1,21; 31,8; Jos
   8,1; 10,25; Jer 30,10; Ez 2,6; 3,9 אַל תֵּחַתִּי , also im
   Zusammenhang der Jahwe-Kriege geprägte Sprache.

b) Der hebr. Text bezeugt מְתֵי יִשְׂרָאֵל "Mannen Israels".
   מְתִים gehört zur Kriegssprache (Deut 2,34; 3,6; 33,6;
   Jes 3,25) und meint dort die kriegsfähigen Männer im
   Gegensatz zu Frauen, Kindern und Greisen.
   Ohne Näherbestimmung bedeutet מְתִי keineswegs schon
   "kleines Häuflein", wie viele übersetzen. Das müßte
   eigens zum Ausdruck gebracht werden, wie es zB Deut
   26,5 "mit einer kleinen Mannschaft" (מְתֵי מְעָט) geschieht.
   Mit "Wurm Jakob" zusammen ergäbe sich eine zweipolige,
   spannungsgeladene Anrede-Einheit: "du Wurm Jakob/ du
   Mannschaft Israel". "Du Mannschaft Israel" (Gen.epexe-
   geticus) wäre in ähnlicher Weise liebevolle Ironie wie
   "Jeschurun" in 44,2, das auf Jakobs wesenhafte "Gerad-
   heit" anspielt.
   Unmöglich erscheint dies angesichts der in 41,14-16
   vorauszusetzenden Gattung (siehe dazu unten) nicht ,
   doch hat die von den meisten heute empfohlene
   Textverbesserung מְתֵי oder רִמַּת "Made" einiges für sich,
   neben dem 41,14-16 durchgängig prägenden synonymen Parallelismus das Vorkommen des Paares "Wurm/Made" auch
   in Jes 14,11; Hi 25,6; Sir 1o,11.

c) Mit den Kommentaren ist einer der wohl gleichbedeutenden Ausdrücke (תוֹלַע ?) als erklärende Glosse zu strei-
   chen.

d) wörtlich, aber mißverständlich: "dich rühmen im Heiligen Israels".

Mit vielen Auslegern setzen wir Jes 41,14-16 als eine

abgeschlossene Einheit voraus, "die in dieser Form einmal

öffentlich vorgetragen worden ist" (Elliger 149). Elliger

verweist auf Textüberlieferungen (Jesajarolle a von Qumran; Codex Leningradensis), die vor V.14 und nach V.16
einen deutlichen Zwischenraum lassen; ausschlaggebend
sind formale und inhaltliche Erwägungen, die sich aus
der Exegese ergeben.
Redaktionell wird man 14 an 13 angeknüpft haben, da das
vorangehende Heilswort mit ungefähr denselben Worten en-
det, wie 14-16 beginnt (Fürchte dich nicht; Ich helfe
dir).

Das Heilswort, das "alle theoretisch möglichen Elemente
der Gattung [sc. des priesterlichen Heilsorakels] bei-
sammen zeigt" (Elliger 147), besticht durch einen bis ins
letzte durchsichtigen Aufbau. Seine Architektur vorzustellen, bemüht sich die vorangestellte Übersetzung.

Sechs zweigliedrige Perioden formieren sich in vier
Strophen. Diese sind insofern chiastisch angeordnet, als
Strophe 1 und 4, jeweils aus nur zwei Gliedern bestehend,
zwei viergliedrige Mittelstrophen umrahmen.
Jede Periode besteht aus zwei parallelen Satzgliedern.
Strophe 1 und 4 zeichnen den angekündigten totalen Stimmungsumschwung von der angegangenen Angst zum schlußend-
lichen gelösten Jubel.
Den Grund für diesen Umschwung bildet im Kern des Stückes
(Strophen 2-3) ein aus zwei heterogenen Phänomenen kompo-
niertes paradoxes Bild (Dreschen und Worfeln von Bergen)
ab, das somit einen unerhört dynamischen Vorgang ansagt.
Gewicht liegt auf Strophe 2: Zwei deiktische Einsätze
(14c: "Ich"; 15a: "Siehe") in Verbindung mit den Perfec-
ta und zwei eindeutig synthetischen Parallelismen (im übrigen herrscht synonymer Parallelismus vor) verleihen ihr
einen stoßenden Charakter: die Angeredeten werden mit

allen sprachlichen Mitteln aus ihrer Lethargie aufge-
schreckt.

Komplementär zu Strophe 2, die Jahwe als <u>Subjekt</u> ent-
scheidender Intervention herausstellt, verhält sich Strophe 3, in welcher nun Jakob/Israel als Subjekt agiert,
das Heil konkret vollzieht (Westermann: die "Folge des
Eingreifens"). In anderen Worten: Strophe 2 beschreibt,
wie Jahwe Israel "ausrüstet", Strophe 3 das dadurch ermöglichte Handeln der so Gerüsteten, in welchem sie sich
selbst befreien. Leitendes Verbum ist das dynamische
(כ) (7) שׂ׳ם , welches in Strophe 2 Jahwes umschaffendes,
verwandelndes Handeln (vgl. 54,12) und in Strophe 3 ein
ebensolches Tun Israels bezeichnet.

Neuerdings hat E.W.Conrad 41,14-16 wie 41,8-13 der Gattung nach als "war oracle" bestimmt; die von ihm ange-
führten atl. Vergleichstexte sind Num21,34; Deut 3,2; Jos
8,1-2; 10,8; 11,6. Zu ergänzen ist 2Chr 20,15-17.
Conrad glaubt folgende gleichbleibende Struktur zu erkennen:
a) assurance,
b) object of fear,
c) basis of assurance,
d) result.
Als Beispiel eines solchen "Kriegsorakels" sei hier Jos
8,1-2 zitiert (Berührungspunkte mit Jes 41,14-16 nach Vokabular bzw. Satzstruktur [zB der Subjektwechsel] hervorgehoben):

> <u>Fürchte dich nicht und erschrick nicht</u>!
> Nimm alle <u>kriegstüchtigen Männer</u>,
> brich auf und zieh nach Ai.
> <u>Siehe, ich habe</u> den König von Ai und sein Volk,
> seine Stadt und sein Land in deine Hand gegeben.
> <u>Du sollst</u> es mit Ai und seinem König ebenso machen,
> wie du es mit Jericho und seinem König gemacht hast.

Doch ihren Besitz und das Vieh in der Stadt dürft ihr erbeuten.
Leg im Rücken der Stadt einen Hinterhalt.

Dem dtr. Geschichtswerk zufolge ergingen vor allem in der Frühzeit Israels vor den entscheidenden kriegerischen Auseinandersetzungen solche Jahweworte, die einen bestimmten und begrenzten Kriegserfolg ansagten; Empfänger waren die Heerführer Israels: Mose und Josua.

Nach Jes 7,4-9 hat König Ahas von Juda angesichts der Bedrohung durch die syrisch-ephraimitische Koalition ein durch den Propheten Jesaja vermitteltes Heilsorakel dieser Art erhalten.

Von solchen als Jahweworten ergehenden 'gezielten' Heilsorakeln ist nun m.E. nicht zu trennen, aber zu unterscheiden ein Ermutigungswort, als dessen Modellfall Ex 14,13f

> Mose aber sagte zum Volk:
> Fürchtet euch nicht! Bleibt stehen und schaut zu,
> wie Jahwe euch heute rettet.
> Wie ihr die Ägypter heute seht,
> so seht ihr sie niemals wieder.
> Jahwe kämpft für euch;
> ihr aber könnt ruhig abwarten

gelten kann.[1]

Noch Nehemias Zuspruch anläßlich der Störaktionen beim Wiederaufbau der Jerusalemer Mauer klingt wie eine, freilich modifizierende Nachahmung dieses Musters:

> Ich musterte sie. Dann erhob ich mich und sagte
> zu den Vornehmen, den Beamten und den übrigen Männern:
> Fürchtet euch nicht vor ihnen!
> Denkt an den Herrn, den großen und furchtgebietenden.
> Kämpft für eure Brüder und Söhne, für eure Töchter
> und Frauen und für eure Häuser.   - Neh 4,8

---

1) Vgl. auch Num 14,9; Deut 1,21.29; 3,22; 7,18ff; 31,6-8; Jos 10,25; 2Chr 32,7.

In beiden Fällen erheben die Redenden nicht den Anspruch, ein direktes Jahwewort vorzutragen: mit einem
seelsorgerlichen Zuspruch bemeistern die Repräsentan-
ten und Leiter Israels eine Situation der Angst bzw.
ein Stimmungstief, freilich im Wissen um die Retter-
kraft Jahwes. Adressat solcher "Kriegsansprache", wie
wir sie in Differenzierung zum oben beschriebenen
"Kriegsorakel" nennen wollen, ist das männliche Aufge-
bot Israels, der "ᶜam JHWH".
Israel scheint solche 'seelsorgerliche' Kriegsansprache
als einen institutionellen, sich je und je wiederholen-
den Vorgang (oder, folgt man den neuesten Untersuchungen zu Deut 20, mindestens als ein Literatur gewordenes
Ideal-Programm des Deuteronomisten) gekannt zu haben:

> Deut 2o,1   Wenn du ausziehst zum Kampf gegen deine Feinde
> und siehst Rosse und Wagen und ein Kriegsvolk,
> zahlreicher als du, dann:
> Fürchte dich nicht vor ihnen,
> denn Jahwe, dein Gott, ist mit dir,
> der dich aus Ägyptenland geführt hat.
>
> 2   Und wenn ihr dann zum Kampf kommt,
> dann soll der Priester vortreten
> und zum Kriegsvolk sprechen
>
> 3   und soll zu ihnen sagen:
> Höre Israel,
> ihr steht heute kurz vor dem Kampf
> gegen eure Feinde:
> Euer Herz verzage nicht,
> fürchtet euch nicht,
> verfallt nicht in Panik,
> laßt euch nicht von ihnen verschrecken.
>
> 4   Denn Jahwe, euer Gott, ist es,
> der mit euch zieht,
> um für euch mit euren Feinden zu kämpfen
> und (euch) zu retten.

Es fällt auf, welch hohen Stellenwert die ermutigende
Kriegsansprache im Bewußtsein Israels hat: Sie wird im
Formular Deut 2o,1-4 mit dem hochbedeutsamen "šᵉmaᶜ Jiś-
raᵉel" eingeleitet. Sie erfolgt (oder: soll erfolgen) angesichts militärischer Bedrohung durch einen "Feind" ,

und zwar unmittelbar vor dem "Kampf"; autorisierter
Sprecher ist "der Priester", der auf die Mannen des
Heerbanns "zugehen" soll.

Aufgrund der stilistischen, wört-lichen und struktu-
rellen Übereinstimmungen wird man Jes 41,14-16 (und
41,8-13) als prophetische Nachahmung der (institutionellen oder literarisch-fiktiven) Kriegsansprache und
des konkreten "Kriegsorakels" an eine führende Gestalt
Israels ansehen dürfen.[1]
Mit der ersten Gattungsvariante verbindet Jes 41 insbesondere die Adressierung an das Volksganze, mit der zweiten die Qualität des Wortes als direktes Jahwewort.

Allerdings sind nun auch gerade die Punkte, in denen
Dtjes.s Wort sich von den vorgegebenen Formen unterscheidet, aufschlußreich für die Verkündigungsabsicht des
Dichterpropheten: Während zB das Heilswort in Jos 8 mit
einer konkreten Anweisung schließt, nennt Dtjes als Ziel
des angesagten Heilsgeschehens den Lobpreis Gottes.

---

1) J.M.Vincent 187 grenzt den Bereich, aus dem Jes 41,14-
   16 komme, enger ein. Er spricht von einer "Variation
   des Siegesorakels an den König in Kriegsgefahr" und
   bringt etliche außerisraelitische Parallelen. "Der Redaktor des Jesajabuches hat also hier ein liturgisches
   Stück eingeschoben, das seinen Sitz im Leben in einem
   jerusalemischen Ritual hatte."

II AUSLEGUNG

Strophe 1

Die Verkündigungseinheit eröffnet mit der Anrede, die
Angst wegnimmt, der Form nach eine Mahnung, dem Effekt
nach ein Zuspruch, der bereits etwas von dem wirkt, was
er ausspricht.
Dazu trägt auch, phonetisch, das schon 41,10 auszeich-
nende Gleichmaß der beiden Satzglieder bei.
Die Doppelung der Mahnung und die dabei·verwendeten Vokabeln finden sich auch in Deut 1,21; 31,8; Jos 8,1; 10,
25; Jer 30,10; Ez 2,6; 3,9 und führen zum Kriegsorakel
als Hintergrund des vorliegenden dtjes. Heilswortes.

Welche Furcht geht der Prophet an?
Etymologisch bzw. semasiologisch ist dem יָרֵא nichts
Genaueres zu entnehmen; im AT kann es in großer Band-
breite, die von der Furcht vor dem Heiligen in der Got-
teserscheinung über Furcht in alltäglichen Bedrohungssi-
tuationen bis zur Gottesehrfurcht reicht, alle Tönungen
annehmen.
Wenn Jes 41,14-16 an die "Ermutigung vor dem Krieg"[1]
anknüpft, dann bekämpft es offensichtlich eine Angst
vor einer Übermacht bedrohlich-aggressiver Feinde.

Und in diese Richtung muß wohl auch eine Klage der Exulanten vorausgegangen sein, die der Prophet spiegelnd
aufgreift. Es ist die Dtjes geradezu charakterisieren-
de Art, solche Klagen genauestens aufzunehmen, sie

---

1) Siehe dazu die Ausführungen und Belege in Kap.I.

gelegentlich sogar zu zitieren, wie zB in 40,27:

> Warum sagst du, Jakob, und sprichst du, Israel:
> "Mein Weg ist vor Jahwe verborgen,
> mein Recht entgeht meinem Gott?"

und in 49,14:

> Und es sagt Zion:"Verlassen hat mich Jahwe,
> der Herr mich vergessen."[1]

Im vorliegenden Fall könnten die Exulanten etwa mit den Worten von Ps 22,7 geklagt haben:

> Ich aber bin ein Wurm und kein Mensch...

Wenn das richtig ist, dann zitiert Deuterojesaja in 14a-b eine Selbstbezeichnung der Exulanten, wie sie vielleicht in Klagegottesdiensten ausgesprochen wurde.[2] Die Qualität des Wurmes macht es aus, daß er mit einem Tritt ausgelöscht werden kann. Angesichts der Riesen 'Berge und Hügel' erscheint er vollends als erbarmungswürdiges Elend in Person, als mickrigstes aller Wesen, und andere atl. Stellen mit demselben Paar 'Wurm / Made' bezeugen, daß der Metapher etwas Verächtliches, Ekelerregendes anhaftet; Würmer und Maden gehören der Sphäre des Unreinen (Hi 25,6), ja des Todes (Jes 14,11; Sir 1o,11) an.

So nimmt Dtjes das klägliche Lebensgefühl der Exulanten, die in absoluter Schwäche, Selbstverachtung, mindestens im Empfinden der Unwürdigkeit vor Gott existieren, unbedingt ernst. Dagegen Zärtlichkeit und Schmeicheln, wie frühere Ausleger meinten, vermochte die Bezeichnung "Wurm/Made" gewiß nicht zu vermitteln. Eher hat sie eine - an sich auch schon tröstende - Erinnerung an den

---

1) Vgl. auch 50,1.
2) Siehe dazu H.E.v.Waldow 56ff.

Ahnvater Jakob ausgelöst, der nach Gen 32,11 betend
sein 'Wurm-Format' bekannte:

> Ich bin zu gering all der Liebeserweise und all der Treue,
> die du deinem Knecht getan hast...

Wenn der Prophet in der Wurm-Jakob-Bezeichnung die Exulanten als die Kinder aus den Lenden des Ahnvaters an-
sieht, dann ist darin freilich schon beschlossen, daß
sie auch der an ihn ergangenen Verheißungen teilhaftig
bleiben, sei geschehen, was geschehen ist, und komme,
was wolle.

Strophe 2

zeigt nun den Grund des Fürchte-dich-nicht-Rufes: Jahwes
rettende Intervention.

14c: Wie auch an 43,3 u.a. zu beobachten, baut sich
Jahwes Ich auf, im Zusammenhang einer Ermutigung vor
dem Kriege tatsächlich eine Drohgebärde gegen potentielle Feinde Israels, primär freilich auch hier in der Absicht, dem 'Häuflein klein' Zuversicht zu vermitteln,
daß es nicht verzage.

Hebr. עזר "helfen" und Derivate kommen im AT 126mal vor;
100mal übersetzt LXX mit βοηθεῖν und stammverwandten
Vokabeln, gelegentlich mit σώζειν "retten". Diese Spann-
weite bereits ist aufschlußreich, verrät sie doch etwas
vom Vermögen der mit עזר bezeichneten Hilfe. In dieselbe Richtung weisen die beiden wichtigsten Verwen-
dungszusammenhänge von עזר . 65mal meint es die von
Gott geleistete (wirksame) Hilfe, im übrigen einen, meist
einem Schwächeren zu leistenden effektiven Beistand, Zu-
Hilfe-Kommen im politisch-militärischen Zusammenhang,
vornehmlich im Krieg.[1] Die beiden Aussagereihen laufen
dort zusammen, wo sich die Frage stellt, wer denn der
wahre und eigentliche Bundesgenosse Israels im Kampf
sei; die Antwort kann im Rahmen des israelitischen Glaubens, sobald er darüber reflektiert, nicht zweifelhaft
sein: Jahwe ist der "Helfer"[2].

Damit ist die Spitzenstellung des עזרתיך "ich habe ge-
holfen" im vorliegenden 'Kriegsorakel' Jes 41,14-16 bereits erklärt. Dieses Wort mußte fallen![3]

1) zB Jos 10,4.6; 1.Kön 20,16; 1.Chr 12,1
2) zB Deut 33,7; Jes 30,5; 1.Chr 12,19
3) Bei Dtjes kommt עזר gehäuft vor: noch in 41,6.10.13.14; 44,2;
   49,8; 5o,7.9. Die zahlreichen Vorkommen erklären sich nach
   Bergmann, THAT II 256ff, aus dem Einfluß stereotyp werdender

Stark und selbstsicher steht die Aussage 14c im Raum:
"Ich habe dich erhört und damit steht meine [sc. effek-
tive] Hilfe fest, sie ist schon im Gange" (Elliger
15o). Und doch bliebe sie, für sich genommen, bloße
Behauptung. Die Andeutung einer Begründung der Zuversicht folgt darum im Nominalsatz.

14d: Die Hilfe gelingt auch deshalb, weil sich als Erlöser ja niemand anderes erhebt als der "Heilige Israels"[1], der um seiner Ehre willen Israel nicht hängen
lassen wird und der, ganz anders als Menschen in gleicher Lage, kann, was er will.

15a-b: Die gängige theologische Fachsprache wechselt nun
in eines der hochbedeutsamen Bilder Deuterojesajas, die
sich wie Bleigewichte, wie ein Lot in die Tiefe der Seele der Exulanten versenken.

Deiktisches "siehe" hilft dem Hörer, das folgende Bild,
welches im Verhältnis zum abstrakt theologischen 14c-d
durchaus ein Stück Konkretion bietet, kommen zu lassen.
Der Dreschschlitten (חָרוּץ[2]) "ist die heute noch im
Orient gebräuchliche hölzerne Platte, vorn etwas aufge-
bogen, an der Unterseite mit scharfen Steinen oder ei-
sernen Sägen besetzt, auf der der Bauer steht, wenn er
sie durch seine Rinder über die auf der Tenne ausgebrei-
teten Ähren ziehen läßt" (Elliger 152).
Israel wird von seinem Helfer in einer außerordentli-
chen Weise zugerüstet: Der Wurm verwandelt sich in den
Dreschschlitten. Das hierfür gebrauchte Verbum "śîm"
kann die Bedeutung "etwas [oder: jemanden] in etwas anderes umschaffen" annehmen (vgl. Jes 54,12; Mi4,13; auch

---

"Formensprache" des Psalters, m.E. mindestens ebenso aus dem tra-
ditionsgeschichtlichen Hintergrund der Kriegsorakel.
1) Siehe zur Bedeutung der beiden Gottesprädikate S.92ff und Elliger 150f.
2) Vgl. 2.Sam 24,22.

Jes 53,10) und eine Metamorphose anzeigen.
Der Dreschschlitten, an sich schon ein durchsetzungs-
fähiges Instrument, weist hier überdies alle denkbaren
aggressiven Eigenschaften auf: unverbraucht, mit beson-
derem Freßvermögen[1], so wird er seine Arbeit tun.
Ob der Prophet mit dem "neuen" Dreschschlitten auch
auf die "neue Zeit" anspielt, die er in 43,18f, eine umfassende Notwende malend, mit der "alten" kontrastiert?[2]

---

1) פִיפִיֹ֫ רוֹ֫ת : reduplizierender Plural.
2) So North, ThWAT II 774-776.

Strophe 3:

15c -16b: Das so gerüstete Israel ist nun befähigt,
sein Heil offensiv zu realisieren.
Dabei zerbricht das in 15a gemalte Bild bzw. setzt
neue Bilder aus sich heraus: Die Angeredeten sollen
sich einen mehrphasigen landwirtschaftlichen Prozeß
vorstellen: den Bauern, wie er Getreide drischt und
worfelt, aber auch - ein wichtiger Aspekt -, wie der
Wind ein übriges tut. Fast möchte es scheinen, als
spiegele das Verwehen im Winde (רוח) die Kraft des
schöpferischen Geistes (רוח) Gottes bei Israels Erlösung: er vermag Berge von Schwierigkeiten in Nichts
aufzulösen.

V.15c faßt ein (über)gründliches, totales Dreschen ins
Auge: Wenn man mit dem Dreschwagen zu lange über das
auf der Tenne ausgebreitete Getreide fuhr, hatte man,
unerwünscht, das Brotkorn "zermalmt"[1]
Herkömmlich dient das "Dreschen" als Metapher für grau-
same Kriegshandlungen[2], das "Zerstampfen" für Totalver-
nichtungen[3], ebenso die Rede von der "Spreu"[4]. Die
nächsten Parallelen zum theologisch-metaphorischen Gebrauch dieser Vorgänge in Jes 41,14-16 sind Jes 29,5

> Doch wie feiner Staub wird der Haufen der Belagerer sein,
> wie dahinfliegende Spreu die Schar der Unterdrücker [sc.
> wenn Jahwe in einer gewaltigen Epiphanie dem Zion gegen
> die Völker zu Hilfe kommt]

---

1) Jes 28,27f reflektiert über diese Gefahr.
   Vb. דקק meint von Haus aus das Zerstoßen von Gewürzen im Mör-
   ser. Vgl. Fuhs, ThWAT II 214.
2) Ri 8,7.16; Am 1,3; Mi 4,13
3) 2.Sam 22,43; Jes 29,5
4) Jes 29,5; Hos 13,3; vgl. Hi 21,18; Ps 1,4.

und Mi 4,13

> Steh auf und <u>drisch</u>, Tochter Zion!
> Denn dein Horn mache ich zu Eisen,
> deine Hufe mache ich zu Erz,
> daß du viele Völker <u>zermalmst</u>...

Es erhellt jetzt, daß, genau besehen, Israel nicht mit einem Dreschschlitten (15a) und auch nicht mit einem agierenden Bauern (16a), sondern die Wandlung der Situation der Exulanten mit dynamischen Abläufen in der Welt des Bauern verglichen wird.

Dabei bewähren sich Einsichten in das Wesen der Gleichnisse, wie sie von P.Ricoeur, E.Jüngel und zuletzt von C.Westermann vorgetragen wurden.
C.Westermann betont, daß im biblischen Vergleich bzw. Gleichnis "ein Geschehen in einem Bereich neben ein Geschehen in einem anderen Bereich gestellt" werde, wobei das Vergleichende dem Verglichenen "intensivierend" diene; die ausschließliche Fixierung auf ein tertium comparationis verkenne, daß ein ganzer Geschehensablauf sich im Gleichnis "aussprechen" möchte.[1]
Nach P.Ricoeur besteht der Sinn metaphorischer Aussage nicht in der Bekleidung einer Idee durch ein Bild, sondern darin, eine Verwandtschaft aufscheinen zu lassen, wo das gewöhnliche Hinsehen dies nicht erkennt. Gute Metaphern "sind nicht Ausschmückung der Rede, sie bringen eine neue Information mit sich"[2].
Ähnlich urteilt E.Jüngel: Die Metapher bringt Erkenntnisgewinn; das Ähnliche blitzt im Unähnlichen auf.

Zweifellos bringt die metaphorische Redeweise von 41,15-16b einen Informationsgewinn, und es ist bezeichnend, daß wir die Bilderfolge nur nachzeichnen, nicht aber ohne Verluste rückübertragen können auf ein von Dtjes 'eigentlich' gemeintes Geschehen.

Bis hierher konnten wir eine in sich geschlossene, logische Szenenfolge interpretieren, und dies innerhalb

---

1) C.Westermann, Vergleiche 104
2) Ricoeur 49

ein und desselben rhetorischen Genus: des 'Kriegsorakels'. Aber in Strophe 3 zerbricht nun an entscheidend
wichtigem Punkt die Sprachform und sprengt sich das Bild:
Zwei inkommunikable Größen, hie das Dreschen und Worfeln, da die Berge und Hügel, müssen miteinander kommunizieren; eine paradoxe Aggression zeichnet sich ab:
Nicht, wie von der Tradition her zu erwarten wäre, Feinde,
sondern "Berge" soll Israel dreschen.

Das Paar "Berge/Hügel" gilt Dtjes als eine hervorragende
Komponente der Schöpfung (40,12). Obzwar zum Geschaffenen zählend, bringen sie doch so viel Eigengewicht auf
die Waage, daß sich gerade an ihnen als Prüfstein die
umwandelnde Schöpferkraft erweisen muß (42,15); obzwar
auch der Vergänglichkeit unterworfen, zeichnen sie sich
durch äußerste, dem Geschaffenen eben noch mögliche
Festigkeit und Dauer aus - so ist es 54,10 zu entnehmen.[1]
Darüber hinaus eignet ihnen eine Lebendigkeit, die sie
zur Sympathie mit dem Gottesvolk befähigt (55,12; vgl.
44,23).
In 4o,4 - die Stelle kommt unserem Wort am nächsten -
stehen sie für alle möglichen Hindernisse, die den Rück-
weg zur Heimat blockieren.[2]
Wofür aber stehen "Berge und Hügel" in Jes 41,14-16?
K.Elliger 154ff hat die in der Auslegungsgeschichte vorgeschlagenen Lösungen diskutiert; sie stimmen darin
überein, daß sie metaphorischen Gebrauch des Wortpaares
voraussetzen.

---

1) Das alles ist gute Psalmentradition. Vgl. Ps 65,7; 90,2; 95,4
   und auch Hi 28,9, wonach die Berge und Hügel als in der Erde ver-
   wurzelt vorgestellt sind.
2) Vgl. Fuhs, ThWAT II 215.

Heßler sah in den Bergen und Hügeln andere Götter, die
"durch das Glaubenszeugnis Israels vernichtend angegrif-
fen werden"; Jahwe ist dabei der eigentliche "Drescher",
Israel Instrument. Die "ruach Jahwes" schafft die Feinde
endgültig aus der Welt.
Hamlin erkannte in den "Bergen und Hügeln" die massigen
Tempeltürme Babyloniens wieder und diese als "symboli-
schen Hinweis auf die götzendienerischen Religionen der
Völker, die durch ziqqurat's der mesopotamischen Städte
und besonders die große ziqqurat von Babylon repräsentiert werden." Die zerstörende Kraft Israels wendet
sich "nicht gegen die Völker selbst, sondern gegen ihre
Götter und Tempel". Man könnte diese Interpretation
noch stützen durch Jer 51,20-26, ein Gerichtswort gegen
Babel, "den Berg des Verderbens, der die ganze Erde ver-
darb" (vgl. auch Sach 4,7; Dan 2,44f).
Viele, so Duhm, North, Fohrer, deuten auf die Macht der
(politischen) Feinde Israels, was das vorausgehende
Stück 41,8-13 nahezulegen scheint und zur Gattung des
Kriegsorakels auch paßte. Jedoch: 41,8-16 ist wohl erst
durch die Redaktion als eine Einheit gefaßt (mit Westermann; Elliger); die Auslegung muß zunächst eine in sich
geschlossene Einheit 41,14-16 aus sich selbst erklären.
Mindestens einen weiteren Sinn gegenüber den "Männern.
die mit dir streiten" (V.11-12) muß "Berge /Hügel" haben, sonst wäre V.14-16 überflüssig.

Keine der genannten Auslegungen ist einfach falsch. Sie
alle mögen etwas Richtiges, Aspekte, treffen.

Jedoch scheint es mir methodisch geboten, streng von der
Doppelung "Berge/Hügel" auszugehen; ein bestimmter oder
gar mythologischer Berg scheidet damit als Basis der Ar-
gumentation aus.

Das Paar "Berge/Hügel" ist, wie gesehen, bei Dtjes eine
Größe der geschaffenen Welt, und zwar die gewaltigste
und sperrigste. Wenn man das ernst nimmt, ergibt sich
ein m.E. umfassender Sinn[1] in Richtung des von Paulus
in Römer 8, 38 - 39 "Ich bin gewiß, daß...auch nicht
irgend etwas anderes Geschaffenes kann uns scheiden von

---

1) so auch Westermann und Elliger in ihren Kommentaren.

der Liebe Gottes..." Gemeinten.

Jes 41,14-16 setzt dann die <u>Vielzahl</u> der sich vor Israel auftürmenden Hindernisse vor und auf dem Heimweg
ins Bild (=40,4), worauf ja auch der Plural weist. In
anderen Worten: Gemeint ist der sprichwörtliche "Berg",
den die Gola als unüberwindbar und mutraubend vor sich
sieht, zusammengesetzt aus den 'wirklichen' Bergen eines etwaigen Heimwegs, aus den Widerständen politischer
Art, aus der psychischen Verfassung und aus jedweden
Hindernissen, die von der Heimat trennen und einer helleren Zukunft im Wege stehen.

Wie die Beseitigung der 'Berge' konkret vonstatten gehen soll, ist nicht gesagt. Daß Dtjes eine militärische
Aktivität Israels oder gar der Gola erwartet haben könnte, ist angesichts seiner sonstigen Verkündigung mehr
als unwahrscheinlich und auch nicht vorstellbar.

Aber die Gola sieht sich keineswegs in eine passive Zu-
schauerrolle gedrängt! Gottes "Kraft wird in den Schwachen mächtig". Was Dtjes ansagt, ist die Entfaltung einer ungeahnten physischen und psychischen Kraft in den
Mutlosen, die sie nicht aus sich selber haben.

Strophe 4:

16c-d: Das Ziel des Geschehens ist "das freudige Lob
Gottes, in dem Gottes herrliche Tat verkündet wird".
(Westermann 66)
Ein Kreis schließt sich: Was mit Jahwes "Ich - gewiß
helfe ich dir" begonnen hatte, kommt in dem "Du aber
(wirst jubeln in Jahwe)" zu seinem einzig sachgemäßen
Abschluß.
Die jubelnde Freude und das Gotteslob werden sich, nach
Ausweis der überwiegenden Mehrzahl der dtjes. Stellen[1],
mit der Heimkehr der Exulanten verbinden.[2] (Das bestätigt noch einmal unsere Auslegung der 3.Strophe.)
"gīl", noch 49,13, bezeichnet ein spontan ausbrechendes
"Jauchzen". Die Präposition $\beth$, ursprünglich wohl:
"im Raum von", "im Raum mit", trifft keine deutsche
Übersetzung genau. Sie markiert, an wen sich der Dank
richtet, über wessen Heilstat gejubelt wird und wem man
sich in diesem Jubel nahe weiß. הלל hitp., noch 45,25,
meint, entsprechend ungefähr 43,21, Jahwes Ruhm verkünden, den er sich durch sein Tun am Rühmenden erworben
hat. Nur eine freie Übersetzung, wie oben versucht, vermag dies einzufangen, während das wörtliche "dich rühmen
im Heiligen Israels" unscharf und mißverständlich
bleibt.
Das Heilswort bezieht sich wie schon in der Anrede
"Wurm Jakob" so auch in seinem Abschluß und Ziel offensichtlich auf einen von den Exulanten angestimmten Klagepsalm. Viele Bittgebete münden traditionell ja in das
Lobgelübde. Westermann verweist auf das Musterbeispiel
von Ps 71 (12-15.22-24); sprachlich noch enger mit

---

1) 43,21; 48,20; 49,13; 51,3.11; 52,8f; 55,12
2) Sie werden - der Form nach - das tun, was in Jes 25,9-12 als
   Danklied für das Zerstampfen Moabs überliefert ist: "Wir wollen
   jubeln und uns freuen über seine rettende Tat: Ja:...Moab wird
   gedroschen und wie Stroh in der Jauche zerstampft."

Jes 41,16c berührt sich Ps 35,9:

> Meine Seele wird jubeln in Jahwe,
> sich freuen über seine Rettung.

So kündet Dtjes den Exulanten in tiefer Not, daß sie den Lobpreis, den sie jetzt in der "t^{e}fill$\bar{a}$h" für den Fall der göttlichen Hilfe versprochen haben, tatsächlich anstimmen werden!

III   JES 41,14-16 IM NEUEN TESTAMENT

Die Frage, ob der Verkündigungsinhalt von Jes 41,14-16
Eingang in das Neue Testament gefunden hat,
scheint nach einem Blick auf die Loci citati vel allega-
ti im Novum Testamentum Graece, Nestle/Aland, negativ
beantwortet werden zu müssen. Macht man sich jedoch von
einer streng vokabelstatistischen Vergleichung frei,
sieht die Sache überraschend anders aus.
Ich beginne mit einer einfachen Feststellung von oft
übersehener Tragweite.
Auf der Suche nach Fürchte-dich-nicht-Ermutigungen in
den Evangelien stoßen wir auf verschiedenartige Worte in
verschiedenartigen Lebenszusammenhängen. Scheiden wir
die von der Epiphanie oder Angelophanie zu erklärenden
Rufe aus, so bleiben noch zwei, außerordentlich kurze
Jesusworte übrig:

> Fürchte dich nicht, du kleine Herde,
> denn es ist bei eurem Vater beschlossen,
> euch die Königsherrschaft zu geben.   - Lk 12,32

> Fürchte dich nicht,
> glaube nur!   - Mk 5,36

Beide sind deutlich von der Heilsverkündigung des Jesa-
jabuches geprägt.
Lk 12,32 (Lk-S) benutzt nach Form (Fürchte-dich-nicht-
Anrede mit präteritaler Begründung = 'Heilsorakel'
Dtjes.s), verwendeter Metapher ("kleine[1] Herde" = Jes
40,11: "Wie ein Hirt führt er seine Herde zur Weide...")
und nach dem Heilssymbol (die Königsherrschaft Gottes
= Jes 4o,11; 52,7) markante dtjes. Motive. Daß es in
einer zweiten Dimension gut apokalyptisch einen ewigen
Ratschluß Gottes voraussetzt[2] und eine "Übergabe" der

---

1) Das Motiv der Kleinheit hat vielleicht Jes 41,14 "Fürchte dich
   nicht , du Wurm Jakob,...du Made Israel" direkt beigesteuert.
2) Vgl. Dan 7,27; Sach 8,13-15.

(als Regierungsgewalt verstandenen?) Basileia annimmt, bleibt davon unberührt.

"Fürchte dich nicht, glaube nur", im Bericht über eine
wunderbare Reanimation (Mk 5,36), ist der Gestalt nach
Stamm eines 'Kriegsorakels'; mit ihm eröffnet Jesus Messias eine konkrete Kriegshandlung gegen den Feind Tod.
Ja, Mk 5,36 erscheint als die äußerst komprimierte Kurzform des Fürchte-dich-nicht-Wortes an König Ahas (Jes 7,
4-9). Dieses beginnt mit einem breit entfalteten "Fürchte dich nicht" (V.4) und schließt mit einer Heilsbedin-
gung: "Glaubt ihr nicht, so bleibt ihr nicht". (V.9)
Glauben, sich in der Zusage Gottes[1] festmachen: damit
ist auf den positiven Begriff gebracht, was das "Fürchte
dich nicht" in der Negation zusprechen will. In anderen
Worten: Die Glaubensforderung komplementiert die Fürchte-
dich-nicht-Mahnung, oder auch: Sie faßt in einem Wort zusammen, was eine Fürchte-dich-nicht-Ansprache bewirken
will.

Wie Jesus generell von dem bisher in der atl. Wissen-
schaft so genannten dtjes. 'Heilsorakel' Gebrauch macht,
seine Freudenbotschaft in einer seinen Volksgenossen vertrauten Sprachform auszurichten, haben wir dargelegt.
(Lk 12,32) Sein Zuspruch "Fürchte dich nicht, glaube
nur" (Mk 5,36) ließ sich präziser noch als Rezeption des
'Kriegsorakels' (vor allem Jes 7,4-9; 41,14-16) bestimmen.
Mithin ist die Sprache des altbundlichen Heiligen Kriegs
in einen, wie es scheinen mag, völlig andersartigen Le-
benszusammenhang eingegangen: Der messianische Wundertä-
ter fordert die seelische Mitarbeit, die notwendige Mit-
hilfe leidender und mit-leidender Menschen durch den

---

1) Sie ist in Jes 7,9 wohl konkret auf die "verläßlichen" Zusagen
   an David 1.Sam 25,28; 2.Sam7,16; Jes 9,6; 55,3; Ps 89,5.29 bezogen.

selben Ruf heraus, mit dem autorisierte Jahwe-Priester
bzw. Propheten seinerzeit den zitternden Israeliten Mut
gaben, als sie den übermächtigen militärischen Feind
fürchteten und angesichts des Kampfes auf Leben und Tod
ihrer Schwäche inne waren.

Doch wird man nun keineswegs sagen dürfen, daß die atl.
Redefigur damit in ein ihrem Wesen völlig fremdes Gefil-
de eingezogen sei:

Schon 1965 hat Otto Betz in seinem in Deutschland zu wenig beachteten Büchlein "Was wissen wir von Jesus" gezeigt, in welchem Maße der "Heilige Krieg" im Judentum
der Zeitenwende eine Dimension religiösen Erlebens war.
So wußte sich die Mönchsgemeinde von Qumran mit hinein-
gezogen in den Endzeitkrieg zwischen den Mächten des
Lichts und den Mächten der Finsternis. "Der übermensch-
liche Bereich ist...in zwei Lager aufgeteilt. Seit dem
Fall einiger Engel (1.Mose 6,1-4) gibt es zwischen Himmel und Erde ein widergöttliches Reich, das von Belial,
dem Teufel, angeführt wird. Er ist der Herr der Dämonen
und setzt sie nach seinen Plänen ein. Erst in der End-
zeit hört dieser metaphysische Dualismus auf. Die Kriegs-
rolle berichtet, wie in einem heiligen Kriege die Heere
der Heiden und Gottlosen vernichtet werden und wie damit
auch das Reich des Teufels beseitigt wird. Die Sektenre-
gel aber verheißt, Gott selbst werde die Erwählten mit
dem Heiligen Geist taufen und dabei jeden Geist des Irr-
tums aus ihnen vertreiben (4,20-22). Der Exorzismus gilt
somit als ein endzeitlicher Akt und als Gottes eigenes
Werk." (43)

Jesus führt, folgt man seinen eigenen Worten, aber auch
der erzählerischen Gestaltung der Heilungswunder in den
synoptischen Evangelien, den Heiligen Krieg für das einzelne notleidende, von den Mächten des Bösen vergewaltig-
te Geschöpf Gottes. Sünde und Krankheit, soziale Isolierung und schwere Gemüts- und Geisteskrankheit gehen auf
das Konto der Streitmacht Satans, der mit seinem Dämonen-
heer in dieser letzten Zeit verheerend in die gute
Schöpfung Gottes eingebrochen ist und einen letzten verzweifelten Kampf gegen den " ͨam JHWH", die familia Dei,

kämpft.[1] Jesus sieht den Satan "wie einen Blitz vom
Himmel stürzen" (Lk 10,18); dem in der Himmelswelt Gottes also schon entmachteten nunmehr auch auf der Erde,
wo er seine Kräfte zum letzten Angriff sammelt, den Garaus zu machen, ist das Gebot der messianischen Stunde.
Basileia tou Theou ereignet sich in dieser Perspektive
durch das Zu-Hilfe-Kommen des messianischen Erlösers:
Wie Jahwe im Heiligen Krieg der alten Zeit zieht Jesus
für die auf sich gestellt hilflosen Opfer imperialer Gewalt ins Feld, gegen ihren übermächtigen Feind und Zwin-
ger.
Damals waren es militärisch überlegene außenpolitische
Feinde; jetzt ist es die metaphysische Macht des Bösen.
Damals war die "Mannschaft Israels" bedroht, jetzt sind
Leib und Seele des einzelnen Israeliten Angriffsziel des
bösen Potentaten und Kampfplatz zugleich; entsprechend
verschärft hat sich der Heilige Krieg.
Das ist keineswegs nur mythischer Erzählstil - Jesus sel-
ber und von ihm Geheilte haben das Geschehen in dieser
Dimension erlebt, wie etliche Logien ausweisen.
Das 'Kriegsorakel' Jes 41,14-16 hat nun, meine ich zu se-
hen, dem Heiland, den Geheilten und den Erzählern einen
Verstehenshorizont abgegeben und Sprache geliehen.

Für eine schnellere Orientierung gebe ich hier zunächst
die wichtigsten synoptischen Stellen wieder:

---

1) Vgl. zB Mk 1,21-28; 3,22-30; 5,1-20; Mt 12,22-37; Lk 13,32.

Mk 5,36 : (Jesus zum Vater eines gestorbenen Kindes)
Fürchte dich nicht, glaube nur!

Mt 17,19f: Als die Jünger mit Jesus allein waren,
wandten sie sich an ihn und fragten:
Warum vermochten denn wir ihn (den Dämon) nicht
auszutreiben?
Er aber sagt ihnen:
Wegen eures Kleinglaubens.
Denn amen, ich sage euch:
Wenn ihr Glauben habt wie ein Senfkorn (nur),
dann werdet ihr zu diesem Berg sagen:
Rück von hier nach dort!
Und er wird wegrücken.
Nichts wird außerhalb eures Vermögens sein.

Mk 11,22f: (Jesus, als Kommentar zum verdorrten Feigenbaum)
Habt Glauben an (=Zutrauen zu) Gott.
Amen, ich sage euch:
Wenn jemand zu diesem Berg sagt:
Heb dich empor und stürze dich ins Meer!,
und wenn er in seinem Herzen nicht zweifelt,
sondern glaubt, daß, was er sagt, wird,
dann wird es ihm geschehen. (vgl. Mt 21,21)

Mk 9,21-24: Jesus fragte seinen (des epileptischen Knaben) Vater:
Wie lange hat er das schon?
Der Vater antwortete:
Von Kind auf.
Oft hat er ihn sogar ins Feuer oder ins Wasser geworfen,
um ihn umzubringen.
Doch , wenn du etwas vermagst, hilf uns!
Erbarm dich unser!
Jesus sagte zu ihm:
Was das Vermögen betrifft:
Alles vermag, wer glaubt.
Da schrie der Vater des Jungen:
Ich glaube, hilf meinem Unglauben!

Der "Heilige Krieg", in dem Jesus Messias das versklavte
Jakobskind aus der Hand des übermächtigen Satans befreit,
beginnt wie Jes 41,14-16 mit dem Ermutigungsruf "Fürchte
dich nicht" (Mk 5,36; vgl. Lk 12,32) oder, positiv, aber
gemäß Jes 7,9 bedeutungsgleich formuliert, mit dem Ruf
zu den 'Waffen': zum "Glauben"[1]. Zu glauben, Jahwe zu

---

1) Mk 2,5ff; 5,34.36par.; 6,6; 10,52; Mt 8,10; 9,29; 15,28; Lk 7,9;
17,19 ; vgl. auch Lk 7,50; Mk 4,40.

trauen, sich fest zu machen am Retter, wenn Er den Heiligen Krieg gegen die Feinde führt, das war immer schon
die mit dem Fürchte-dich-nicht-Ruf herausgeforderte
'Mit-Hilfe'[1] Israels[2]. Und so öffnet sich die Seele im
"Glauben" dem messianischen 'Geist-Heiler', den Strömen,
die von ihm herüberfließen und die Selbstheilungskräfte
entscheidend verstärken. Dem Glauben ist ein "Vermögen"
inne[3]; das dafür stehende Bild vom Berge-Versetzen dürfte u.a.[4] von Jes 41,14-16 inspiriert sein, ist doch
dort dem Würmlein Jakob verheißen, daß es, Glauben fas-
send, "Berge zermalmen" und "Hügel zur Spreu machen"
wird. Der Glaube richtet sich, wiederum mit einer für
Jes 41,8-16 konstitutiven Vokabel formuliert, auf die
göttliche Hilfe.
βοηθεῖν "helfen" (Mt 15,25; Mk 9,22.24) entspricht
עָזַר (Jes 41,10.13.14), über dessen Bedeutung Bergmann, THAT II 256ff resümiert: "Bestimmend für die Bedeutung des Verbums...ist der Aspekt gemeinsamen Handelns oder das Zusammenwirken von Subjekt und Objekt,
wo die Kraft des einen nicht hinreicht", eine Definition,
die haarscharf das flehentliche Anliegen des Vaters des
epileptischen Knaben trifft: "Ich glaube, komm meinem
Unglauben zuhilfe". Der Glauben wirkt mit dem Helfer zusammen.
Aber auch damit sind die Gemeinsamkeiten der messianischen Heilungen Jesu mit Jes 41,14-16 noch nicht erschöpft;

---

1) Vgl. zur Vorstellung der Mit-Hilfe Israels Ri 5,23.
2) Vgl. die Grundstelle Ex 14,13f, in welcher freilich die Vokabel
   הַאֲמִין nicht vorkommt, und Jes 7,4.9.; 30,15.
3) Mit der Wortgruppe δύνασθαι, δύναμις, δυνατός ist freilich
   meist das Vermögen eines Wundertäters (zB Mt 7,22; Mk 1,40; 5,30;
   6,2.5.14; 9,22.28f.39; Lk 5,17; 10,13; Joh 5,19.30; 9,16.33), aber
   auch eines stellvertretend Glaubenden bezeichnet, der für einen
   leidenden Menschen fürbittend oder fürsprechend eintritt (Mk 9,23f).
4) Vgl. noch Sach 14,4.

sie stimmen nun auch hinsichtlich des einzig wahren
Ziels eines 'Sieges' im Heiligen Krieg überein: Die das
Wunder erfahren haben, sollen dem Urheber ihres Heils
die Ehre geben, den Schöpfer lobpreisen[1]; so erst sind
sie wieder ganzheitlich-lebendige Menschen.

Ja, man darf den Rahmen des Strukturvergleichs abschlies-
send noch etwas weiter stecken: Die Dynamik des Ablaufs
'Angst - Erflehen der Hilfe - Zuspruch - Glauben - ber-
geversetzende dynamis - erfahrenes Heil - Lobpreis Gottes'
ist in den Wundern Jesu dieselbe wie in der Situation,
in der Dtjes.s "Fürchte dich nicht" seinen historischen
Ort hat. Allerdings: Der furchterregende Berg, der vom
Heil trennt, ist ein anderer geworden. Ehemals - an den
Wassern Babels - politische Widrigkeiten und kollektive
psychische Schwächen symbolisch verdichtend, steht er
nun für die den einzelnen vom Leben trennende leib-see-
lische Krankheit.

---

1) Vgl. Jes 41,16c-d mit Mk 2,12; Mt 15,31; Lk 5,25f; 7,16 ;
   13,13; 17,15; 18,43 und Glöckner 53ff.

IV DER HISTORISCHE ORT DES ZUSPRUCHS UND SEINE ÜBERZEITLICHE BEDEUTUNG.

Über nähere Umstände, Entstehungszeit und -ort
wird man allenfalls das sagen können, was Elliger
mutmaßt. Er erkennt in 14c-d Dtjes "gleichsam sich
selbst zitieren". Dann wird man das Heilswort nicht
zu den allerältesten Reden rechnen. (Elliger 144)

Aber die psychische Befindlichkeit der Exulantenschar
ist zu erschließen: Bergen von Schwierigkeiten, Sorgen,
Hindernissen sehen sie sich ohnmächtig gegenüber; ja,
die Zukunft kommt als ein mutraubender Berg auf sie
zu. Nicht nur, daß sie "noch nicht über dem Berg sind",
hinter dem Zukunft wäre; sie können sich die Bemeiste-
rung der zwischen Babylon und Zion aufgetürmten Berge
in gar keiner Weise vorstellen; insofern stehen sie
ratlos "wie der Ochs vorm Berge". Aber auch dies be -
schreibt noch nicht ausreichend ihren Zustand. Die ak-
tuelle Schwierigkeit ist schon zum Dauerzustand geworden, und so drückt sich ihr erbärmliches Minderwertig-
keitsgefühl im Bilde des "Wurms vor dem Berge" aus.
Der Wurm vor dem Berge: das ist ihr Lebensgefühl!

M.E. haben wir es - wie besonders auch in 43,1-7 - mit
einem Symptom der kollektiven Depression zu tun, näherhin mit der Unfähigkeit der Depressiven zur Aggression
im positiven Sinne des Wortes.
F.Riemann hat uns in seiner inzwischen schon 'klassi-
schen' Studie, in welcher er 4 Haupttypen von Persön-
lichkeiten darstellt, mit ihren Möglichkeiten und Gefähr-
dungen, auch auf die Schwierigkeiten hingewiesen, die
depressiv veranlagte Menschen (und nur sie!) haben ,

aggressiv zu werden, wo es gesund wäre, an eine Sache
heranzugehen (ad-gredi), Aufgaben, Probleme, Konflikte
anzupacken, Schwierigkeiten zu meistern, sich zu behaupten und durchzusetzen. Ihre unterdrückte Aggressivität
zieht sekundär eine allgemeine Antriebsschwäche bis zur
Passivität und Indolenz nach sich, eine Dulderhaltung,
die sich in Jammern und Selbstanklagen äußert.
Ilse Hilzinger weiß aus ihrer jahrzehntelangen Praxis
über die Depression als "Aggressionsschlucker" zu berichten: "Jedem depressiven Menschen ist eigen, und wir
können dies auch beobachten, daß alle seine aktiven...
Kräfte unauffindbar sind. Er erscheint uns antriebslos
und unfähig, etwas 'in die Hand zu nehmen'. Körperlich
wirkt er steif und hölzern, wenig bewegungsfähig, sein
Kopf sitzt zwischen hochgezogenen Schultern, und die
Tränen kommen wie aus einer anderen Welt...Die fehlende
Aktivität, die immer gleichen Fragen und selbstquäle-
rischen Grübeleien, das zähe hilflose Sich-an-einem-
anderen-Festhalten, bringt uns in eine eiserne Klammer,
die uns selbst wütend macht...Könnte von daher Depression, als eine gehäuft auftretende Krankheitserscheinung
unserer Zeit, zutiefst auch etwas·damit zu tun haben,
daß das Ich zu unterernährt und klein (sc.: man erinnere
sich an den 'Wurm Jakob'!) geblieben ist, um sich den
Herausforderungen stellen zu können...?" (unveröffent-
lichtes Manuskript)
Riemann und Hilzinger haben v.a. den früh erworbenen depressiven Charakter im Auge; aber die Symptomatik einer
weniger schweren - reaktiven - Depression, wie ich sie
bei den Exulanten in Babylon wahrzunehmen meine, ist eine ähnliche.
Die depressive Reaktion der Exulantenschar ist gut nach-
zufühlen, aber die Gefahr bestand, daß die Reaktion zum
nicht mehr beeinflußbaren Dauerzustand wurde, der nicht
in der Absicht des göttlichen Gerichts liegt.

In dieser Situation versenkte der Prophet ein 'dy-
namisches' Bild in die schlaffen Seelen der Exulanten: den Wurm, wie er Berge wegdrischt. Entsprechend seinem Gewicht sollte es in der Seele liegen bleiben und
seine Wirkung tun. Gegen die Angst vor dem Berge der
Wurm, der mit Gottes Hilfe die Berge zerstampfen wird:
ein paradoxes Bild, ein unglaubliches, mindestens auf
starken Glauben angewiesenes Bild, aber vielleicht doch
auch Glauben weckendes Bild, indem es von der Seele
wiedererkannt wird als 'ihr' Bild, in dem sie immer
schon grenzenlose Möglichkeiten Gottes erahnte.

Wenn es ein solches latentes Urbild ist, das Dtjes zu
einer bestimmten Stunde in die Entwicklungsschale legt,
wenn es später durch Jesus im Evangelium ein für allemal fixiert wird (siehe Kap.III), dann leidet es keinen
Zweifel, daß Dtjes.s Wort überzeitliche Bedeutung hat,
und zwar für alle leicht depressiven Menschen, die an
ihrer Lebenskraft zweifeln und jedenfalls keinen Gebrauch mehr von ihr machen, weil der Wurm ja doch keine
Chance gegen die Berge habe. Ihnen ist Jes 41,14-16 -
als ein ewiges Wort von Gott - zu sagen, in der gleichen
herzlichen, aber auch festen Freundlichkeit, wie es
Dtjes seinerzeit zusprach. (Wiederum ist einzuräumen,
daß es gegen verfestigte Depression keine Chance haben
würde und daß es überhaupt nur eine Chance hat, wenn es
ohne jede aufdringliche Besserwisserei 'ins Gespräch
kommt' , wenn es gleichsam so in den Raum gestellt werden kann, wie man einem trotzigen Suppenkasparkind einen
Griesbrei in den Raum stellt: es bleibt frei anzunehmen
oder nicht anzunehmen, und keiner fordert auf und keiner schaut zu.)
Dabei mag es nur einen graduellen Unterschied ausmachen,

ob die Wurm-Gefühle und die Berg-Ängste objektiv berech-
tigt sind. Real und ganz ernst zu nehmen ist auf jeden
Fall die Stimmung, die ja Macht über das Leben der Be-
treffenden hat. Andererseits wäre es auch hier ganz un-
verantwortlich, Jes 41,14-16 jederzeit jedermann - etwa
einem sowieso schon vor Kraft Strotzenden - zuzusprechen.

Darüberhinaus mag es Grenzfälle geben. Ich denke etwa
an den Todgeweihten, den - im Rahmen des Zeitlichen -
keine Glaubenskraft über den Berg mehr bringen wird.
Dennoch könnte der Zuspruch Jes 41,14-16 in solchem
Fall angemessen sein, dann nämlich, wenn der Kranke nun
den geahnten oder gewußten Tod als 'Berg' erfährt, über
den oder durch den er muß. Der in vielen Intuitionen
und Todesnäheerfahrungen vorkommende Sterbetunnel weist
möglicherweise auf eine solche letzte Dimension des
'Berges' hin.

Die Wahrheit unseres Fürchte-dich-nicht-Wortes und seine Kraft würde sich dann inmitten der Todesangst vor dem
Tunnel vollends erweisen.

B   JES 41,8-13

I   DIE TEXTGESTALT

8   Aber du, Israel, mein Knecht,
     Jakob, den ich erwählt,
     Same Abrahams, meines Freundes;
9   du, den ich ergriffen von den Enden der Erde
     und von ihren Säumen gerufen,
     zu dem ich sagte: Mein Knecht bist du!
     Erwählt hab ich dich und nicht verworfen!

10   Fürchte dich nicht! - mit dir bin ich !
          Keine Angst!   - ich bin dein Gott!
          Gewiß mach ich dich stark, ja, ich helfe dir,
          ja, ich halte dich mit meiner heilschaffenden Rechten.

11   Siehe: Zu Schmach und Schanden werden
              alle, die wider dich entbrannt;
          es werden wie nichts und gehen zugrunde
              die Männer, die mit dir rechten;
12   suchen wirst du sie und nicht finden
              die Männer, die dich befehden;
          es werden wie null und nichtig
              die Männer, die dich bekriegen.

13   Denn ich bin Jahwe, dein Gott,
              (bin es,) der ergreift deine Rechte,
          der zu dir spricht: Fürchte dich nicht!
          Ich helfe dir gewiß!

Jes 41,8-13 wird man als in sich geschlossene Einheit
auszulegen haben; K.Elliger verweist auf die jüdische
Tradition (u.a. 1 Q-Is-a), die durch Spatien vor 8 und
nach 13 dieselbe Auffassung bekunde. Dazu kommen eine
auffällige Klammer V.9/10 - V.13, die das Ganze offensichtlich gegen das Vorangehende und gegen das Folgende
abschließt, und inhaltliche Erwägungen.

Betrachtet man Jes 41,8-13 vor dem Hintergrund der von
J.Begrich und C.Westermann festgestellten Normalform
eines Priesterorakels (Einführung aus Anrede und "Fürchte dich nicht", Heilszusage mit "Zuwendung" [Nominalsatz]
und "Eingreifen" [Perfectum executionis], "Folge" [im-
perfektische Sätze; grammatisches Subjekt nunmehr die
Angeredeten] und "Zweck") , so imponiert dieses prophetische Wort sowohl durch seine stilistische Strenge als
auch durch die Akzente, die Dtjes dennoch in souveräner
Freiheit setzte, zunächst eine extrem gedehnte Anrede:
"Der Prophet, der in die allgemeine Notsituation seines
Volkes im Exil hinein redet und nur die Form des
priesterlichen Heilsorakels aufgreift, benutzt sofort
die Nennung des Namens Israel, um mit diesem Namen verbundene Heilstatsachen den Hörern lebendig zu machen und
indirekt zum Vertrauen auf den hinter diesen Tatsachen
stehenden Gott aufzurufen." (Elliger 134) An der Stelle
des im traditionellen Heilsorakel zu erwartenden "Ziels"
schlägt V.13 "auf den Anfang des Hauptteils zurück, genauer: nicht nur auf die Heilszusage (Glied a), sondern
zugleich auf das Schluß- und Übergangsglied der Einführung" (Elliger 135).
Starkes Gewicht liegt mithin auf der Zuwendung Gottes
zu seinem Volk; sie wird förmlich eingetrichtert.

Zwingender aber ist eine Interpretation vom "Kriegsorakel" her, wie es E.W.Conrad - mE. überzeugend - als
in Jes 41,8-13.14-16 vorgegebene Gattung aufgewiesen
hat.
Für ein Kriegsorakel kennzeichnend ist die Fürchte-dich-
nicht-Anrede, der Gegenstand der Furcht: die mächtigen
Feinde, der Grund der Heilszusage: Jahwe hat die Feinde
in die Hand Israels gegeben, das Resultat: Israel wird
aus dem bevorstehenden Kampf als Sieger heimkehren.[1]
Alle diese Züge lassen sich in Jes 41,8-13 noch leichter
als in 41,14-16 verifizieren. Aber auch bei diesem Vergleich mit einem vorgegebenen Schema bekommt gerade das
theologisches Gewicht, was Dtjes stilistisch und inhalt-
lich abgeändert hat: "In the War oracles we examined
earlier the recipient always had an active part to play
in the battle, e.g....Jos.11,6. Notice how Israel's role
has been reduced to nothing at all. Israel is told con-
cerning her foes in 41,12...In the coming battle Israel
will not hamstring horses or burn chariots with fire
because there will be no enemies to fight. The theme of
the nothingness of the enemies has already been intro-
duced into the text in 4o,17 and is matched by the rela-
ted theme that the gods are nothing." (Conrad 139f)

Die Einheit gliedert sich in vier nicht ganz gleichge-
wichtige Strophen, mindestens Sinnabschnitte.
(1) VV.8-9 bringen eine lange Anrede; mit drei Namen werden die Exulanten angesprochen (V.8), und in 2mal 2
synonym parallelen Satzgliedern werden sie an die einst-
mals von Jahwe geschenkte und noch immer heilsam währen-
de Beziehung erinnert.

---

1) Siehe S.13f.

(2) V.10 enthält die Zusage der Zuwendung und des
Eingreifens Jahwes. Stilgemäße Nominalsätzchen und
perfektische Verben, zwei synonyme Parallelismen.

(3) Subjektwechsel: V.11 beschreibt die konkreten Folgen aus der menschlichen Sicht. Vier imperfektische, parallel verlaufende Sätze fast gleichen Inhalts und gleicher Struktur bezeichnen die Totalität des Vorgangs und
verleihen der Aussage Nachdruck. Eine leichte Steigerung
in der Abfolge der Sätze ist festzustellen, vor allem in
der Benennung der Feinde: Zuerst rückt eher der private
Bereich in den Blick, dann der Rechtsprozeß, zuletzt der
Krieg.

(4) V.13 (Inclusio) schlägt den Bogen zurück bzw. bildet
den Rahmen zusammen mit V.9-10. Nicht alle Aussagen werden von V.13 wiederholt, aber alles in V.13 Gesagte ist
schon in V.9 ("den ich ergriffen") oder V.10 gesagt worden. Abschließend faßt Dtjes in V.13 das Wichtigste zusammen und stellt in der letzten Zeile noch einmal das
Thema heraus: Jahwes Helfen.

Die Reihenfolge der wiederholten Aussagen ist anders als
oben, aber nicht zufällig; sie bildet ein natürliches
Gefälle vom Sein Jahwes für Israel über Zuwendung zu Israel und den Zuspruch zur helfenden Tat.

II   AUSLEGUNG

Strophe 1 (V.8-9)

Die ungewöhnlich lange Anrede hat den Sinn, die Exulantenschar vor allem anderen auf ihr Sein, näherhin
auf ihr In-Beziehung-zu-Jahwe-Sein anzusprechen. Fundamentale Heilstatsachen hämmert der Prophet den Deportierten staccatoartig ein, um ihrem am Boden zerstörten Selbstbewußtsein soweit aufzuhelfen, daß sie
überhaupt erst einmal wieder zuhören:
1. Israel ist Jahwes Knecht[1].
Elliger bemerkt, daß hier eine traditionelle Selbstbezeichnung des frommen Beters aus dem Klagepsalm des
Einzelnen[2] aufgegriffen und vor diesem Hintergrund nicht
die Gehorsamspflicht, sondern primär das "Schutzverhält-
nis, in dem der Vasall zu seinem Patron steht", angesprochen sei. (137)
Beide Aspekte lassen sich in der Tat leicht von der
wohl vorauszusetzenden Grundbedeutung der "engen Bindung" des Ebed an seinen Herrn verstehen. Dtjes betont,
indem er an mehreren Stellen vom "erwählten" Knecht
spricht, daß Jahwe Israel in seiner souveränen Gnade
und in freier Wahl so eng an sich gebunden habe[3].
Die Psalterstellen weisen aus, daß der Knecht vor allem
Zuwendung des Angesichts seines Herrn[4] sowie Gehör[5]

---

1) Vgl. in Dtjes noch: 42,19; 43,10; 44,1.2.21; 45,4; 48,20; zusammen mit dem "Erwähltsein Israels" in: 44,1f; 43,10; 45,4.
2) Über 25 mal. Vgl. nur Ps 27,9; 31,17; 69,18; 86,2; 116,16; 123;
   143,12, aber schon Gen 32,11: Jakob in seinem Gebet.
3) Siehe die Stellen in Anm.1.
4) Ps 27,9; 31,17; 69,18
5) Ps 86,2

sehnlichst erwartet, aber auch füglich erwarten darf.
Verweigerung der Zuwendung und der Kommunikation wäre
in der mit der Selbstbezeichnung "Knecht (Jahwes)" ins
Spiel gebrachten Bindung das absolut Anormale. Die flehentliche Bitte "Laß dein Angesicht leuchten über deinem Knecht" (Ps 31,17) hat gute Aussicht auf Erhörung;
bei Verzögerung können die Beter mit dem schönen
Gleichnis

> Wie die Augen der Knechte auf die Hand ihres Herrn,
> wie die Augen der Magd auf die Hand ihrer Herrin,
> so unsere Augen auf den Herrn, unsern Gott   (Ps 123,2)

an Jahwe appellieren.

Umfassende Bitten begründet der Beter in Ps 143,12b mit
dem lapidaren Schlußsatz "Denn ich bin dein Knecht".

Von daher läßt sich gut begreifen, wieso Jahwe in 41,8f
Israel 2mal und   gleich am Anfang als "mein Knecht" an-
redet: leidenschaftliche und erwartungsvolle Sehnsucht
zu Jahwe, die Beharrlichkeit, die Ps 123,2 so unnach-
ahmlich umschreibt, soll wiedererweckt werden[1].

2. Israel ist <u>Jakob</u>.

Zur Bedeutung dieser Gleichsetzung siehe die Auslegung
von Jes 43,1-7, S.96ff.

3. In seinem Jakob-Sein ist Israel <u>erwählt</u>.

Das Theologumenon ist umfassend ausgestaltet im Deuteronomium:

> Denn du bist ein Volk, das Jahwe, deinem Gott, heilig ist.
> Dich hat Jahwe, dein Gott, ausgewählt, damit du unter allen
> Völkern, die auf der Erde leben, das Volk wirst, das ihm

---

1) Einen etwas anderen Verstehensweg schlägt H.Wildberger (THAT
I 290) ein. Er erklärt die dtjes. Rede vom erwählten Knecht aus
der altorientalischen Königsideologie: Der König ist von der
Gottheit erwählt und ihr Knecht. Dtjes habe diese Vorstellung
"demokratisiert" (siehe auch Jes 55,3ff).
Diese Auslegung bleibt diskutabel, da sie sich mit einem
'Kriegsorakel' (siehe Kap.I) natürlich gut verträgt.

persönlich gehört. Nicht weil ihr zahlreicher als die
anderen Völker wäret, hat euch Jahwe ins Herz geschlos-
sen und ausgewählt; ihr seid das kleinste unter allen Völkern. Weil Jahwe euch liebt und weil er auf den Schwur ach-
tet, den er euren Vätern geleistet hat, deshalb hat Jahwe
euch mit starker Hand herausgeführt und euch aus dem Skla-
venhaus freigekauft... - Deut 7,6-8[1]

Jahwes Wahl, nicht im Wert des Objekts begründet, macht
Israel zum heiligen, ganz anderen Volk, und seine Heiligkeit besteht darin, nun in besonderer Weise Jahwe zu
gehören. Und das ist wohl der Punkt, den Dtjes. anvisiert,
wenn er das Erwähltsein Israels zur Sprache bringt: Israel hat sich nicht einfach selbst zum Knecht Jahwes
ernannt - mit aller belastenden Unsicherheit - ; Jahwe,
Gott , hat es mit Energie so gewollt, daß Israel sein
Ebed sei.

4. Israel ist <u>Same Abrahams</u>, des Freundes Jahwes.

"Bei den vorexilischen Propheten gibt es keinen echten
Hinweis auf die Abrahamüberlieferungen. Mi 7,20 ist
ein nachexilisches Orakel, und dasselbe gilt wahrschein-
lich auch von Jes 29,22. Bei den Propheten des Exils,
Ezechiel und Deuterojesaja, erscheint eine neue theologische Wertschätzung Abrahams. Ez 33,24 zeigt, daß die,
die in Juda nach 586 überlebten, von der Überlieferung
von dem göttlichen Eid, daß Abraham das Land besitzen
werde, Gebrauch machten, um ihren Anspruch zu stützen,
der göttlich gewählte Rest Israels zu sein. Ezechiel
wies diesen Anspruch ab (33,27ff).
Dtjes dagegen beruft sich auf die Gestalt des Abraham
(Jes 41,8; 51,2), weil er in ihm eine Versicherung für
die göttliche Absicht findet, Israel wieder herzustel-
len. Die Tatsache, daß das Interesse an Abraham im exilischen und nachexilischen Zeitalter aufs neue erwachte,
spiegelt die Krisenstimmung wider, die durch den Verlust des Landes und den Fall der davidischen Monarchie
verursacht wurde. Es war natürlich, daß man sich auf
die Bundesüberlieferung berief, die Israel den Besitz
des Landes durch einen göttlichen Eid versicherte. Da
die Abrahamüberlieferung dem höfischen Kreis in Jerusalem besonders wichtig war, verursachte das Versagen der

---

1) Vgl. Deut 4,37; 10,14f; 14,2.

Monarchie ein erneutes Fragen und ein erneutes Zurückgreifen auf Abraham als den Empfänger des Eides, der
Israels königliche Macht und Größe bestätigte. Während
der Sinai-Horebbund für Israels zukünftige Erlösung ein
Fragezeichen setzte, da ja Israel die Gesetze übertre-
ten hatte (vgl. Jer 31,31-34; Ez 36,26-28), erlangte der
Abrahamsbund neue Bedeutung als ein einseitiger, göttlicher Eid, mit einer Zusage der Volkwerdung und des
Landbesitzes." (Clements, ThWAT I 60f)

Aber was bedeutet die von Dtjes an wenigen Stellen nur

reklamierte Verbindung mit 'Vater Abraham' dann anderes

als die mit Ahnvater Jakob?

Vielleicht darf man sagen, daß die Abrahamserinnerung

eine noch wurzelhaftere Bindung Jahwes an sein Volk be-

hauptet, als es die Gleichsetzung Israels mit Jakob tut.

Jene Bindung reicht in noch fernere Zeit zurück, ja in

eine Zeit, da vom gelobten Land noch gar nichts gewußt

ward. Auf die Berufung Abrahams von den Enden der Erde

anzuspielen, mußte sich für Dtjes schon deshalb nahele-

gen, weil die Situation der Exulanten derjenigen Abra-

hams insofern ähnelt, als sie sich fern dem verheißenen

Land befinden.

V.9a-b ruft die bekannte Überlieferung von Gen 12,1.4

ins Gedächtnis. In der Wortwahl zeigt sich die souveräne

Freiheit, in welcher Dtjes Überlieferungen in seine Ver-

kündigung integriert.

Das "Rufen" und "Ergreifen"[1] interpretieren sich gegen-

seitig: Jahwe ruft wirk-mächtig, und durch sein Wort

nimmt er den Menschen an der Hand.

Abraham Jahwes Freund: damit bringt Dtjes im Bemühen,

die zwischen Jahwe und Israel bestehende besondere Be-

ziehung aufzuweisen, vor allem jene Väterüberlieferun-

gen auf einen Nenner, die ein außergewöhnliches und

---

1) Vgl. 45,1; 51,18 und vor allem 42,6: dort wie in 41,9
   "Ich habe (an der Hand)ergriffen/Ich habe gerufen".

intimes Vertrauensverhältnis Jahwes mit Abraham wider-
spiegeln, und das ist in der Tat ein Spezifikum der
Abrahamsgestalt, das sie vor Jakob auszeichnet. Ein
Wort wie Gen 18,17 "Soll ich Abraham verheimlichen, was
ich vorhabe" hätte in bezug auf Jakob kaum gesagt werden können[1]. Die besondere Intimität zwischen Jahwe und
Abraham drückt sich aber auch darin aus, daß Jahwe, sozusagen aus alter Freundschaft, Isaaks Nachkommen "um
seines Knechts Abrahams willen" mehrt (Gen 26,24)[2].
Und so nimmt es nicht wunder, daß Dtjes die klägliche
Exulantenschar wohl mit Jakob, nicht aber mit Abraham
völlig identifiziert. Die Exulanten sind Jakob, durch
und durch; in bezug auf Abraham sagt das Dtjes so unge-
brochen nirgends. Daß sie Nachkommen Abrahams sind, ist
hier das Äußerste, was gerade noch und sparsam gesagt
werden kann und was, wenn es gesagt wird, freilich umso
schwerer wiegt. Denn wenn sie tatsächlich etwas von diesem mythisch umglänzten (51,2!) Abraham haben, dann dürfen sie wahrlich auch heute Wunder erwarten, wie sie
Jahwe an Abraham tat. Dies scheint mir genau das tertium
comparationis: An Abraham tat Jahwe in besonderer Weise
Wunder: a) Das kinderlose einsame alte Ehepaar bekam
durch den, dem nichts unmöglich ist, einen Sohn und reiche Nachkommenschaft (vgl. Jes 51,2 mit Gen 18,1-18).
b) Schon der Anfang war ein Wunder: Jahwe, von den Zeit-
genossen Dtjes.s wohl doch als in Zion residierender
Gott vorgestellt, vermochte mit einem Ruf mühelos bis

---

1) In seiner Konsequenz liegt, daß Abraham in 4.Esr 3,14 ein apo-
   kalyptisches Sehen zugeschrieben wird.
2) Daß man in Israel Abraham als einen gerechten und vollkommen
   frommen Menschen ("tāmīm") gewußt hat, spiegelt sich auch in
   Gen 17,1 P.

zum Ende der Erde zu dringen, den Kontakt dort mit Abraham zu schließen und ihn ins Land zu bringen (41,8f).
Ist man Abrahams Same, so wird man füglich solche und
ähnliche Wunder von Gott erwarten dürfen (vgl. auch Ps
105,5f!), der bis ins tausendste Glied Treue übt an denen, die ihm Freundschaft erweisen (Ex 20,6).

Die Wiederholungen in V.9c-d scheinen nun die Anrede
unnötig zu verlängern. Doch handelt es sich keineswegs
um eine bloße Tautologie. Vielmehr ist hier das psycho-
logische Problem berührt: Selbstwertgefühl lebt von der
zugesprochenen Wertschätzung. Israel soll plastisch die
geschichtlichen Augenblicke erinnern, in denen Jahwe
Abraham (Gen 12,1ff), Jakob (Gen 26,24) und David (2.
Sam 7; Ps 2,7) zu-sagte, daß er sie und ihren Samen in
besonderer Weise an sich binden und eine Heilsgeschich-
te mit ihnen gehen wolle. Präzise Vergegenwärtigung eines lebendigen Vorgangs, nicht abstraktes Wissen begrün-
de das Vertrauen!
Daß Jahwe Israel "nicht verworfen"[1] habe[2], ist wiederum
nicht die Erwählungstatsache mit versfüllenden anderen
Worten, sondern hier schwingt ein besonderer Sinn mit.
Dtjes hat aus den Klagen der Exulanten die spezielle
Bangigkeit herausgehört, ob Jahwe 587 die Erwählung Israels vielleicht doch endgültig zurückgenommen haben
könnte; mit genau dieser offenen Frage schließen die
Klagelieder (5,22). Grund zu dieser Befürchtung gab

---

1) אמם ist exaktes Oppositum zu בחד ; vgl. Jer 33,24; Ps78,
   67f.
2) Vgl. zum Zusammenhang dieser Aussage mit dem "Fürchte dich
   nicht" ein Orakel der Ischtar von Arbela an Asarhaddon: "Fürchte
   dich nicht König, sprach ich zu dir, ich habe dich nicht verworfen." (bei Elliger 139)

allein schon die Gerichtspredigt der vorexilischen Propheten, die eine Verwerfung ohne Hintertür ankündigte
(Jer 7,29). Mit welcher fatalistischen Hoffnungslosigkeit es Dtjes zu tun hatte, erhellt aus dem etwa gleichzeitigen Jer 33,23-26:

> Das Wort Jahwes erging an Jeremia:
> Hast du nicht gesehen, was dieses Volk da redet:
> Die beiden Stammesverbände, die Jahwe erwählt hatte,
> hat er verworfen!,
> und wie sie mein Volk verachten, so daß es in ihren Augen
> kein Volk mehr ist? (vgl. auch 31,37)

Jes 41,9d mutet wie eine direkte Antwort auf das in
Jer 33,24 zitierte "Gerede" an.

Strophe 2 (V.10)

In V.10 stoßen wir auf den Kern der Heilszusage.
Die erste Hälfte ist geprägt durch Wendungen, die für
Dtjes charakteristisch sind und zB auch das Grundgerüst
für Jes 43,1-3 bilden. (Siehe zu allen Einzelfragen die
Auslegung dort.) Das Kriegsorakel als von Dtjes hier an-
gespielte Redeform schlägt insbesondere in der doppelt
abgewehrten Furcht (V.10a/b) durch, wozu Deut 1,21; 31,
8; Jos 10,25; Jer 30,10 die nächsten Formulierungsparallelen sind. 10c-d führen zum Proprium der Verkündigungseinheit 41,8-13. Und zwar liegt besonderes Gewicht auf
dem "ᶜzr" = "Helfen" Jahwes. Die Zusage, daß Jahwe Israel helfen[1] wird, hält gewissermaßen alles andere zusammen, ist das A (V.10c) und das O (V.13d) des zu Sagenden.
Für die Erklärung der Sprache und des Sinngehaltes von
10c-d gibt es, so viel ich sehe, drei mögliche Ansatz-
punkte.

1. Die Königsideologie.
"Der Anspruch und die Zuversicht, daß Jahwe seinen Erwählten, Beauftragten und Knecht stark machen werde,
blieb nach dem Scheitern Josias und auch nach dem Zerbrechen des Königtums, allerdings in Umdeutung, lebendig.
Noch im Exil darf der Prophet dem Knecht Israel die göttliche Zusage [sc. gemeint ist Jes 41,10] verkünden."
(Schreiner, ThWAT I 350) Damit deutet Schreiner die
erste Aussage von 10c von der Königsideologie her, die
ihren locus classicus in Ps 89,21f "Ich fand meinen
Knecht David; mit meinem heiligen Öl salbte ich ihn.

---

1) Zum Vorkommen, zur Herkunft und Bedeutung der Vokabel siehe auch
   die Auslegung von Jes 41,14-16.

Meine Hand ist beständig mit ihm, ja, mein Arm macht ihn stark" hat. Dtjes hätte dann eine ursprünglich dem davidischen König institutionell gegebene Zusage "demokratisiert": In der neuen, durch das Exil gekennzeichneten Lage wird dem Volk die Stärke unmittelbar, ohne Notwendigkeit eines Heilsmittlers gegeben. In der Tat deckt Ps 89,14f.21f auch V.10d ab.

2. Der Jahwekrieg.

Im Rahmen eines 'Kriegsorakels' und im Blick auf das dort beheimatete Leitwort "helfen" (siehe dazu S.20f) liegt es aber ebenso nahe, V.10b von der Bestärkungsformel "Sei fest und stark - Ich werde mit dir sein" (Deut 31,23) her zu interpretieren: Sie ermutigt den Führer des Heerbannes im Jahwekrieg. Doch besteht kein Widerspruch zur Königsideologie. Nach der israelitischen (dtr.) Geschichtsschreibung sind aus den ad-hoc-Ermutigungen an Josua und an die Richter wie von selbst institutionelle Zusagen an den davidischen König geworden (vgl. nur 2.Sam 7,9).

3. Die Klage des Verfolgten. (vgl. Ps 35)

Eine noch größere, geradezu erstaunliche Nähe weist V. 10c-d, vor allem in seinem Zusammenhang mit V.11-12, zu dem Gebet des Verfolgten Ps 35 auf.
Dessen Bittflehen wendet sich an Jahwe, daß Er den Kampf und den Rechtsstreit gegen die Feinde führe:

> Streite , Jahwe, gegen die, die mich bekämpfen,
> führe Krieg gegen die, die mich bekriegen! - Ps35,1 (vgl. V.23)

Konkret erbittet er als Erstes eine Heilszusage Jahwes:

> Erhebe dich, mir zu helfen...
> Sprich zu meiner Seele: 'Deine Hilfe bin ich.' (V.2b.3)
> (Die vorzustellende göttliche, durch den Priester vermittelte
> Antwort dürfte nicht weit von Jes 41,10 liegen: "Ja , ich helfe
> ...fürchte dich nicht.")

Die Feinde sollen zugrunde gehen:

> Zuschanden und beschämt sollen werden,
> die mir nach dem Leben trachten;
> schmachvoll sollen weichen,
> die mein Unheil planen. - V.4 (Vgl. Jes 41,11-12)

Die rettende Hilfe Jahwes ist 3mal als Tat des <u>Heils</u>
(ṣädäq) gepriesen:

> Schaffe mir Recht nach deinem "ṣädäq", Jahwe... - V.24a
>
> Jubeln und sich freuen sollen, die meinen "ṣädäq" wünschen,
> immer sollen sie sprechen:
> Groß ist Jahwe, der da will
> den Schalom seines Knechtes!
> Meine Zunge soll deinen "ṣädäq" künden,
> dein Lob jeden Tag! - V.27f (Vgl. Jes 41,10d: die
> "ṣädäq"schaffende Rechte.)

Antwortet Dtjes in 41,8-13 auf eine mit Worten aus Ps 35
oder im Gewande eines ähnlichen Psalmes vorgetragene
Klage?[1]

Wiederum besteht kein absoluter Gegensatz zu den Deu-
tungsmöglichkeiten (1) und (2), bemerkt doch schon
H.J.Kraus zu Ps 35, "daß der Beter...sich Hilferufe zu
eigen macht, die ursprünglich der Institution des Heiligen Krieges zugehören". (427)

Aus den in V.11-12 aufgebotenen Feindtypen wird man jedenfalls den Schluß ziehen, daß Dtjes.s Worte umfassend,
auf keinen Bereich beschränkt, gegen Menschenfurcht und
Konfliktschwäche zielen. Jahwes gute Hand, die Rechte,

---

1) Da auch eine beträchtliche sprachliche Nähe von Jes 41,16 zu
   Ps 35,5 (Bild: Spreu vor dem Wind) und Ps 35,9.18.28 (Lobpreis-
   Motiv) besteht, wäre zu fragen, ob Jes 41,8-16 nicht doch als
   ursprüngliche, den Gebetsanliegen von Ps 35 entsprechende Einheit ausgelegt werden könnte. Jedenfalls zeigt sich eine große
   motivische Verwandtschaft der beiden Stücke 41,8-13 und 41,14-
   16, die der Redaktor sinnvoll so zusammengestellt hat.

wird den Verängstigten Halt und neue Courage geben.
Durch Ihn wird ihnen "Heil" (sädäq).[1]
Was dieser Begriff nun in der Verkündigung Dtjes.s aus-
drückt und welche Bedeutungen mitschwingen, ist nicht
ganz einfach zu sagen. "Von seinem forensischen Ursprung
her...bedeutet es...nicht so sehr das Recht oder den
Sieg, den man erkämpft, als vielmehr das Recht, das man
bekommt, das einem zugesprochen wird, und dann allgemein
...das Heil...Bei Dtjes ist צדק ...Heil, das irgend-
wie von Jahwe ausgeht." (Elliger 120)

---

1) Vgl. "ṣädäq" in 41,2; 42,6.21; 45,8.13.19; 51,1.5.7. "ṣädäq"
   ist eine überindividuelle, objektive Größe, die "umgibt" bzw.
   "begegnet" (vgl. 41,2). Die Bedeutung schwankt zwischen "dem
   Schöpfer entsprechende Rechtsordnung" und "Fluidum" bzw. "Atmo-
   sphäre von Recht, Ordnung, Heil", die ein Volk bzw. eine Gemeinschaft durchwaltet. K.Koch, THAT II 527 betont den Charakter des
   "ṣädäq" als Heilsgabe und - bei Dtjes - als "Machtsphäre, die
   wie eine Wasserflut über das treue Volk strömt".

Strophe 3 (V.11-12)

V.11-12 lassen in vier eindringlichen Wiederholungen,
die quadratisch das ganze Feld möglicher Feindschaft
umstellen, die Hörer vor Augen haben, wie sich das Eingreifen Jahwes konkret auswirken wird. Abweichend von
der durch das Kriegsorakel vorgegebenen Struktur[1] wird
das Heil nicht durch einen militärischen Kraftakt und
den Sieg Israels zustandekommen, sondern durch Jahwes
wunderbaren Rat, wobei die Exulanten am Tag X nicht wissen werden, wie ihnen geschieht. "Es ist das Heil, das
Jahwe durch die Entwicklung der politischen Verhältnisse planmäßig für sein Volk aufbaut, der Sieg, der in der
Niederlage der babylonischen Unterdrücker durch Kyros
und in der Entlassung der Deportierten besteht." (Elliger 142) Mit einem Schlag werden die babylonischen Herrscher restlos ihrer Macht enthoben sein und alle mit ihrer Tyrannei verbundenen aggressiven Bedrohungen in den
verschiedenen Lebensbereichen verschwunden.

Schwer nur will es dem historisch Interessierten gelingen, den Angaben von V.11-12 geschichtliche Einzelheiten
zu entwinden. Die Feinde der Exulanten werden mit 4
eher typischen Feindbezeichnungen aus 4 verschiedenen
Lebensbereichen benannt. Feindschaft in ihrer spontanen
Äußerung, in der Symptomatik des Gefühlsausbruchs ist
in der Feindbenennung "die wider dich Entbrannten" (V.
11b)[2] vor Augen geführt. "Männer, die rechten" (V.11d)
sind Prozeßgegner - aber hatten die Exulanten in Babel
überhaupt die Möglichkeit, Rechtprozesse (ריב) gegen
die Einheimischen zu führen? Mit "Männern, die befehden"
(V.12b) zeichnet Dtjes das Bild eines handgreiflichen
Streites[3] und in 12d schließlich gar eine kriegerische

---

1) Siehe dazu S. 13ff.
2) Vgl. dieselbe Wendung noch in 45,24.
3) Vgl. den Wortstamm נצה in Ex 2,13; 21,22; Lev 24,10; Deut 25,
   11.

Auseinandersetzung, zu der die Gola nicht in der Lage gewesen sein kann.
Gerade die Aussage von den "Männern, die dich bekriegen"
wird uns einer Lösung des mit V.11-12 gegebenen Problems
näherbringen, da sie in der Typen-Sprache des Psalters
auch übertragenen, zivilen Sinn annehmen kann[1].

In der Tat finden wir die zur Beschreibung des Schicksals
der Feinde in 11a / c; 12a / c benutzten Wendungen so
gut wie komplett und mehr oder weniger häufig auch im
Psalter vor, und dort selten einmal im militärischen Zusammenhang.[2] Es scheint, daß Dtjes geprägte Sprache des
Psalters benutzt, um das Ende der Herrschaft der Babylo-
nier über die Gola 'auf allen Ebenen' anzusagen - konkrete Einzelheiten wird man nicht herauslesen dürfen. Mit
je einem Hendiadys in 11a; 11c und 12c zeichnet Dtjes
das Ende der Feinde Israels als Ausrottung mit 'Stumpf
und Stiel'. Die Ankündigung steigert sich, bei allem
formalen und rhythmischen Gleichmaß, zur Klimax des ab-
soluten Garaus in 12c. 11a scheint noch vom Überleben
der Feinde auszugehen. Freilich: "Schmach und Schande"
sind für hebräisches Empfinden schlimm genug, denn das
Sich-Schämen-Müssen (בוש) ist nur die subjektive Er-
lebensseite des objektiven Standes- und Ansehensverlustes
(כלם). Die Schande 'hängt an'.
"In dieser Sprache dokumentiert sich der für den antiken
Menschen selbstverständliche Zusammenhang zwischen Stand,

---

1) Vgl. den Wortstamm לחם im Zusammenhang von Ps 35,1ff.
2) Vgl. "zu Schmach und Schanden werden" bei Dtjes: 41,11; 45,16f;
   50,7; 54,4; in Pss: 35,4.26; 40,15; 69,7; 70,3;
   "zugrunde gehen" in Pss: 37,20; 49,11; 68,3; 73,27; 80,17; 83,18;
   92,10; 102,27;
   "wie nichts": bei Dtjes: 40,17; 41,11f; in Pss: 39,6; 73,2;
   "nichtig" (כאפס) bei Dtjes: 40,17; 41,12.24.29; 45,6.14;
   46,9; 47,8.10; 54,15. Keine Parallele im Psalter.
   "suchen und nicht finden": Ps 37,36; Jer 50,20; Ez 26,21; Am8,12.

wie immer er auch begründet sein mag, und Ansehen, das
man infolgedessen nicht nur bei den anderen, sondern
auch ganz persönlich 'genießt'. Die Kehrseite ist, daß
man bei Verlust des Standes auch das Ansehen verliert
sowohl bei den anderen als auch bei sich selbst." (Elliger 143) 11c sagt den Vorgang des 'Sterbens' der Gegner an, 12a lenkt den Gedanken bereits zum objektiven Befund ihres Totseins[1], der dann in 12c definitiv
vorliegt.

In V.12 vor allem meint man das Herz Deuterojesajas
schlagen zu hören; hier drückt er seiner Botschaft den
unverwechselbaren Stempel auf: in nur ihm eigener Sprache ("Es werden wie null und nichtig") und in der für
ein 'Kriegsorakel' völlig überraschenden Ankündigung,
daß Israel jenem Kampf, der zu seinem Heil geführt wird,
noch nicht einmal zuschauen muß, so wunderbar beseitigt
der Herr der Geschichte selbst durch seinen Plan mit
Kyros (vgl. 41,1-5; 44,24-28) die Bedrohung. Wie anders
hatte sich die Israel im Orakel an Josua zugewiesene Rolle angehört: "Du wirst ihre Pferde lähmen und ihre Wagen
in Brand stecken." (Jos 11,6)
V.12 markiert mithin einen Bewußtseinsdurchbruch: Die
Einsicht, daß Gott seinem Volk helfen kann, ohne es mit
staatlicher Macht und militärischer Potenz ausrüsten zu
müssen, ist hier geboren. Das förmlich dabei verwandte
Kriegsorakel weist sehr genau auf die überwundene Bewußt-
seinsstufe zurück. Die Sprengung der alten, vorausge-
setzten Form korreliert der Bewußtseinsexplosion.

---

1) Vgl. den Abschluß des Gerichtswortes gegen Tyrus in Ez 26,21:
   "Zu einem Bild des Schreckens mache ich dich. Du bist nicht mehr
   da, und wer dich sucht, wird dich in Ewigkeit nicht finden."
   Ähnlich Dan 11,19.

Strophe 4 (V.13)

wiederholt die wichtigsten Vergewisserungen von V.9-10,
wobei in 13a verstärkend noch der Jahwename (und damit
verbundene Geschichtserinnerungen?) in die Waagschale
geworfen werden[1]. So stellt Dtjes alle Zuversicht der
Exilierten auf die von Gott Jahwe gestiftete, gewollte
und in allen Zerreißproben gehaltene Beziehung.

---

1) Siehe die Auslegung von Jes 43,3 (S.92ff).

III   JES 41,8-13 IM NEUEN TESTAMENT

Wir werfen zunächst einen kurzen Blick auf die Rezeption
des Stückes im nachbiblischen Judentum.
Die Hochschätzung, die Abraham im Frühjudentum erfuhr[1],
faßt Jub 19,9 mit einer Reminiszenz an Jes 41,8 zusammen:
"Denn er ward als gläubig erfunden und wurde als Freund
Gottes auf die himmlischen Tafeln geschrieben." (vgl. Jub
31,15)   Nach 4.Esr 3,14 hat es mit Gottes Liebe zu Abraham (= Jes 41,8) zu tun, daß er ihm "im Geheimen der
Nacht" nicht nur die nächsten 400 Jahre (vgl. Gen 15,9ff),
sondern auch "das Ende der Zeiten" offenbarte. Abraham
ist damit - wie in zwischentestamentlicher Zeit auch andere ehrwürdige Gestalten (vgl Dan 2) - in den Rang eines
apokalyptischen Sehers, eines 'Intimus Gottes' erhoben.

Mit der Jes 41,8 entnommenen Wendung "Same Abrahams"
bringt Paulus "den geschichtlichen Vorzug Israels und der
eigenen Abstammung zum Ausdruck (2.Kor 11,22; Röm 9,7;
11,1). Aber er bestreitet die Gleichsetzung von 'Same
Abrahams' und echter, eschatologischer Sohnschaft. Die
letztere gilt, wie das Beispiel Isaaks gegenüber Ismael
zeigt, nur für die Kinder der Verheißung (Röm 9,7-9), d.h.
die Glaubenden." (O.Betz, EWNT I 5)

Die Evangelisten haben in Jes 41,8-13 bereitliegende
Sprache und Deutungshorizonte aufgenommen, um von Jesus
zu erzählen, der geschwächte und von übermächtigen Feinden bedrohte Menschen in wunderbarer Weise gestärkt habe.
In besonderer Weise ist Jes 41,8-13 in die sprachliche
Ausgestaltung von Lk 13,10-17 einbezogen worden.

---

1) Vgl. O.Betz, EWNT I 4.

Der Schlüssel zum Verständnis der Perikope liegt in
V.16: "Diese aber, die doch eine Tochter Abrahams ist,
die der Satan, paß auf, 18 Jahre gefesselt hatte - sollte
sie nicht gelöst werden von dieser Fessel am Sabbattag?"
Hier nennt Jesus drei gute Beweggründe, die ihn zur Intervention zwingen; sie alle speisen sich aus Glaubens-
gewißheiten, die sich lebendigem Umgang mit der Schrift
verdanken:

1. 18 Jahre leiden - das ist eine quälend lange Zeit, die
Gottes Erbarmen erheischt. Dafür sind die alten Psalmen
Zeugen. Ihre Wie-lange-Klage[1] bedeutete einen letzten
verzweifelten Appell an Jahwe, sich doch helfend und hei-
lend dem Kranken und Angefeindeten zuzuwenden. Seither
findet der von dauernden Schmerzen zermürbte, sozial iso-
lierte Kranke in den Wie-lange-noch-Psalmen sprachliche
Hilfe; ja, er ist in die ganze Generationen verbindende
Kette der Leidenden Israels eingefügt. Hat Jesus, als
er die Frau "sah" (13,12), ineins damit in ihrem Herzen
die verzweifelte Wie-lange-noch-Frage wahrgenommen?

2. Es ist Sabbattag und Sabbatstunde im Sabbatjahr Jesu
(Lk 4,16ff), also eine besonders heilsverdächtige und
heilsträchtige Zeit, Vorschein des Ewigen Sabbat (Jub 50,
9; Mek 31,12ff). Solcher Sabbat hoch drei zwingt den messianischen Geistträger geradezu, "im Jahr der Gnade...den
Gefangenen die Entlassung und den Gefesselten die Lösung
der Fesseln" zu bringen (vgl. Lk 13,12.16 mit Jes 61,1f).[2]
18 Jahre war die Frau vom Satan gefesselt - das sind
3 mal 6 Jahre, 3mal die Mühsalszeit; 2mal ging das Sabbatjahr vorbei, ohne ihr sabbatliche Entlastung zu bringen.
Jetzt ist es allerhöchste Zeit!

3. Zumal es sich um eine "Tochter Abrahams" handelt, die

---

1) Ps 6,4; 13; 35,17; 74,10; 79,5; 80,5; 94,3
2) Vgl. Grimm, Ruhetag 72-77.

durch einen "Geist der Schwäche" (13,11) "gefesselt"
(13,12) ist. Im Jesuswort Lk 13,16 ist das Wissen ver-
wahrt, daß die Kinder Abrahams Gottes mächtige Hilfe und
wunderbare Stärkung erwarten dürfen, weil sich Gott seinem Liebling Abraham bis ins tausendste Geschlecht ver-
pflichtet hat. Es fußt auf Jes 41,8-13 "Same Abrahams ...
gewiß mache ich dich stark".

Die erzählerische Ausgestaltung ist dem gerecht geworden.
Der Erzähler hat, fast konsequent, Jes 41,8-13 gleich einem Steinbruch eine ganze Reihe Bausteine entnommen:
a) den Aspekt der Stärkung im Heilungswunder;
b) den Aspekt der Hand als Medium;
c) den Aspekt des Konflikts, in welchem die zu stärkende
   Person bestehen soll.
ad a) Die Tochter Abrahams leidet an einem "Geist der
Schwäche" (Lk 13,11); Jesu Wort, das die Heilung bewirkt,
lautet: "Sei frei von deiner Schwäche". - Jes 41,10c ver-
hieß, daß Jahwe den "Samen Abrahams gewiß stark macht."
ad b) Medium des Heilands, kraftübertragendes Organ ist
in Lk 13,13 die Hand, die Jesus "auflegt", wie in Jes 41,
10d gesagt war, daß Jahwe mit seiner "Rechten des Heils"
den Samen Abrahams stärkt.
ad c) Zu den auffallenden Zügen von Lk 13,10-17 gehört
es, daß es die Frau, welcher Jesus zu Hilfe kommt, mit
gleich zwei mächtigen Gegenspielern zu tun hat: mit dem
Satan, Feind der Schöpfung Gottes, der sie gebunden hält,
und mit dem Synagogenvorsteher, der ihre Befreiung hin-
dert. Die Erzählung kommt darin zum Ziel, daß "alle Gegner beschämt werden" (Κατησχύνοντο πάντες οἱ ἀντικείμενοι).
Die Analogie zu Jes 41,8-13 ist frappierend: Dtjes verheißt in V.11/12 den Abrahamskindern die Befreiung von

63

allen Gegnern, die ihnen zusetzen; Jes 41,11 LXX ἰδοὺ
αἰσχυνθήσονται... πάντες οἱ ἀντικείμενοί σοι scheint zusammen mit
Jes 45,16 LXX geradezu die sprachliche Vorlage für Lk 13,
17 abgegeben zu haben.

Man kann im Motiv-Vergleich noch einen Schritt weitergehen.
Lk 13,10-17 beschreibt die Heilung der gekrümmten Frau
mit der Metapher des "Gelöstwerdens" von einer "Fessel",
mit der ein böser Potentat sie gebunden hielt. Ist damit
nicht das Thema von Joh 8,31-59 angeschlagen? Die Juden
eröffnen dort ein Streitgespräch mit der These: "Wir
sind Abrahams Same und sind zu keiner Zeit jemandes Skla-
ve gewesen. Wie kannst du sagen: Ihr werdet frei werden!"
(Joh 8,33) Wie wahre Freiheit aussieht und wer in Wahrheit Abrahamskind ist, darüber wird dann leidenschaftlich
und ohne Einigung gestritten. Unberührt aber bleibt die
Ausgangsthese: Den Abrahamskindern gebührt Freiheit. Es
sei anmerkungsweise vermutet, daß dieser offenbar allgemein geltende Glaubenssatz u.a. in Jes 41,8-13 gründet.
Den Exulanten war ja als den Abrahamskindern versichert
worden, daß ihre sie knechtenden Zwingherren "verschwunden sein werden". Sowohl nach Lk 13,16 als auch nach Joh
8,31-59 ist es das Werk des Gottessohnes, die Kinder
Abrahams von der versklavenden Macht des Bösen zu befreien, wenn auch sowohl 'Abrahamskindschaft' als auch
die 'böse Macht' hier und dort je verschieden definiert
ist.

Das Jes 41,8-13 strukturierende Vokabular, Jahwes Handergreifen[1], Stärken[2] und Helfen[3],liefert nun aber überhaupt den Evangelisten die Sprache, Jesu helfende Taten
zu erzählen[4].

---
1) V.9a: MT קָרָאתִיךָ LXX οὗ ἀντελαβόμην
   V.10d: MT בִּימִין צִדְקִי LXX ἠσφαλισάμην σε τῇ δεξιᾷ
   V.13b: MT מַחֲזִיק יְמִינֶךָ LXX ὁ κρατῶν τῆς δεξιᾶς σου
2) אמץ pi. / ἐνισχύω
3) עזר / βοηθέω
4) Vgl. das Handergreifen in Mk 1,31; 5,41; 8,23; 9,27; Lk 14,4 und
   das Handauflegen in Mk 5,23; 6,5; 7,32; 8,25; Lk 4,40; 13,13;
   Stärke in Mk 2,17; 9,18; Lk 8,43; das Helfen in Mk 9,22.24; Mt 15
   25.

Somit ergibt sich, daß neben Jes 41,14-16 auch Jes 41,
8-13 starken Einfluß auf die interpretierende Rahmenge-
staltung der Heilungswunder Jesu hatte.
Jes 41,14-16 konnte gewissermaßen den Anteil des Menschen erläutern: Der Flehende bekommt Hilfe und Zurüstung;
der Glaubende entwickelt wunderbare Kräfte; der Geheilte
vollendet im Lobpreis Gottes das Wunder. Wir fanden die
Sprache und Bilder dieser auf <u>Aktivität</u> des Wurmes Jakob
zielenden Heilszusage bezeichnenderweise eher in jenen
Heilungsgeschichten wieder, in denen eine psychische Mitwirkung - der Glaube! - des Kranken bzw. seiner Freunde
in Frage kam.
Die einige ntl. Wundergeschichten strukturierenden Elemente von Jes 41,8-13 repräsentieren demgegenüber eine
ebenfalls im AT entwickelte Idee des Heiligen Krieges, in welchem
Israel eine rein passive Rolle spielt (vgl. das Grundmuster in Ex
14,13f). Die Situation ist bei den notleidenden Kranken der Jesus-
geschichte insofern verschärft, als keinerlei menschliche Mitwirkung
im Krieg Jahwes erhofft werden kann. Abrahams Samen ist - im Extremfall - in einen Konflikt mit doppelter Frontstellung gezwungen: einerseits der metaphysischen Macht des Bösen ausgesetzt, andererseits
auch noch durch die Hartherzigkeit der Ordnungshüter in seiner
Existenz bedroht. Die Macht des Feindes ist übergroß, der Kranke
sein Spielball, ja Opfer. Die Situation ist buchstäblich:
'daß Gott erbarm'. Und genau dies tut Gott, indem sich
Jesus in der Kraft Seines Geistes der Erbärmlichen erbarmt.

Eine zweite Linie führt von Jes 41,8-13 ins NT, und zwar
zu den Logien Jesu, die auffordern, sich - in statu con-
fessionis - nicht vor den Menschen zu fürchten (Mt 10,28-
31 par.)
Eine der geistesgeschichtlichen Wurzeln dieser Ermahnungen
liegt im AT. Das AT schildert bereits Jakob als einen

Menschen, der es lernen muß, mit seiner ausgeprägten
Menschenfurcht richtig umzugehen; er bewältigt schließlich seine (berechtigte) Angst vor Esau im Gebet zu Jahwe (Gen 32-33).
Der Zuspruch "Fürchtet euch nicht vor ihnen" ergeht immer wieder an die Mannen Israels, wenn sie in den Krieg
gerufen werden, den Jahwe führt.[1]
Schließlich bekämpfen die Propheten in verschiedenen
Stoßrichtungen eine falsche Furcht vor Menschen, Mächten
und Göttern, indem sie die Ehrfurcht vor Jahwe als die
einzige Israel angemessene Furcht anmahnen:

> Fürchtet euch nicht vor ihnen [den Götzen],
> denn sie können weder Schaden zufügen
> noch Gutes bewirken.
> Niemand, Jahwe, ist wie du:
> Groß bist du, und groß an Kraft ist dein Name.
> Wer sollte dich nicht fürchten, du König der Völker!
> - Jer 10,5-7

> Ihr sollt nicht alles Verschwörung heißen,
> was dieses Volk da Verschwörung nennt,
> und vor dem, was ihm Furcht einjagt, fürchtet euch nicht
> und erschreckt nicht!
> Jahwe der Heere,
> ihn sollt ihr heilig halten;
> er sei eure Furcht,
> und er euer Schrecken!
> Er wird zur Verschwörung werden,
> zum Stein des Anstoßes...
> - Jes 8,12-14

---

1) Vgl. nur Ex 14,13; Deut 1,29; 20,3; 31,6; 1.Makk 2,62.

Fürchtet nicht die Schande vor Menschen,
und vor ihren Schmähungen erschrecket nicht!
Denn wie ein Kleid frißt sie die Motte,
wie Wolle frißt sie die Schabe.
Doch mein Heil besteht für immer,
und meine Hilfe Geschlecht für Geschlecht.   - Jes 51,7-8
Siehe, sie alle vergehen wie ein Kleid,
die Motten fressen sie.
Wer unter euch fürchtet Jahwe,
hört auf die Stimme seines Knechts? - Jes 50,9-10

In Jesu Worten spricht sich das gleiche prophetische Wissen aus, und zwar in einer Jes 41,8-13 und den oben ange-
führten Stellen eng verwandten antithetischen Sprachform:

Fürchtet euch nicht vor denen, die den Leib töten,
                         die Seele aber nicht töten können.
Fürchtet euch vielmehr vor dem, der Seele und Leib
                         verderben kann in der Gehenna.
Werden nicht zwei Sperlinge um ein Aß verkauft?
Und nicht einer von ihnen fällt auf die Erde ohne euren Vater.
Aber auch die Haare eures Hauptes sind alle gezählt.
Fürchtet euch nun nicht.
Ihr seid mehr wert als viele Sperlinge.   - Mt 10,28-31

Die Ehrfurcht des Menschen vor Gott als dem einen Schöpfer und Herrn der Geschichte steht in einem umgekehrt-
proportionalen Verhältnis zu seiner Menschenfurcht.

IV DER HISTORISCHE ORT DES ZUSPRUCHS UND SEINE ÜBERZEIT-
LICHE BEDEUTUNG

"Gewiß ergeht das Wort wie alles Prophetenwort in eine
bestimmte historische Situation, eben die der nun schon
seit Jahrzehnten im babylonischen Exil lebenden judäi-
schen Volksgruppe, die...wohl auch allerlei sich von den
babylonischen Herren gefallen lassen mußte...und der nun
der Prophet den Untergang der Bedrücker...ankündigt."
(Elliger 145)
Darin ist Elliger zuzustimmen. Aber dann verliert seine
Interpretation die klaren Konturen. "Die Lebensangst zu
nehmen", sei Ziel des Abschnittes. Das ist zu allgemein
ausgedrückt, wird doch von Dtjes wiederum eine spezifische Angst angegangen, die sogar von dem ziemlich nahe-
stehenden 41,14-16 noch unterschieden werden kann. Ist
es dort die (Wurm-)Angst vor dem Berge, so hier die
Furcht vor den Menschen in einer Konfliktsituation.
Ob man sich vorstellen soll, daß Dtjes anläßlich einer
gottesdienstlichen Versammlung auf eine Ps 35 ähnelnde
Klage der Exulanten kraft priesterlicher oder prophetischer Befugnis mit 41,8-13 geantwortet hat, bleibe dahin-
gestellt.
Bedeutsam erscheint etwas anderes.
Aus Jes 41,8-13 geht deutlich hervor, daß die Exulanten
auf allen Lebensebenen die Aggression von feindlichen
Menschen fürchten, gegenüber der sie sich hilflos vorkommen und es wohl, objektiv betrachtet, auch sind. Normal
und psychohygienisch gefordert wäre es, mit "gesunder und
gekonnter Aggressivität" (F.Riemann) zu reagieren; und
daß sich bei den so Gepeinigten Haß- und Wutgefühle an-
stauen, versteht sich.

"Die gesunde und gekonnte Aggressivität ist ein wesentlicher Bestandteil unseres Selbstwertgefühls, des Gefühls für die Würde unserer Persönlichkeit und für einen gesunden Stolz. Das geringe Selbstwertgefühl Depressiver hat eine wichtige Wurzel in ihrer nicht gewagten, nicht gekonnten Aggressivität." (Riemann 74)
Die Psychologie analysiert die gesunden und die neurotischen Aggressionsverarbeitungsmuster, besonders die letzteren. Sehr bildhaft, halbverborgene Sachverhalte unserer Sprache ablauschend, benennt Ilse Hilzinger das In-sich-hinein-Fressen, das Magengeschwür (und andere Somatisierungen), das In-sich-Hineinnehmen-des-Ärger-Verursachers ("Ich hatte gar keine Wut, ich habe geglaubt, daß meine Mutter recht hat, wenn sie so mit mir umgeht; ich war mir bewußt: ich bin so böse") und die Depression als "Aggressionsschlucker", ferner auch die "falsche Adresse", die Suche nach Bundesgenossen und das "Aggressionsspielzeug" (Fußball, Matraze, Gartenumgraben). Sie schließt mit etlichen praktikablen Regeln zum lebensbekömmlichen Umgang mit Aggressionen. Dazu gehören averbale Abreaktionen, die niemanden schädigen, das Erkennen der richtigen Adressaten, die "Annahme" statt Verdrängung der Konflikte.

Bringen wir nun diese Erkenntnisse in Beziehung zu unserem Prophetenwort Jes 41,8-13, so läßt sich sein Ort und seine Bedeutung präziser bestimmen.
Dtjes hilft zur Annahme des Konflikts; das penetrante Aussprechen der erlittenen Aggression läßt keine Verdrängung zu (V.11f). Die Adressaten der von Dtjes mit den Exulanten geteilten Wut verstehen sich von selbst; die Wut kommt zur Sprache (und zur Abfuhr), ohne daß das eine (schlimmere) Gegen-Wut herausfordert. 'Psychologisch gut' ist gewiß auch, wie zugestanden wird, daß die bestehende Situation "eine große Angst im Nacken sitzen hat" (Hilzinger), und daß diese Angst nicht moralisch getadelt wird.

Und doch spricht das Prophetenwort in eine Situation, die an einem wichtigen Punkt sich nicht einfach einfügt in die der Psychoanalyse vorschwebende Situation, und bringt

ein Heilsames ins Spiel, das der Psychotherapie als
solcher nicht zu Gebote steht.

1. Der Konflikt von Jes 41,8-13 ist kein Konflikt auch
nur ungefähr gleichstarker Kontrahenten. Den Gegnern
stehen kategorial unterschiedliche Machtpotentiale zur
Verfügung. Es ist ein Streit absolut Ungleicher: Die
Zwingherren scheinen alle, die Exulanten keinerlei
Macht zu haben.

2. Der Prophet gründet die Hoffnung gar nicht primär auf
menschliches, psychologischen Regeln gerecht werdendes
Verhalten, Berechnung und Kalkül, sondern auf eine Men-
schen gerade nicht zuhandene Kraft: auf die verborgenen
Möglichkeiten Gottes, und zwar eines sich dem kleinen
Israel liebend zuwendenden Gottes.

Indirekt freilich, über den Ruf zu Hoffnung und Vertrauen auf diesen Gott, wirkt er dennoch eine Spur Zi-
vilcourage und Unerschrockenheit, wie sie im Schlußsatz
sacht angedeutet ist: "Jahwe, der ergreift deine Rechte."
Wer "an der Hand Gottes" geht, wer mit Möglichkeiten Gottes rechnet und um die Ewigkeit weiß, an der alle menschlichen Herrschaftsverhältnisse zerbrechen und - eine Frage der Zeit - an ihr Ende kommen, der ist nicht mehr unendlich erpreßbar. Er verliert mindestens einen Teil der
nur allzu natürlichen Furcht vor den Menschen und ihrer
Macht, die viele Gesichter hat.

C   JES 43,1-7

I   DIE TEXTGESTALT

1 Jetzt aber - so spricht Jahwe,
  der dich geschaffen, Jakob,
    und dich geformt, Israel:

      Fürchte dich nicht, gewiß erlöse ich dich.
      Ich habe dich bei deinem Namen[a] gerufen: du bist mein.

2   Mußt du durch die Wasser hindurch - mit dir bin ich!
        und durch die Ströme - sie überfluten dich nicht.
      Gehst du durch Feuer   - du wirst nicht verbrannt!
        und die Flamme   - sie versengt dich nicht.

3   Ja, ich (bin) Jahwe, dein Gott,
        der Heilige Israels dein Retter!

      Ich gab als dein Sühnegeld Ägypten,
        Kusch und Seba an deiner Statt.
4   Weil du teuer bist in meinen Augen,
        wertgeachtet und weil ich dich liebe,
      [b]gebe ich Menschen[c] (als Sühnegeld) an deiner Statt
        und Völker anstatt deines Lebens.

5   Fürchte dich nicht, denn mit dir bin ich.

      Vom Sonnenaufgang lasse ich deine Kinder[d] heimkommen
        und vom Untergang sammle ich dich;
6   sage zum Norden: gib!
        und zum Süden: halte nicht zurück!
      Bring meine Söhne aus Fernen
        und meine Töchter vom Ende der Erde!

7   Alles, was genannt ist nach meinem Namen -
        zu meiner Ehre habe ich es geschaffen,
          habe ich es geformt[e].

Anmerkungen zum Text:

a) Unnötig und ohne Grundlage in einer Textüberlieferung
ist der Verbesserungsvorschlag von BHS "bei <u>meinem</u> Namen". Wie die Auslegung zeigen wird, ist an <u>dieser</u>
Stelle nicht auf ein theophores Element im Namen Israels angespielt, sondern auf den <u>Akt</u> der Namengebung.

b) so die erste Jesajarolle von Qumran. Die übrigen
Textzeugen setzen neu an: "Und ich gebe..."

c) so der masoretische Text: אָדָם .
Textvarianten: viele Menschen (LXX); der Mensch (erste
Jesajarolle von Qumran). Textherstellungen: Inseln,
Länder(eien), Edom, Aram. Die entsprechenden hebr. Vo-
kabeln weisen ein dem אדם ähnelndes Schriftbild auf.

d) זֶרַע "Same" meint hier wie in 41,8; 44,3; 45,19.25;
48,19; 53,10; 54,3 'menschliche Nachkommenschaft',
die Nachkommen des Stammvaters. C.Westermann übersetzt
"deine Kinder", womit er den Gefühlswert der Vokabel
im Zusammenhang von Jes 43,1-7 und die Klangfarbe, die
sie für die damaligen Hörer gehabt haben muß, gut
trifft. Die Übersetzung "Kinder" ist auch durch 49,22
nahegelegt.

e) Streiche "ja gemacht", das als drittes in einer Reihe
von Schöpfungsverben nur eine Abschwächung bedeuten
würde und die schöne Inclusio V.1/7 stört.

Die Botenspruchformel "So spricht Jahwe" (V.1a) zeigt an,

daß das Prophetenwort die höchste Autorität beansprucht:

Jahwe selbst verschafft sich in seinem Boten Gehör.[1] Dem

Boten ergießt sich, was er vernimmt, in eine einprägsa-

me Form. Kein Wort ist hier zu viel oder zu wenig, und

(schöne) Dichtung und (Gottes) Wahrheit sind eins.

Wie immer man nun die Gattung des Prophetenwortes Jes

43,1-7 bestimmen mag[2] - die Heilszusage gliedert sich

---

1) Zur Herkunft und Struktur des Botenspruchs vgl. Gen 32,4-6;
Ri 11,14-15; 2 Kön 18,19.29.31. Eine gründliche Analyse findet
sich bei J.A.Bühner 118-398, besonders 270-280.

2) Siehe dazu das ausleitende Kapitel, S.225ff.

wie ein Gedicht in zwei, jeweils durch das "Fürchte
dich nicht" eingeleitete, wohlgeformte Strophen; diese
lassen einen klaren Gedankenfortschritt erkennen. Die
zweite Strophe schreitet eilends zum Ziel der Zusage
fort. Die Verheißung des Mit-auf-dem-Weg-Seins, in
Strophe 1 noch beherrschend (V.2), wird in der zweiten
Strophe nur noch in kürzest möglicher Form ("Mit dir
bin ich") wiederholt, dafür aber das letzte Ziel der
Bewahrung und Erlösung angesteuert: der ehrende Lobpreis
Gottes durch die (gesammelte) familia Dei. Die in gewisser Weise retardierenden Momente der ersten Strophe,
die Selbstprädikationen Jahwes, entfallen in Strophe 2.

V.1 und V.7 mit dem jeweils herausgestellten Ich des
Schöpfergottes bilden eine Inclusio.
Strenge Parallelismen vom ersten bis zum vorletzten
Glied, teils synonymer, teils synthetischer Art, sind
nicht nur an sich von beeindruckender Schönheit, sondern auch bedeutungsvoll. Wasser- und Feuergang umgrei-
fen die <u>Totalität</u> der Lebensbedrohungen (V.2)[1] ,
wobei Deuterojesajas differenzierendes Wahrnehmungsver-
mögen staunen macht: Es wird im Parallelismus membrorum
jeweils das amorphe Element (Wasser, Feuer), dann das
Gestalt gewordene (Ströme, Flamme) geschaut. Die Bewegungen von den vier Himmelsrichtungen her (5b/ 5c/ 6a/
6b) verweisen auf ein allumfassendes Heilsgeschehen,

---

1) Die hebräische Sprache bringt Entitäten sehr oft an zwei gegenpoligen Phänomenen zur Anschauung, auf Abstrakta und Sammelbegrif-
fe weitgehend verzichtend. So repräsentieren Himmel und Erde zusammen das Weltall und handeln Salomos Lieder, um ein besonders
schönes Beispiel herauszugreifen, nicht von der 'gesamten Pflan-
zenwelt', sondern "von der Zeder auf dem Libanon bis zum Ysop,
der an der Mauer wächst" (1 Kön 5,13).

ebenso die Ansage, daß - gleichberechtigt - Söhne
und Töchter Jahwes heimkommen werden.
Jahwes Heilsabsicht auf <u>ganz</u> Israel bringt abschließend
die Klimax V.7 auf den bei Dtjes auch sonst geschätzten
abstrakten Begriff ("alles").

II AUSLEGUNG

Eine vielen Details nachgehende und ihre Geschichte bis
ins Neue Testament verfolgende Auslegung dieses vielleicht tiefsten aller dtjes. Trostworte habe ich in meinem Büchlein "Die Heimkehr der Jakobskinder (Jes 43,1-7)"
versucht. Die folgenden Ausführungen sind im wesentlichen eine Zusammenfassung davon.
Dabei empfahl es sich, von einer vers- bzw. versgruppen-
weise vorgehenden Exegese abzurücken; stattdessen sollen die Leitmotive des Stückes von zwei Perspektiven
her betrachtet werden.

1. Der Lebensgang

Immer schon gespürte Intensität und Dynamik der Heilszusage Jes 43,1-7 erschließt sich bewußtem Verstehen,
wenn wir sie 'schauend' hören. Sie rührt - quod est de-
monstrandum - an den 'Lebensgang', ein Urbild der Seele,
in dem das Individuum immer schon sein Leben erfährt.
Das Prophetenwort verspricht, es ins Bewußtsein hebend,
Gott werde der darauf gerichteten Sehnsucht Jakob-Is-
raels recht geben.
Bevor Deuterojesaja den Exulanten einen zum Ziel kommenden
Lebensgang ins Herz malt, ruft er in kürzest geraffter
Form voraus, was jetzt zu sagen ist: "Fürchte dich nicht,
gewiß erlöse ich dich!" (V.1d) Das ist in vier hebräischen Worten die Heilszusage in nuce: Angstwegnahme mit
dem Hinweis auf ein von Gott definitiv Beschlossenes und
Inganggesetztes. (Das hebräische Perfekt läßt offen bzw.
überläßt es dem Kontext, ob das Ausgesagte jetzt geschieht, vorher geschah oder nachher geschehen wird; es
legt aber die restlose Abgeschlossenheit einer Handlung
fest.)

Geliebtes Kind (Der Anfang)

Das Prophetenwort zwingt die Angesprochenen, ihren Anfang zu erinnern, in dem das jetzt Kommende schon beschlossen ist. Deuterojesaja ruft "ein Ereignis in der
Vorzeit" ins Gedächtnis; "zugleich ist es aber eines,
das bis in die Gegenwart der Exilszeit sich auswirkt und
durch jede neue Anrede Israels seitens seines Gottes
wieder lebendig wird" (Elliger 294).

"Ich habe dich bei deinem Namen gerufen" ist ein Satz,
dessen präzise Bedeutung sich erst aus dem Kontext ergibt, in dem er steht.
In Anbetracht dessen, daß Jes 43,1-7 Gott als Löser
(V.1) und Vater (V.5-7) spricht, also eine Familien-
situation gezeichnet ist, möchte ich in "Ich habe dich
bei deinem Namen gerufen" den sprachlich adäquaten Reflex auf die alte Namengebungsformel sehen.
Wenige Zeit nach der Geburt eines Kindes "ruft" ein
Vater oder eine Mutter "seinen [des Kindes] Namen N".
In manchen Fällen vollziehen auch andere als die leiblichen Eltern die Namengebung; dann ist sie gleichbe-
deutend mit einer Adoption[1]. Nach Elliger 294 ist das
ein rechtlich bindender Akt; der Namengeber übernimmt
im Namengeben Gewalt, Unterhaltspflicht, Rechtsschutz
und die Sicherung der Existenz des Namenträgers. Über
die rein rechtliche Bedeutung hinaus scheint mir die
stereotype Formel "rief seinen [des Kindes] Namen N"
in einen familiären Festakt eingebettet zu sein.
In einem festlich-feierlichen Rahmen wurde ja auch
überliefertermaßen der Segen des sterbenden Vaters

---

1) Vgl. hierzu Gen 30,3-13; Ex 2,10; Rut 4,13-17.

Isaak, ein komplementär entsprechendes Ereignis in der Familie, zelebriert. (Gen 27) Der Vorgang der Namengebung erscheint allein schon durch die stets erfolgende ausdrückliche Erwähnung sowohl in Erzählungen als auch in genealogischen Zusammenhängen gewichtig.[1] Man sieht auch, wie bedeutsam für die Alten der Name war: Eines Kindes Name wurde offenbar nicht unter ästhetischen Gesichtspunkten festgesetzt, sondern faßte Lebens- und Gotteserfahrung der Eltern zusammen bzw. griff auf die Zukunft des Kindes voraus. Viele der Namengebungsnotizen lassen noch erahnen, daß die Namengebung ein frohes Ereignis war, in dem ein Kind herzlich willkommen geheißen wurde.[2]

Will nun ein Namengeber später einmal sein Kind, etwa in der Zeit einer Lebenskrise, auf jenen eph᾽ hapax gültigen feierlichen Willkommensakt ansprechen, wie anders sollte er sich ausdrücken als in der Jes 43,1e belegten Wendung.

Der familiäre Vorgang fungiert hier als Metapher für eine elementare göttliche Heilszusage an Jakob-Israel. Nach Gen 32,29 hatte Jahwe in denkwürdiger Stunde Jakob den (Ehren-)Namen Israel gegeben und ihn also in einem Akt feierlicher Bewillkommnung als Kind Gottes angenommen. Jes 43,1 sagt, daß Gott sein Kind in einer schlimmen Krise dieses Urdatums vergewissert, das nicht annulliert werden kann.

---

1) Gen 4,1.25; 5,29; 16,11.15; 17,19; 19,37f; 21,3; 29,31-30,24; 35,10; 38,3; 41,50-52

2) Nach Lk 1,59; 2,21 erfolgte die Namengebung der Söhne Israels im Rahmen des Beschneidungsritus am 8.Tag nach der Geburt. Vgl. Gen 17,12 P: Die leiblichen und die adoptierten Söhne müssen am 8.Tag beschnitten werden. Einen (neuen) Namen erhalten in Gen 17,5.15 freilich Abraham und Sara, die Eltern. Immerhin könnte auch darin noch eine Reminiszenz stecken, daß die Namengebung traditionell am 8.Tag erfolgte.

Das extrem knapp formulierte Nominalsätzchen אַתָּה לִי
(" [zu] mir [gehörst] du") sieht Elliger dem 2.Verbal-
satz "Ich habe dich bei deinem Namen gerufen" unterge-
ordnet und interpretiert es als Eigentumserklärung:
"Israel braucht keine Angst zu haben; es ist ja seines
Gottes Eigentum, und der rechtmäßige Eigentümer hat die
Auslösung seines Eigentums aus fremder Gewalt bereits
in Gang gebracht." (294)
Diese Auslegung beleuchtet aber wohl doch nur einen
Aspekt. Das hebräische לְ "zu" setzt zunächst einfach
zwei Dinge bzw. Personen in Beziehung zueinander. Das
so bezeichnete Verhältnis kann gelegentlich ein Besitz-
verhältnis sein (zB Gen 34,23); im Interpersonalen stellt
das לְ - das ist der gemeinsame Nenner verschieden nuan-
cierter Aussagen - das Einander-Zugehören zweier fest.
Drei Sitze im Leben sehe ich, wo im AT das schlechthin-
nige Wort der Beziehung angewandt wird: die Situation
der Liebe zwischen Mann und Frau[1], die Zugehörigkeit
des Geschöpfes zum Schöpfer[2] und des Kindes zum Vater[3].
Die letzten beiden Bedeutungen dominieren zweifellos
in Jes 43,1, wenn im Zusammenhang von einer Namengebung
(V.1) und von einem Heimrufen Gottes, des Vaters, (V.1/5)
die Rede ist. Die Ur-Worte der Beziehung אַתָּה לִי versprechen jedenfalls ein unverbrüchliches Zueinanderge-
hören. אַתָּה לִי ist bei Dtjes der Ur-Zuspruch des Liebenden in die Verlustangst des Geliebten hinein, der
nicht mehr glauben kann, daß er geliebt ist.

---

1) Hld 6,3
2) Ez 18,2-4; Ps 60,9; 100,3; 108,9; vgl. Ex 13,2.12; Num 3,13; 8,
   17.
3) Ex 2,16; Rut 2,5; vgl. Jer 31,9.

Es bleibt die Frage, ob sich beide Satzteile "Ich habe dich bei deinem Namen gerufen" und "Du bist mein" vielleicht auf einen einzigen "Sitz im Leben" zurückführen lassen. Kann irgendein Lebensvorgang namhaft gemacht werden, in dem beide Wendungen Heimatrecht haben und - mindestens potentiell - zusammen vorkommen?

Das ist der Fall, nämlich im Adoptionsritus. Eine Adoption wurde entweder, vornehmlich beim Säugling, mit der Namengebungsformel oder, bei einem 'Kind', das seinen Namen schon hat, mit der Zugehörigkeitserklärung (zB Gen 48,5[1]) rechtskräftig vollzogen. In manchen Fällen mochte die Annahme an Kindes Statt durch eine beide Formeln umfassende Erklärung geschehen sein.

Durch einen bewußt-willentlichen, unumstößlichen Akt, das ist also der Sinn von Jes 43,1e, hat Jahwe einst "zu seinem Kind und Erben" Israel erklärt.[2] Diesen durch keine Leistung verdienten Status des geliebten Kindes kann es im Wechsel der Geschichte, durch Irrungen und Wirrungen und Schuld nicht verlieren. Daraus schöpfe es Gewißheit.

Jes 43,1e steht dem Wesensgehalt einer an die Taufe erinnernden Konfirmation nahe.

In summa: Die mit einer Adoption verbundene Namengebung in den Familien Israels gereichte dem Propheten zum Gleichnis, eine wurzelhafte, unverbrüchliche Beziehung zwischen Jahwe (Familienvater) und seinem Volk (Kind) zu verkündigen. Während das erste Sätzchen den einmaligen Akt in den Blick nimmt, bezeichnet das zweite mehr das sich daraus ergebende Bleibende, was immer noch gilt: die tendenziell ewige Beziehung.

---

1) Vater Jakob nimmt Josefs Söhne Ephraim und Manasse an Sohnes Statt an, und zwar mit den Worten: ⎕ה יל "Zu mir ⎡gehören⎤ sie".
2) Vgl. EKG 152,2.

Auf dem Weg bewahrt

Wann und wo Menschen ins Leben geschickt werden, da be-
geben sie sich auf den Weg. Der 'Weg' ist in der Sprache
der Bibel eines der selbstverständlichen Sinnbilder
menschlichen Lebensvollzugs. Mit dem Weg verbindet sich
vieles: das Fortschreiten, die Sackgassen, die Möglichkeit, das Ziel zu verfehlen, die möglichen Gefahren.

So wird in den Psalmen immer wieder in verschiedenen
Bildern der Weg des Menschen Gott anbefohlen: "Er behüte
deinen Ausgang und deinen Eingang" (121,7-8). "Befiehl
dem Herrn deine Wege und vertraue auf ihn - er wird es
fügen" (37,5). "Der Herr ist meines Fußes Leuchte und
ein Licht auf meinem Wege." (119,105)

Besonders dem Propheten Deuterojesaja drängt sich das
Bild vom Weg in seine Intuitionen und Visionen. Die
Exulanten klagen ja, daß Jahwe die Beziehung zu ihrem
Leidensweg verloren hat (40,27), und die erste Antwort
des Propheten ist, behutsam und bescheiden, daß Gott
Kraft genug für den Weg geben werde (40,28-31). Klagen
die Exulanten, daß sie Gottes Wegführungen nicht verstehen und begreifen können, so bestätigt dieses der
Prophet, doch in dem völlig gewandelten Sinn, daß die
viel "höheren Gedanken" und viel "höheren Wege" Jahwes
am Ende zum Ziel einer namenlosen Freude geführt haben
werden. (55,8ff)[1]

Wenn Jes 43,2 die Exulanten auf dem Weg von den konträren Elementen Wasser und Feuer[2] bedroht sieht, so ist

---

1) Vgl. auch 40,3f; 42,16; 43,16-19; 45,2.
2) Vgl. Am 7,4!

damit kaum nur eine vier Monate dauernde strapaziöse
und gefahrenvolle Karawanenreise von Babylon nach Jerusalem in den Blick gefaßt.[1]
Geschichtserinnerungen mögen mitschwingen: Isaak wurde
im letzten Augenblick vor dem Feuertod bewahrt[2], Vater
Jakob mußte durch dunkle Wasser[3], Israel wurde aus dem
"Schmelzofen" Ägypten[4] durchs Schilfmeer hindurch[5] gerettet und erlitt Jahrhunderte später das Todesgericht
in den anbrausenden "Wassern" Assurs[6] und im "Feuer"
Jahwes auf dem Zion[7].
Alte, Völker übergreifende Lebenserfahrung ist einge-
bracht: "Wasser und Feuer sind die Naturgewalten, denen
der Mensch im Alten Orient am hilflosesten gegenüber-
stand. Brannte es, dann fehlte es leicht an Wasser. Und
kamen nach der Trockenperiode die Regengüsse, so fiel
der Regen oft in solcher Heftigkeit, daß friedliche
Bäche und Täler gelegentlich zu reißenden Strömen wurden. So konnten beide Elemente zu Bildern für allgemeine, lebensbedrohende Not werden."[8]
Doch darf man sich das Bild von Jes 43,2 kaum als eine
bewußte Setzung eines schriftstellerischen Willens vorstellen, eher als ein aus den Schichten des Unbewußten
wie von selbst kommendes archetypisches Bild. In vielen

---

1) Vgl. dazu Esr 8,22f.31.
2) Gen 22
3) Gen 32,11f.23-33
4) Deut 4,20; vgl. Jes 48,10; Dan 3,17
5) Ex 14
6) Jes 28,2.15.17f; 30,28
7) Jes 29,1-8; 30,30.33; 31,9; 33,11f.14
8) H.E.v.Waldow 28. Vgl. zum 'Feuer' als Zeichen des Gerichts
   Deut 29,22; Jes 47,14; Ez 38,22; 39,6; Ps 11,6; 21,10; 78,21.63;
   Kl 1,13; zur Symbolfähigkeit des 'Wassers' Ps 32,6; 69,3.15f,
   Jes 8,7f.

Kulturen und Religionen erzählt man sich wie im AT
'Urgeschichten' von einer Sintflut und von einem Sint-
brand (vgl. Gen 19 neben Gen 6-9). Man vergegenwärtige
sich etwa das aus alter Tradition schöpfende zweite
Finale der Zauberflöte: Tamino und Pamina, das liebende Paar, bestehen unter dem Schutz der Flöte die letzte
und schwerste Prüfung, den Weg durch Feuer und Wasser,
ehe sie den Lichtraum 'jenseits' betreten: "Wir wandel-
ten durch Feuersgluten, bekämpften mutig die Gefahr.
Dein Ton sei Schutz in Wasserfluten, so wie er es im
Feuer war." (An der Stelle des verbalen Zu-Spruches
von Jes 43,2.5 "Fürchte dich nicht..." weckt also in
der Mozart-Oper das 'nonverbale' Flötenspiel den Mut.)
Hier ist Mysterienwissen aus ganz anderem Kulturkreis
bewahrt, das der Funktion des Feuer- und Wassermotivs
in Jes 43,2 entspricht.
Im AT finden sich weitere Spuren dieses Archetyps in
Ps 88,17f; 144,5-7; Jes 34,9 (vgl. auch Hld 8,6f) und
vor allem in Ps 66,12: "Wir schritten durch Feuer und
Wasser, doch Du führtest uns hinaus ins Weite."
Jedenfalls werden in Jes 43,2 mit den konträren, polar
entgegengesetzten 'Feuer' und 'Wasser' alle denkbaren
und noch die aggressivsten Bedrohungen einbegriffen.
Und so verheißt 43,2 Bewahrung in einem letzten, alle
irdisch möglichen Rettungen noch transzendierenden Sinn.
Es ist die göttliche Beruhigung der Geängsteten, die
Verheißung auf den Weg. Sie vertieft noch den Mutzu-
spruch "Ich bin mit dir" (Jes 43,2.5), den erstmals
und mehrmals, stets in angstbesetzten Aufbrauchssitua-
tionen, Ahnvater Jakob hörte[1], nach ihm viele in Israel:

---

1) Gen 28,15.20; 31,3.5.42; 35,3; 46,4; 48,21

der Heerbann bzw. der Anführer vor einem Heiligen Krieg[1];
der vor der Schwere seines Auftrags erschreckende Prophet[2]; Menschen vor einer großen Aufgabe[3]; der Einzelne
in den finsteren Tälern seines Lebensweges[4]; die Gola in
Babylonien[5].

---

1) Deut 20,3-9; Jos 1,9; 3,7
2) Ex 3,12; Jer 1,8.19; 15,20
3) Hag 1,13; 2,4
4) Ps 23,4
5) Jer 46,28. Jer 46,27f mit zweimaligem "Fürchte dich nicht" und
   der Jakobsanrede wirkt wie eine schwache Kopie von Jes 43,1-7.

Der Todesverdammnis entrissen

Zur Zeit des Ergehens des Prophetenworts scheint aber
der Weg Israels überhaupt zu Ende. Ein von Menschen-
hand nicht wegzuräumender Berg hat sich aufgetürmt
und versperrt zur Stunde den Weg, blockiert jedes Weitergehen. Die Exulanten stecken ausweglos in der Sack-
gasse; die Situation ist verfahren, tödlich.
In seinem vielleicht letzten überlieferten Wort hatte
Jesaja einen ihm offenbarten Schwur Gottes verkündet.
Dieser besagte, daß Israel mit der in der Königszeit
angehäuften Schuld seine Existenz verwirkt hat:

> Doch in meinen Ohren hat sich Jahwe der Heere offenbart:
> Amen, diese Schuld ($^c\bar{a}w\bar{o}n$)
> kann euch nicht gesühnt werden (j^ekuppar),
> bis daß ihr sterbt,
> spricht Jahwe der Heere, der Herr! - Jes 22,14

Gott selber setzte im Botenspruch seines Propheten Jesaja darauf sein Amen. Das mußte sitzen, und es saß
noch nach Generationen den Exilierten buchstäblich in
den Knochen (vgl. Ez 37,1ff). Dtjes hätte keine Freudenbotschaft ausrichten können, wenn er nicht ein Wort
gehabt hätte, das aus diesem Gefühl des Zum-Tode-Ver-
dammtseins herausführte. Jes 40,2; 43,24f; 44,22; 50,1;
53,5f zeigen zur Genüge, daß Israels "$^c\bar{a}w\bar{o}n$" - Last der
Schuld, die auf dem Rücken der Übeltäter liegen bleibt
und sie zu Gebeugten macht[1] - das erste zu bewältigen-
de Problem war.

Befragt man Deuterojesaja nach dem Wie der Bewältigung,
so gibt er verschiedene 'Problemlösungen' an: Nach

---

1) Vgl. Gen 4,13. Die Kainserzählung bringt in jeder Phase Archetypisches zur Sprache.

40,2 (vgl. 50,1) ist die Schuld - restlos - abgebüßt;
nach 43,25; 44,22 hat Jahwe in souveräner Freiheit die
Sünde und Schuld einfach ausgelöscht, wie eine Wolke
und Nebel weggewischt - von einer durch Israel getra-
genen Strafe ist hier nicht die Rede! -; weitaus schwerer sieht es das Gottesknechtslied: "Die Strafe liegt
auf ihm, auf daß wir Frieden hätten" (53,5). Alle diese Stellen und 43,3f sind sich darin einig, daß sie
die Schuld jetzt, zum Zeitpunkt der Verkündigung Deuterojesajas, erledigt wissen; sie steht nicht mehr
zwischen Israel und Jahwe.

Nun ist weder die Tiefe der Heilszusage 43,1-7 auszu-
loten noch ihre konstituierende Bedeutung für das
Christusgeschehen in den Blick zu bekommen, wenn man
"kopär" in V.3 mit "Lösegeld" (die meisten) oder gar
mit "Kaufpreis" (die Einheitsübersetzung) wiedergibt.
"kopär" ist Verbalnomen zu "kippär" ("sühnen") und
wird am besten mit "Sühnegeld", "Sühnung" übersetzt.
Mit einem "kopär" kann unter Umständen - denn das AT
schließt es in bestimmten Fällen der Blutschuld aus[1] -
ein Menschenleben aus Todverfallenheit gelöst werden.
Die Grundbestimmung hierzu finden wir im kasuistischen
Recht Altisraels:

> Falls ihm [sc. dem Bauern, dessen Rind einen Men-
> schen tötete, weil er die Aufsichtspflicht grob
> verletzte] ein Sühnegeld (כֹּפֶר) auferlegt wird, so
> soll er es als Auslösung für sein Leben geben in der vol-
> len Höhe, die ihm auferlegt wird.   - Ex 21,30

Nicht von ungefähr steht hier und meist zur Bezeichnung
der auszulösenden Person "näpäš". Die Grundbedeutung

---

1) Vgl. Num 35,31ff; auch Am 5,12; Ps 49,8; Spr 6,35

von "näpäš" ist Hals, Schlund, Kehle. Sie schwingt
noch mit, wo die Vokabel das Leben einer individuellen oder kollektiven Person meint. Der Mensch, insofern "näpäš", ist ein allezeit bedürftiges und angewiesenes Wesen, das eine nie erlöschende Sehnsucht
nach Leben in sich trägt[1].

Der vor Gott sein Leben eigentlich verwirkt hat, darf
in Freiheit leben dank eines seine Stelle vertretenden
Sühnegelds (kopär).

Dem כֹּפֶר "Sühnegeld" äquivalent ist das die Stellvertretung bezeichnende תַּחַת "anstatt" (V.3d); ja,
dieses תַּחַת "anstatt" vertritt als Kürzel im synonymen Satzglied vollgültig das כֹּפֶר (V.4) (Apo-koinou-
Konstruktion). So darf man in der Stellvertretung den
zentralen Aussagegehalt der כֹּפֶר -Metapher sehen.

Indem Dtjes den Begriff des kopär ("Sühnegeld") setzt,
anerkennt er die Schuld Israels und nimmt das Zu-Tode-
betrübt-und-verstoßen-Sein der Exulanten ganz ernst.
Eine unglaubliche und doch Glauben heischende Herablas-
sung Jahwes gibt einen Neuanfang frei: Der Verletzte
und Geschädigte selber (!) gibt das "kopär" zur Auslösung der an ihm schuldig Gewordenen, und Israel
bleibt, zu staunen und das Geschenk, die von Gott gestiftete Sühne, anzunehmen.[2] Daß Gott selber grammatisches und logisches Subjekt der kopär-Gabe ist, deckt

---

1) Vgl. H.W.Wolff , Anthropologie 33ff zu "näpäš".
2) Im Erwartungshorizont Israels lag diese Heilstat Gottes gewiß
   nicht, war es doch nach alter Überlieferung selbst Mose, dem
   Mittler, mit Einsatz seines Lebens nicht beschieden, von Gott
   "Sühne zu erwirken" (אֲכַפְּרָה) für die kollektive Sünde des
   'Goldenen Kalbs' (Ex 32,30-35). Doch scheint Deut 32,43 (dtr.),
   der 'Schwanengesang Moses', aus der Zeit des Exils, ebenfalls
   ein Wissen um eine von Jahwe gestiftete Sühne zu bekunden.
   Vgl. auch Ez 16,63.

sich genau mit den Ergebnissen der jüngsten Untersuchungen H.Geses und seines Schülers B.Janowski zum atl.
Sühnebegriff.

"Sühne ist...kein vom Menschen ausgehender Akt der
Selbsterlösung (oder gar der Versöhnung, Beschwichtigung Gottes), sondern die von Gott her ermöglichte,...
dem Menschen zugute kommende Aufhebung des Sünde-Unheil-
Zusammenhangs." (Janowski 359)
"Daß Sühne alttestamentlich gesehen darum den Charakter
der Vergebung, nicht der Vergeltung.hat, geht...aus
den Stellen eindeutig hervor, an denen wie in Dtn 21,8a;
32,43; 1.Sam 3,14; Jes 6,7; 22,14; 27,9; Jer 18,23; Ez
16,63; Ps 65,4; 78,38; 79,9; Dan 9,24; 2.Chr 30,18 Gott
grammatisches oder logisches Subjekt des kippaer-Han-
delns ist." (a.a.O. 5)
Die Heilsbedeutung von Gott geschenkter Sühne faßt
Gese 90 so zusammen:
"Sühne heißt nicht, Sünden, Verfehlungen, die reparabel
sind, vergeben. Da sehe der Mensch selbst zu; Wieder-
gutmachung leisten, wo dies möglich ist, ist eine Selbst-
verständlichkeit. Sühnen heißt nicht versöhnlich stimmen, heißt nicht vergeben sein lassen, was wiedergutge-
macht werden kann. Gesühnt werden heißt, dem verdienten
Tod entrissen werden."

Als konkreter geschichtlicher Vorgang ist das Sühnegeld
schwer zu fassen. Hat Dtjes angenommen, daß der Perser-
könig Kyros für die Freilassung Israels die damals bekannten Völker Nordafrikas ersatzweise in Besitz nehmen
darf (vgl. Ez 29,17-21)? Eingetroffen ist das so nicht.
Ägypten, Kusch und Seba waren nach 45,14-17 reiche Völker[1], und so signalisiert die unvorstellbare Höhe des
Sühnegelds V.3c-4 jedenfalls sowohl die Schwere der
Schuld als auch die Kostbarkeit der Geliebten in Gottes
Augen.

---

1) Gen 10,6 (P) zählt sie zum hamitischen Zweig der Menschheit.
Kusch ist das Land südlich von Ägypten: Nubien (vgl. Jes 11,11;
Jer 13,23); Seba wird ein durch die Westküste des Roten Meeres
begrenztes, südöstlich an Kusch anliegendes Gebiet sein. Ps 72,
10 setzt es - im Parallelismus zu Tarschisch! - als sagenhaftes
Land des fernsten Südens voraus.

"Menschen" (⎅⍐⤬ koll.Singular)[1] und "Völker" als
Sühnegeld bedeuten in diesem Zusammenhang womöglich
eine äußerste Steigerung: Im Bekanntgeben seines Einsatzes für das geliebte Israel erhöht Jahwe diesen
Einsatz noch einmal; der Hörer wird in diese innere Bewegung Jahwes hineingenommen.

Israel, so sagt es der Prophet an, erhält von seinem
Gott das Leben - noch einmal - geschenkt, aus Liebe
und Gnade; es darf noch einmal neu anfangen. Des zum
Zeichen malt Dtjes den Verzagenden im selben Wort das
Bild eines Lebensganges vor Augen, beginnend mit der
Liebeserklärung bei der Bewillkommnung des Kindes über
das Bewahrtwerden auf den Wegen zum Ziel des endlichen
Heimkommens. Das an sich verwirkte Leben wird noch ein-
mal seinen Gang gehen und ankommen.

---

1) Ist in dem "ʾādām" (V.4c) auch eine Überbietung der ersten biblischen Sühnegabe beabsichtigt? Jakob bot Esau "200 Ziegen und
20 Böcke, 200 Mutterschafe und 20 Widder, 30 säugende Kamele mit
ihren Jungen, 40 Kühe und 10 Stiere, 20 Eselinnen und 10 Esel"
(Gen32,14ff) zur Sühnung und Auslösung seines Lebens an - Jahwe
gibt gar "Menschen" - so kostbar ist ihm Israels Leben.
Klingt überdies die Passa-Lehranweisung Ex 13,14f (dtr.?) an:
"Wenn dich morgen dein Sohn fragt: Was bedeutet das ?, dann sag
ihm:...Als der Pharao hart blieb und uns nicht ziehen ließ, er-
schlug Jahwe alle Erstgeborenen in Ägypten, bei Mensch ("ʾādām")
und Vieh..."?

Heimgebracht (Das Ziel)

Der Mensch, dessen Existenz in einer Beziehung zu Gott
gründet, die nie ganz zerbrechen kann (V.1), dem sein
Leben aus Gnade (neu) geschenkt ist, der (noch einmal)
auf den Weg geschickt ist, erfährt auf diesem Weg den
Schmerz, Individuum zu sein. "Seltsam, im Nebel zu wan-
dern. Einsam ist jeder Busch und Stein, Kein Baum sieht
den andern, Jeder ist allein", so erkannte Hesse diese
gleichsam chronische Not in der Nebellandschaft gespie-
gelt. In je und je verschiedenen Gestalten konkretisiert
und akutisiert sie sich: als Alleinstehen, Alleinsein,
Verlassenheit, Verstoßensein, Trennung, Vereinsamung.

In der Situation, in die Deuterojesaja hineinspricht,
hat sie die geschichtliche, in viele Einzelschicksale
hineinwirkende Gestalt der 'Diaspora' angenommen: "Beträchtliche Menschengruppen israelitischer Herkunft leb-
ten außerhalb ihres Heimatlandes unter fremden Völkern"
(H.Donner); das ist das Ergebnis mehrerer Deporta-
tionen (2.Kön 17,6; 24,14ff; 25; Jer 52,28-30), aber
auch freiwilliger Auswanderungen (Jer 40-44; 2.Kön 25,
26)[1].
Eine Zerstreuung in alle vier Himmelrichtungen, wie
sie Jes 43,5-7 vorauszusetzen scheint, dürfte freilich
im strengen geographischen Sinn kaum zu belegen sein;
hier ist einfach Dtjes.s sowohl zur Hyperbel als auch
zum Symbol drängender Sprachstil in Rechnung zu stellen . Die vier Himmelsrichtungen signalisieren die Totalität des Erlösungswerks : Alle werden heimkehren!

---

1) Was 'Diaspora' für den Einzelnen bedeutete, ist an anderer
   Stelle (S.129ff) psychologisch nachgezeichnet.

Und zwar sieht der Prophet eine gewaltige zentripetale
Kraft Gottes am Werk, die noch die Ränder der in Zion
zentrierten Erdscheibe erfaßt (V.6). Dabei sind der
Süden und Norden geradezu als personale Gegenmächte ge-
zeichnet, die der Schöpfer mit einem an die Exorzismen
Jesu erinnernden Befehlswort zwingt, sich dem Prozeß des
Heils einzufügen. Oder erlebt Dtjes in seiner Vision
Süd<u>wind</u> und Nord<u>wind</u> als die gehorsamen Diener des
Schöpfergottes, die prompt seinen Befehl ausführen, so
wie nach der Vorstellung von Ps 148,8 "der Sturmwind
Sein Wort vollzieht"?[1]

Auf der im engeren Sinn personalen Ebene des Geschehens zwischen Jahwe und Israel liegen die Verben "sammeln" und "(hinein)kommen" (V.5b/c).
Jahwes "Sammeln" (pi. ץֶבַק) ist ein doch wohl der
Hirtensprache entlehnter Topos der atl. Soteriologie.[2]

Einmal mehr scheint das Bild bei Dtjes am eindrück-
lichsten: "Wie der Hirte hütet er seine Herde, mit
seinem starken Arm 'sammelt' er sie; die Lämmer trägt
er an seiner Brust; die Mutterschafe leitet er sanft."
(Jes 40,11)

In der Funktion des 'sammelnden' Menschenhirten erhöht
Jahwe nicht einfach nur eine Quantität, so daß es an
unserer Stelle um eine zahlenmäßige Vervollständigung
des Jakobvolkes ginge. Er verbindet vielmehr Auseinan-
dergebrochenes, stellt Beziehungen (wieder) her. Die

---

1) Vgl. auch Ps 104,4.
   Beachtenswert ist in jedem Fall die Anschaulichkeit, die der
   Prophet in 43,5f erreicht: Die 4 Himmelsrichtungen werden durch
   die hebräischen Nomina für Sonnenaufgang und Sonnenuntergang,
   für den Götterberg im hohen Norden (ןוֹפָצ vgl. in Ps 48,3; Jes
   14,13) und die Gegend der Gluthitze im Süden bezeichnet.
2) Vgl. nur Jer 31,10; Ez 34,13; Mi 2,12; 4,6f; Zeph 3,19.

negative, entgegengesetzte Möglichkeit dazu ist Vereinzelung, Beziehungslosigkeit, Isolierung. Nach Jes
54,6f "sammelt" Jahwe die kurzzeitig verlassene und
tief bekümmerte Ehefrau und Jugendliebe Zion, und das
heißt hier eindeutig: Er hebt die Verlassenheit der
Verstoßenen auf und erneuert die Liebesbeziehung.[1]
Das Ziel des Sammelns ist, daß die Gesammelten in der
Person des Sammelnden ihre Mitte, sprich Geborgenheit
und Orientierung haben.[2]

Nur kurz läßt Dtjes in 43,5c das Bild des 'sammelnden
Hirten' aufleuchten und zeichnet es im übrigen in das
der Großfamilie ein: Jahwe, 'Vater' der 'Familie' Jakobs, hat gleichsam im Hause den Platz gehalten[3] und
setzt von hier aus die Macht des Schöpferwortes ein,
Jakobs und seine Kinder "(heim)kommen zu lassen"[4].

Das an dieser Stelle stehende hi. אוב erinnert an drei
bedeutsame Augenblicke der Josefsgeschichte (Gen 42,37;
43,8f; 44,32f); sie kommt zum Ziel in der Heimkehr der
Jakobskinder; dabei ist es des ältesten Bruders Aufgabe
- dafür steht er beim Vater mit seiner Existenz ein -,
die Familie wieder zusammenzubringen, keinen verloren
gehen zu lassen und den besonders gefährdeten Sohn, Benjamin, "heimzubringen".[5] Die Verheißung von Jes 43,5f

---

1) Vgl. auch Mt 25,35: "Ich war fremd, und ihr habt mich 'gesammelt' (!)."
2) Vgl. auch Jes 49,18: Zion Sammelpunkt und Mitte; 2.Sam 3,21:
   der König David Sammelpunkt.
3) Vgl. Hos 11 und Lk 15,11-32.
4) Der Ruf "Komm!" weist in die Richtung des Rufenden, der den
   Angerufenen zu sich (heim)holen möchte, ihn erwartet.
5) Siehe dazu S.116ff.

ist transparent zu dieser bewegenden Schlußphase der Jakobsfamiliensaga: Was in der Vorzeit im kleinen Familienkreise geschah, ist nun ein Versprechen für das zertrennte Volk der Jakobskinder im 6.Jhdt. Die in die Fremde auseinandergesprengten Kinder und Kindeskinder der familia Dei werden zurückkehren ins Land als in ihr Vaterhaus. Dort sollen sie, der tödlichen Vereinzelung entrissen, wieder in den tragenden Beziehungen leben, kurz: ihren Ort haben, daheim sein.

Bemerkenswert erscheint, wie dieses Heimkommen einer - in 43,5f in einem Atemzug ausgesprochenen - 'doppelten Kindschaft' der Israeliten korrespondiert: Sie sind Jakobs Kinder dem Leib nach (זרע V.5b), zugleich aber zu Gottes Söhnen und Töchtern erklärt (V.6c-7 entsprechend V.1e).

2. Worauf Israel Vertrauen gründen kann

In anwärmenden Andeutungen gelingt es Dtjes, einer möglichen Haltung "Die Botschaft hör ich wohl, allein mir
fehlt der Glaube" von vornherein entgegenzuwirken.
Kunstvoll eingewoben in die Heilsansage sind Anspielungen auf Erfahrungen mit Jahwe, die zuversichtlich stimmen, und im vertrauenbildenden Vorspann (V.1a-c) ruft
Dtjes gleich 4 fundamentale Voraus-Setzungen ins Gedächtnis, auf die Israel bauen kann.

Das Ich Jahwes

Mit der Botenspruchformel "So spricht Jahwe"[1] behauptet
der Prophet, daß er nichts anderes tut, als gehorsamst
und genau das Wort Jahwes, des Senders, auszurichten.
In V.3 wird dann noch einmal in besonderer Weise das
Ich Jahwes in die Waagschale geworfen[2].
Als der "Heilige Israels"[3] ist Jahwe wie in seiner Liebe so auch in seinem Vermögen zu retten der Ganz-Andere,
der kann, was er will. (Vgl. Jes 43,3f mit Hos 11,9.)
Dabei tritt ein diametraler Gegensatz zwischen Jahwes
Ich-Stärke und menschlichem Imponiergehabe zutage: Sein
Ich baut sich nicht zu dem Zweck auf zu schrecken, sondern um Zuversicht zu wecken in die Stärke des "Gottes,
der [sc. nach der Erfahrung von Generationen] helfen
kann"; den Exulanten sollen die großen Rettungstaten

---

1) Sie entstammt der Sprache des profanen Botenverkehrs. Vgl. Gen
   32,4-7; 2.Kön 18,19ff und dazu J.A.Bühner 118ff.270ff.
2) 54mal kommt ein herausgestelltes Ich bei Dtjes vor. 48mal sagt
   es Jahwe. Vgl. besonders 41,10-13 und 43,10-13.
3) Bezeichnung des über alles Menschliche Erhabenen, in seiner
   Göttlichkeit Unnahbaren. Vgl. 41,14.16.20; 43,14f; 45,11; 47,4;
   48,17; 49,7; 54,5; 55,5. Der "Heilige Israels" dürfte eine
   Wortschöpfung Jesajas sein (13 Vorkommen). In ihr geht ein Element kanaanäischer Religiosität in die Verkündigung Jahwes,

Jahwes, von der Herausführung aus Ägypten bis zu den
Taten der heldenhaften 'Richter' und Davids, in den
Sinn kommen[1]; sie haben Jahwe als den Herrn der Ge-
schichte längst erwiesen.

Die Selbstprädikation Jahwes als מוֹשִׁיעַ = "Retter"
(43,11; 45,15.21; 49,26) ließ die mit der heilsge-
schichtlichen Überlieferung Alt-Israels vertrauten
Exilierten gewiß aufhorchen. Das hebr. הוֹשִׁיעַ bedeutet
"retten" im Sinn eines Von-der-Enge-in-die-Weite-
Führens. Der Gegenbegriff ist in 46,7 und 63,8f צָרָה
= "Not", "Enge", und das entspricht der am besten begründeten Ableitung des Verbums יָשַׁע vom arabischen
"wasiᶜa" = "geräumig sein".[2]

Charakteristisch für Dtjes ist nun folgendes:
Das Ich Jahwes wird nur in strenger Bezogenheit auf das
Du Israels laut. (V.3a) In den Kommentaren streitet man
darüber, ob "Jahwe" in "Ich Jahwe dein Gott"[3] (das
steht im Hebräischen so unverbunden nebeneinander) syn-
taktisch zum Subjekt "Ich" oder zum Prädikatsnomen "dein
Gott" zu ziehen ist. Mir scheint der Prophet jedenfalls
an Israels Urerfahrungen zu erinnern: "Ich Jahwe dein
Gott, der dich herausgeführt hat aus dem Lande Ägyp-
ten". (Ex 20,2)
In eindringlicher Weise hebt Dtjes damit in V.3 Jahwes
Wirksam-Sein-für-Israel ins Bewußtsein der Exulanten.

---

des Gottes Israels, ein. Dtjes lehrt, daß der 'Heilige Israels'
trotz allem, was inzwischen seitens des Menschen verdorben und
gegen ihn verbrochen wurde, das Heil seines Volkes fest im Auge behält - darin ganz anders als der Mensch!
1) Vgl. Ex 3,8; 14,13; Ri 2,16; 3,9; 1.Sam 14,23.39; 23,5; 2.Sam 3,18.
2) Wir haben hier ein Beispiel dafür, um wieviel näher als die abend-
ländische Theologie die hebr. Sprache an den leib-seelischen Konkretionen religiösen Heils steht. Wo Theologen oft pauschal, wenig
differenzierend vom 'Heil' sprechen, unterscheidet die biblische
Sprache mindestens 4 Erfahrungen: die Erfahrung von שָׁלוֹם (Frieden, rundes Wohlbefinden), צֶדֶק (Rechtsordnung, Gerechtigkeit),
הוֹשִׁיעַ (aus der Enge in die Weite herausführen ; vgl. zum Bild
auch Ps 18,20; 25,17) und הִצִּיל (jemanden "entreißen", z.B.

Erstens bürgt schon der Jahwe-Namen an sich dafür[1],
zweitens ruft "Ich Jahwe dein Gott..." die Urrettungs-
tat Jahwes[2] in der Herausführung aus Ägypten ins Gedächtnis: sie ist für alle Zeit mit dem Namen Jahwes verbunden!, und drittens vergewissert das auf Israel bezogene "dein Gott" die Exulanten der besonderen Beziehung
zwischen Jahwe und Israel vom Sinai her. Eine solche
exklusive Zugehörigkeit hat Israel im Sinai-Bund begründet gesehen; die an mehreren atl. Stellen sich spiegeln-
de sogenannte Bundesformel[3] legt davon Zeugnis ab.
Jetzt ist die Stunde, da Israel an diese fundamentale
Heilstatsache nachdrücklich erinnert werden muß.

---

dem Rachen eines wilden Tieres; vgl. 1.Sam 17,37; 26,24; 2.Sam
22,18.20). Schon das griechische NT beginnt - mit den undiffe-
renziert gebrauchten Vokabeln σώζειν und σωτηρία -, die
Konturen verschiedener Heilserfahrungen zu verwischen.
3) Vgl. noch 41,13; 48,17; 51,15.
1) Vgl. Zimmerli 12-15.
2) C.Westermann ordnet in der jüngsten "Theologie des Alten Testaments" die grundlegenden Erfahrungen Israels mit Jahwe in Erfahrungen des "rettenden Gottes", Erfahrungen des (stetig) "segnenden Gottes" und Erfahrungen des Gerichts und des Erbarmens Gottes. Schon daraus erhellt, daß Retten eine herausragende Weise
des Handelns Gottes mit dem Menschen ist.
3) im Munde Jahwes: "Ich [Jahwe] dein Gott, und du [Israel] mein
Volk"; mutatis mutandis in Deut 26,17ff; Jer 30,22; 31,33; Ez
36,28; 37,27; Hos 1,9; 2,25; Ps 95,7.

Die neue Stunde

Mag für Geschichtsabläufe gelten: "Wie sich die Bilder
gleichen", weshalb man denn auch aus der Geschichte lernen kann, so ist doch andererseits jedem Augenblick ein
Moment der Einmaligkeit inne. Das prophetische Wort ist
in diesem Sinne nicht überzeitliche Lehre, sondern es
hilft zunächst nur die Stunde klären, in der es ergeht.
Propheten verkünden nicht das allgemein und zeitlos Gültige, sondern zielen immer konkret in eine bestimmte
Stunde. Aus einem dem entsprechenden Lebensgefühl heraus
hat der Prediger seine Meditation geschrieben: "Alles
hat seine Zeit, und jedes Geschehen unter dem Himmel hat
seine Stunde" (Koh 3,1ff); sie weiß um die Polaritäten
des Daseins, um Rhythmen im Geschichtsablauf.
Hebt Dtjes mit "Jetzt aber" an, so verkündigt er im Bewußtsein der Bedeutung der 'Stunde' und des Wechsels in
der Geschichte. (Ein Wort wie Jes 43,1-7 wäre zB zur
Zeit Jojakims nicht denkbar!)
"Jetzt aber"[1] - dieses Signal läßt den aufhorchen, der
Jahwes Wesen (Ex 3,14) kennt. Er wird es für möglich
halten nicht etwa, daß Jahwe ein anderer geworden ist,
wohl aber, daß Jahwe eine neue Stunde, eine Wende des
Geschicks herbeiführen kann.

---

1) Vgl. 43,19; 44,1; 47,8; 48,7.16; 49,5.19. Elliger hält נועתה
in Jes 43,1 für eine redaktionelle Zutat. Rut 3,11f widerraten
dieser Annahme: "Jetzt aber" ist offensichtlich integrierter
Bestandteil des Fürchte-dich-nicht-Wortes.

Die Jakobsverheißung gilt

Die etwas einseitige Bemühung der Ausleger um die Frage,
welche Gattung der Prophet in den Fürchte-dich-nicht-
Worten übernommen hat, verstellte den Blick für einen
anderen, viel bedeutsameren Rückbezug, der über das Formale hinaus ins Substantielle reicht und der uns die
Konturen von Jes 43,1-7 schärfer sehen, die Klangfarbe
deutlicher hören hilft.
Ich gehe davon aus, daß die Anrede "Jakob" in 43,1, wie-
wohl sich in Dtjes 17mal das Nebeneinander Jakob/Israel
findet[1], nicht zufällig erfolgt, sondern mit Bedacht
und Sinn.
Man hat in diesem Zusammenhang oft von der 'korporativen
Persönlichkeit' gesprochen; hebräisches Wurzel-Denken
sehe den Stammvater mit den nachfolgenden Generationen
in eins: Alle Nachkommen, auch die ferner Zukunft, birgt
er in seinen Lenden.[2] Nehmen wir andererseits die von
Dtjes hier gewählte Gattung der Heilszusage an den Einzelnen ganz ernst, so ergibt sich diese Interpretation:
Der Prophet redet zum Herzen eines jeden Exulanten, insofern er (Same) Jakob(s) ist.

Wer ist Jakob?
Im folgenden Charakterbild sind allein Züge aufgenommen,
die sich in Jes 43,1-7 spiegeln.

---

1) 40,27; 41,8.14a; 42,24; 43,1.22.28; 44,1.5.21a.23; 45,4; 46,3;
   48,1.12; 49,5f; 54,1-10; Jakob allein bei Dtjes in 41,21; 45,19;
   48,20; 49,26. Zur Verwendung der Jakobsbezeichnung außerhalb
   Dtjes.s in der Kultsprache vgl. Ps 14,7; 22,24; 53,7; 105,23;
   114,1; 135,4. Zur Jakobsanrede bei Dtjes vgl. Elliger 37f.95f.
   381f.
2) Vgl. noch Jes 43,27f und 41,8f; 51,1-2 von Abraham.

Jakob ist der Mensch, der - selbstverschuldet - in akute
Todes_furcht_ gerät. (Gen 32,8.12)
Aus Selbsterhaltungstrieb wird Jakob der erste biblische
Mensch, der, schuldbewußt, eine _Sühnegabe_ anstrengt
(הַקֶּבֶ אֲ ; davon das Nomen כֹּפֶר = "Sühnegeld" in Jes
43,3), um sein vor Gott verwirktes, in Esaus Hand stehen-
des Leben auszulösen. Es geht in Gen 32,21 um mehr als
um Beschwichtigung eines zornigen Bruders; es geht um
Leben und Tod.
Jakob ist der Mensch, der betend seine Schwäche und völ-
lige Angewiesenheit erkennt: "Ich bin zu gering all der
Hulderweise und all der Treue, die du deinem Knecht getan hast." (Gen 32,11; vgl. Jes 41,9b.14: "Du bist mein
Knecht...Würmlein Jakob")
Wie kein anderer ist Jakob der Typus des _Menschen-auf-
gefahrvollem-Wege_ (Gen 27,41-35,29), dem Gott Schutz und
Behütung in kritischen Situationen zusagt (Gen 28,15.2o;
31,3.5.42; 35,3; 46,4; 48,21). Dabei erfährt er auch Bewahrung _in Wassern_ (Gen 32,11.23-33).
Er ist _Vater der Söhne und Töchter Israels_ (Gen 29,31 -
30,24; 33,1-7), Repräsentant des Hauses. Jedes einzelne
Glied des Hauses Jakob ist aufgerufen, wenn Jakob aufgerufen wird. Eine Zusage an Jakob gilt seit alters immer
schon seinem "Samen" (Gen 28,13f).
Jakob trägt die _Verheißung_ zweiteiligen Segens: _großer
Nachkommenschaft_ - im Lande, in das Jakob "zurückge-
bracht wird" (Gen 28,15). Wer an Jakob denkt, denkt daran, daß Gott dem Jakob-Volk Existenz und (weites) Land
fest versprochen hat. Die beiden Größen Jakob-Volk und
verheißenes Land gehören unauflöslich zusammen.
So hängen am Namen Jakob die großen Verheißungen, die
Israel durch die Zeiten und Räume begleiten werden.[1]

---

1) Es ist leicht zu sehen, daß Dtjes die Gestalt Jakobs ganz konkret
   vor Augen gestanden haben muß. Anders wären notfalls noch das

Zusammengefaßt, konzentriert sind sie im Bethel-Traum
Gen 28,13-15, und gerade seine Bilder, Sprachfiguren und
Inhalte hat Dtjes in 43,1-7 - unübersehbar - aufgenommen:

13 Ich bin Jahwe, der Gott Abrahams, deines Vaters, und der
                                      Gott Isaaks.
   Fürchte dich nicht[1]! Das Land, auf dem du liegst -
   dir und deinen Kindern will ich es geben.
14 Und es sollen deine Kinder wie der Staub der Erde sein,
   und ausbreiten wirst du dich nach Westen und nach Osten,
   nach Norden und nach Süden,
   und segnen sollen sich in dir alle Geschlechter der Erde
   und in deinen Kindern.
15 Siehe, ich bin mit dir,
   und ich werde dich behüten auf jedem Weg, wo immer du gehst,
   und ich werde dich zurückbringen in dieses Land.
   Ja, ich werde dich nicht verlassen,
   bis ich getan habe, was ich dir zugesagt habe.

Die - z.T. wörtlichen - Übereinstimmungen mit Jes 43,1-7
sind folgende:
a) der Fürchte-dich-nicht-Ruf (Jes 43,1 = Gen 28,13 LXX);
b) die Zusage des Mit-Jakob-(auf dem Wege)Seins (Jes 43,
   2.5 = Gen 28,15);
c) die Totalität der möglichen Gefahren; der Feuer- und
   Wassergang Jes 43,2 entspricht sinngemäß Gen 28,15a
   "wo immer du gehst"[2];
d) die Weitung der Verheißung von Jakob auf den ירע Jakobs (seine "Kinder", seinen "Samen": Jes 43,5ff =
   Gen28,13b.14);
e) der - wenn auch verschiedene - Bezug auf die vier
   Himmelsrichtungen (Jes 43,5f = Gen 28,14);
f) das "Heimbringen Jakobs" ins Land der Verheißung
   (Jes 43,5f = Gen 28,15);
g) das autoritative, gewiß machende "Ich, Jahwe (dein)
   Gott" (Jes 43,3 = Gen 28,13.21[3]).

_____

enge Nebeneinander Jakob / Israel im Parallelismus, nicht aber
einige Gottesprädikate (41,21; 49,26) und die Erinnerung an den
Urahn, der schon gesündigt hat (43,27f), verständlich.
Vor allem ist noch hinzuweisen auf das sicherlich mit einer Ja-
kobserinnerung (Gen 30,28.32.33; 31,8; 33,13f) verbundene Bild
des Herdenführers in Jes 40,10f.
1) mit LXX; vgl. innerhalb der Erzväterüberlieferung noch Gen 15,1;
   21,17; 26,24; 46,3.
2) הלך bedeutet eine wörtliche Übereinstimmung mit Jes 43,2.
3) Jakob hat damals in Bethel das Gelübde abgelegt: Jahwe soll mein
   Gott sein. Auch daran wird 'Jakob' jetzt erinnert!

Damit dürfte der wahre - und sinngebende! - Hintergrund
der deuterojesajanischen Heilszusage 43,1-7 geklärt
sein: Sie wurzelt in den großen Verheißungen an den Ahnvater Israels (28,13-15; vgl. außerdem noch 46,2-4[1]);
sie erneuert die Jakob gegebenen Zusagen.
Die Jakobskinder werden ein zahlreiches Volk sein - im
von Gott gegebenen Land. Bis zu diesem Ziel müssen sie
einen schmerz- und gefahrvollen Weg gehen - aber unter
der göttlichen Zusage: "Fürchte dich nicht: Ich bin mit
dir". Das war die Zusage an Jakob; sie gilt jetzt wieder
in einer ähnlichen Situation seiner Kinder. Die uralte
Verheißung ist nicht·erfüllt und abgetan; sie ist in die
Krise des babylonischen Exils geraten. Weil das Exil
Land und Volk auseinandergesprengt hat, steht sie nun
in besonderer Weise auf dem Prüfstand. In diese Lage hinein signalisiert der Prophet: Sie wird sich als bruch-
fest erweisen, und gerade aus ihr darf Israel Zuversicht
zu einem erneuten Heilshandeln Jahwes schöpfen. Denn in
der Jakobsverheißung hat sich Jahwe in einer tieferen
Schicht, als Sünden und Verfehlungen liegen, an Israel
gebunden.[2] Sie gilt so unverbrüchlich, wie ein Kind
zeitlebens Kind seines Vaters und seiner Mutter bleibt.
(43,1).[3]

---

1) "Da redete Gott zu Israel im Nachtgesicht. Er sagte: Jakob! Jakob! Und der sagte: Hier bin ich! Und er sagte: Ich bin Gott,
der Gott deines Vaters. Fürchte dich nicht, nach Ägypten hinab-
zuziehen. Denn ich will dich dort zu einem großen Volk machen.
Ich will mit dir nach Ägypten hinabziehen. Und ich werde dich
auch wieder heraufbringen, und Josef soll dir die Augen zudrücken."
2) Einen schönen Ausdruck findet dies in Jakobs Gebet Gen 32,11:
"Ich bin zu gering aller Hulderweise (הֶסֶד) und all der Treue
(אֱמֶת), die du an deinem Knecht getan hast."
3) Daß Dtjes die Väterverheißungen aufruft, hat einen Grund auch
darin, daß den Vätern Schutz und Segen an keine Bedingung ge-
knüpft zugesagt wurden.

Tragende Beziehungen

Jahwe läßt seine Beziehungen spielen! Die Kraft des Zuspruchs rührt nicht am wenigsten von den in der Stunde der Krise mobilisierten Erinnerungen an fundamentale Beziehungen zwischen Jahwe und seinem Volk.

a) Jahwe - Schöpfer Israels

Vor allem anderen bringt Jahwe sich als Israels Schöpfer in Erinnerung, der von allem Anfang an Israel gewollt, es ins Leben gerufen und seine Geschicke gestaltet hat; natürlicherweise ist er bekümmert um sein Geschöpf, daß es lebe und daß sein Leben gelinge.

In einer außergewöhnlichen Vielfalt und penetrant anmutenden Häufigkeit kommen in der Verkündigung Dtjes.s Schöpfer-Akte Jahwes zur Sprache: Das Universum[1], die Gesamtheit der irdischen Phänomene[2], die Menschheit[3], jeden einzelnen Menschen[4] und Israel, sein Volk,[5] hat Jahwe "geschaffen", aber auch die Geschichtsereignisse, die unmittelbar bevorstehen und die Schicksalswende für die Exulanten bedeuten werden, "schafft"[6] er .
Diese Schöpfungsaussagen lassen sich weder, was ihre Herkunft und Gattungszugehörigkeit, noch, was ihre Funktionen in der jeweiligen Verkündigungseinheit betrifft, auf eine Linie bringen. Vielleicht darf man mit R.Albertz von einer Grundunterscheidung ausgehen: "Die Aussagen über JHWH als Schöpfer der Welt haben ihre Funktion im dtjes. Disputationswort, wo sie den Götzen gegenüber JHWHs Macht begründen. Die Aussagen über Jahwe als Schöpfer Israels dagegen haben ihre Funktion in den dtjes. Heilsorakeln, wo sie Jahwes Heilswillen begründen."
(Otzen, ThWAT III 836)
Von den drei von Dtjes hauptsächlich verwendeten Schöpfungsverben - "bārā᾿" (das analogielose Schaffen Gottes); "ʿāśāh" (tun, vollbringen); "jāṣar" (bilden,formen,töpfern) - scheint gerade letzteres in der uns hier interessierenden Verkündigung von <u>Israels</u> Geschaffensein fest

---

1) Vgl. 40,26.28; 42,5; 44,24; 45,12.18
2) 45,7; 54,16
3) 45,12
4) 42,5
5) 43,1.7.15.21; 44,2.21.24   6) 41,20; 43,19; 45,8; 48,7

beheimatet zu sein[1], wenn es sich auch selbstverständlich
mit anderen Schöpfungsvokabeln - in 43,1.7 "bārā'" - im
Parallelismus verbinden kann.
Welchen Sinn aber macht es, Israel auf sein Von-Jahwe-
Geschaffensein anzusprechen? "Die vorzeitige Erschaffung
Israels wird in derselben Perspektive wie die jetzige Erlösung gesehen, und beide Begriffe sammeln sich im Erwäh-
lungsgedanken", deutet Otzen, ThWAT III 836 im Anschluß
an Rendtorff. Mir imponiert etwas anderes: Legen wir
neben Jes 43,1.7 noch 64,7 (vgl. 45,9-12; 51,1-2) und
Deut 32,6, zwei wohl ebenfalls exilische Texte, so kommt
das Proprium von Jes 43,1b-c/7 schärfer in den Blick:
Jahwes Schöpfer-Israels-Sein steht im religiösen Empfinden der Exulanten in allergrößter Nähe zu seinem Vater-
für-Israel-Sein.

Die Appositionen "der dich geschaffen, Jakob, und dich

geformt, Israel" (43,1b-c) und der Schlußsatz V.7 machen

demnach den Exulanten die Gefühlsbindung des Schöpfers

an sein Geschöpf bewußt, stärken die Zuversicht, daß Er

sich um sein Geschöpf kümmern, sich ihm helfend zuwenden

wird: "Was unser Gott geschaffen hat, das will er auch

erhalten." (EKG 233,3)

b) Jahwe - Löser

Gegen das depressive Lebensgefühl der Gola, fern dem
Tempel Jahwes Angesicht nicht mehr schauen und seinen
Namen nicht mehr anrufen zu können (vgl. Ps 80,19f), hebt
Dtjes unlösliche Familienbande ins Bewußtsein : "Gewiß
löse ich dich aus", wie man wörtlich übersetzen könnte.

"gᵓl" ist in Dtjes der nach Häufigkeit und Bedeutung
überragende soteriologische Terminus[2], in dem sich brenn-
punktartig darstellt, in welcher Weise Jahwe in der gegenwärtigen Stunde als Gott für Israel wirkt. Im gesamten AT läßt sich kein zweiter Überlieferungskomplex benennen, in welchem das "gᵓl" im Sinne des theologischen

---

1) Vgl. 43,1.7.21; 44,2.21.24.
2) Vgl. Jes 41,14; 43,1.14; 44,6.22-24; 47,4; 48,17.20; 49,7.26;
   51,10; 52,3.9; 54,5.8.

Sprachgebrauchs eine auch nur annähernd vergleichbare
Rolle spielte.
Was aber ist nun die besondere Klangfarbe der "gʾl"-
Aussage; welche Assoziationen weckte sie in der Situation ihrer erstmaligen Verkündigung?
Mehrheitlich meinen die Ausleger in etwa das, was Ring-
gren (ThWAT I 889) in Kürze darlegt: "Die Befreiung aus
der Gefangenschaft in Babel wird von ihm [Dtjes] als ein
neuer Exodus verstanden und demgemäß auch als ein גאל
bezeichnet...Jes 51,10 wird mit dem Wort גאולה deutlich auf die aus Ägypten Befreiten angespielt, und 48,20
wird die Erlösung als Ausziehen aus Babel und Führung
durch Wüsten (V.21) beschrieben, also als ein erneuter
Exodus." Dann läge in allen גאל -Aussagen Dtjes.s eine Anspielung auf die Exodus-Erlösung; ja, sie impli-
zierten die Erwartung, die Befreiung aus Babel werde sich
nach dem Muster des ersten Exodus vollziehen? Jedenfalls übernähme Dtjes theologisch schon festgeprägte
Sprache.
Aber das hält näherer Überprüfung nicht stand. Erstens
gibt es nur spärliche (und wohl doch nachdtjes.e) Belege für die Anwendung von "gʾl" auf das Exodus-Handeln
Jahwes[1]. Die Abhängigkeitsverhältnisse müßten, wenn überhaupt, umgekehrt gedacht werden. Zweitens beziehen sich
Dtjes.s גאל -Aussagen in der Fülle der Belege - bei
nur einer Ausnahme, die leicht als sekundäre Retrojizie-
rung verstanden werden kann (51,10) - auf das angekün-
digte Ereignis der Befreiung aus der babylonischen Gefangenschaft. (Manche Stellen lassen sich nur so lesen, bei
anderen ist es zumindest die ungezwungenste Lesart.)
Mir drängt sich, lasse ich sämtliche Belegstellen auf
mich wirken, eher die Vermutung auf, Dtjes kreiere in
seiner Verkündigung eine ausdrucksstarke Metapher oder
aber mindestens: er besetze sie mit der ganzen Fülle der
ursprünglichen Bedeutungen des Symbols; jedenfalls möchte ich gerade für Dtjes eine Geistlosigkeit, die sich
darin gefiele, einen Topos abgeblaßter theologischer
Fachsprache monoton und penetrant zu traktieren, ausschließen.
Der Symbolwert des dtjes. "gʾl" ist nun wie folgt aufzuweisen:
"Löser" ist im zwischenmenschlichen Bereich der nächste
'haftpflichtige' Blutsverwandte, der für die Vollstrek-
kung der Blutrache (Deut 19,6; 2.Sam 14,11), den Levi-
ratsehe (Deut 25,5ff) und gegebenenfalls für eine Loskau-
fung zu sorgen hatte, der in Pflicht genommen war, "Lebenskraft, Freiheit, Besitzstand der Familie bzw. eines

---

1) גאל als Terminus des Erlöserhandelns Jahwes in der Exodus-
Tradition: Ex 6,6; 15,13; Ps 77,16; 106,10

ihrer Glieder" wiederherzustellen. (Elliger 150)
Das Verbum ‎‎גאל = "auslösen", "erlösen" bezeichnet
in diesem sippenrechtlichen Kontext den Rückkauf von der
Familie verloren gegangenem Grundbesitz (Lev 25,23-34)
oder die Auslösung eines Sippengliedes, das in Schuld-
knechtschaft geraten war (Lev 25,47-55).
Auf welches Moment aber des Löserinstituts bzw. des Vorgangs hebt Dtjes ab, wenn er Jahwe als Israels Löser
proklamiert? Welche besondere Nuance ist der Aussage -
in ihrer Nähe und Differenz zur Vater- und Schöpferprädi-
kation - inne?

Die Erzählung von der 'Erlösung' Ruths durch Boas scheint
mir instruktiv. Sie zeigt zunächst, daß im Einzelfall
prinzipielle Löserpflicht und nominelles Vorhandensein
eines Lösers keineswegs mit zwingender Automatik zu einer
"(Er-)Lösung" führen. (Rut 3,13) Auf den rechten Löser
kommt es an. Den rechten Löser, wie er etwa von Boas ver-
körpert wird, zeichnet ein unbedingtes Interesse aus.
Der rechte Löser läßt sich selbstverständlich in Pflicht
nehmen und betreibt die Auslösung mit zielstrebiger Konsequenz und Tatkraft:

> Warte ab, meine Tochter, bis du erfährst,
> wie die Sache ausgeht;
> denn der Mann wird nicht ruhen,
> ehe er noch heute die Sache erledigt hat.   - Rut 3,18

Weil Israel nun gesammelte Erfahrung im Rücken hat, daß
zwar ein nomineller Löser nicht automatisch schon ein
tatsächlicher Löser ist, daß es aber andererseits immer
wieder Löser vom Schlage Boas' gegeben hat und gibt, dürfte die theologische Sprache mit der Lösermetapher genau
den Punkt anzielen, wo Israel certitudo, nicht aber secu-
ritas faßt: begründetes Vertrauen zu Jahwe, der befreien
wird.

So spricht Hiob in der Tiefe seiner Qual:

> Ich bin gewiß, daß mein Löser lebt,
> und als der Letzte wird er sich aus dem Staub erheben. - 19,25

Dieses Bekenntnis spiegelt die Geburt eines durch Erfahrungen gedeckten, begründeten Vertrauens, das aber doch
den Charakter des Wagnisses behält.
Dtjes nun proklamiert Jahwe als Löser nach der Art Boas'.
Diese Botschaft weckt ebenso Vertrauen, wie sie auf Vertrauen angewiesen ist.
In summa: Die Situation einer not- und leidvollen 'Gefangenschaft' ist vorausgesetzt, wenn Jahwe zu Israel spricht:
"Gewiß erlöse ich dich." Israel soll sich darauf verlassen, daß Jahwe, in 'Familienbande' fest mit seinem Volk
verbunden, gleichermaßen aus Pflicht und aus Neigung (die
Antinomie besteht für den rechten Löser nicht!) erlösend
intervenieren wird.

c) Jahwe - der Vater
Das Bild verwandelt sich nochmals in V.1, ohne den Fami-
lienbereich zu verlassen. V.1e und V.6 zeigen Jahwe in
der Rolle des Vaters. Die stärkstmögliche familiäre
Bindung ist also angesprochen; Israel soll sich seiner
unverbrüchlichen Kindschaft vergewissern, indem es sich
an die jubelnde Bewillkommnung am Anfang seines Lebensganges erinnert.
Ausführlich begründet und dargelegt ist diese Deutung
von V.1e auf S.75ff.

Die Motive Jahwes

Den tragenden Beziehungen 'Schöpfer - Geschöpf', 'Löser
- Ausgelöster', 'Vater - Kind' entsprechen die Motoren
des Heilsgeschehens, die Tat werdenden Emotionen Gottes.

a) Die Liebe Gottes

Der 'Vater' kann nicht anders als sein Kind lieben[1];
nicht an sich, aber in seinen Augen sind seine Kinder
"kostbar" und "gewichtig"[2].

"ᵓhb" ist nach W.Thomas als Weiterbildung der bilatera-
len Wurzel "hb" zu beurteilen, die als onomapoetische Bil-
dung "heftig atmen, Luft schnappen, schnaufen" bedeutet.
Es sieht also heftiges Atmen und Gemütserregung zusammen, meint demnach das "sehnsüchtige Verlangen,
das sichtbar und spürbar nach seinem Gegenüber
lechzt"[3]. Moralisch wertfrei, kann es - im Piᶜel -
auch das Gebaren ehebrecherischer Liebe bezeichnen
(Hos 2,7 u.a.).

In 'erotischer' Liebe verlangt Gott nach Israel , seinem Kind, und will die von diesem schuldhaft zerstörte
Liebesbeziehung um jeden Preis wiederherstellen.

---

1) Von Jahwes Liebe zu Israel - einer ausschließlichen, erwählenden, leidenschaftlichen Liebe - spricht erst das Deuteronomium (7,6-8.13; 10,15; 23,6) und dann Hos 3,1; 11,1.4; 14,5;
   Jes 63,9; Jer 31,3; Zeph 3,17.
2) Vgl. zur Wendung 1.Sam 26,21.24; Ps 72,14.
3) H.W.Wolff, BKAT XIV 1, S.42

b) Die Ehre Gottes

Schließlich darf sich Israel darauf verlassen, daß Jahwe
auch im Interesse seines Gott-Seins die familia Dei heimbringen wird.

Der Wortwurzel nach bedeutet der "kabod" Jahwes seine Ge-
wichtigkeit[1] und Wucht - in Schöpfung, Geschichte und
Theophanie -, aber auch die zwingende Folge; der "kabod"
Jahwes erzwingt, daß er vonseiten der Geschöpfe bestätigt wird.[2] Der Begriff umfaßt ein komplementäres Geschehen: die göttliche Majestät und den adäquaten und not-
wendigen Reflex des Menschen darauf. Ein solcher Reflex
kann - in der Theophanie - die Furcht vor dem tremendum
et fascinosum sein, aber auch die nachwirkende Ehrfurcht.
Die Offenbarung des "kabod" in Geschichte und Schöpfung
zielt auf die "t^ehillah" hin: Die in Ehrfurcht Versetzten
stimmen den hymnischen Lobpreis an. Gott ist herrlich und
aller Ehre wert - gebt unserem Gott die Ehre!

Nicht anders vermag Dtjes Gottes, des Schöpfers und des
Herrn über die Geschichte, Heilstat zu denken. Sie ist
nur so voll-ends, daß objektiv das Geschaffene dem Schöpfer zur Ehre gereicht[3] und subjektiv die Geschöpfe den
ehrenden Lobpreis abstatten.[4] An beides dürfte in Jes
43,7 gedacht sein. Es ist Jahwe buchstäblich Ehrensache,
seine Kinder heimzubringen; in der Völkerwelt wird man
dann "ihren Vater im Himmel preisen" (Mt 5,16): das Jesuswort knüpft unmittelbar an Jes 43,7 an!

---

1) Vgl. nur Ex 4,10.
2) Vgl. Lk 2,14.
3) Jes 40,5; 48,9-11; vgl. Ez 36,22.24.
4) Jes 41,16; 42,8.10-12; 43,21; 44,23; 55,12f

III   JES 43,1-7 IM NEUEN TESTAMENT

Wie sich das Erwählungsbewußtsein des nachbiblischen Ju-
dentums aus Jes 43,1-7 speiste bzw. immer wieder in die
Sprache dieser urtypischen Heilszusage kleidete, möge eine späte Anekdote aus b.Berak.62b veranschaulichen:
Auf einem Abort trifft Rabbi Eleazar einen Römer. Dieser
zwingt den Rabbi, ihm den Vortritt zu lassen. Kurz darauf
wird der Römer von einer Schlange gebissen und stirbt.
Eleazar kommentiert diesen Vorgang mit Jes 43,4: Ich gebe
Edom an deiner Statt. (Eleazar hat also אדם als אדום
= Edom, zu jener Zeit Deckname für Rom, gelesen. Die
gleiche Deutung der Stelle vertritt der rabbinische Kommentar Sifre Dt 333 zu 32,43.)

Als hochbedeutsam für die Verkündigung des Todes Jesu erweist sich das frühjüdische Theologumenon von der stellvertretenden Sühne im Endgericht, das exegetisch konsequent aus Ps 49,8f

> Niemand kann je sich (oder: einen Bruder) loskaufen
> oder Gott ein Sühnegeld für sich (כפרו) zahlen.
> Zu teuer ist der Loskauf seiner Seele,
> er muß es aufgeben für immer,
> daß er noch weiterlebe auf ewig, nicht sehe die Grube

und Jes 43,3f entwickelt ist[1]. Zwar besagt Ps 49,8ff in
seinem ursprünglichen Sinnzusammenhang lediglich: Auch
für den im Frevel maßlosen Reichen gibt es eine absolute
Grenze seiner Manipulationsmöglichkeiten; mit keiner noch
so hohen Zahlung kann er sich aus dem allgemeinen Todes-
schicksal herauslösen. Die frühjüdische Exegese bezeugt
aber nun in einem breiten Strom der Überlieferung eine
Deutung dieser Psalmstelle auf das Endgericht, in dem

---

1) Siehe die Belege und ausführliche Darstellung in "Die Heimkehr
   der Jakobskinder" 32ff.

"ein jeder ganz allein seine Ungerechtigkeit oder Gerechtigkeit trägt" (4.Esr 7,102ff). Nach dem irdischen
Tod gibt es für den Menschen keine Möglichkeit, von bis
dahin ungesühnter Schuld loszukommen. Weder Reichtum
noch Verdienste oder Fürbitte anderer retten im Endgericht. Jeder steht für sich vor seinem Richter; niemand
und nichts kann ihn vertreten. Wer mit seinen Sünden
stirbt, hat den ewigen Tod zu erwarten. (Sifre Dt 329 zu
32,39; Targ.Ps 49; syrApkBar 85,12f; äth.Hen 98,10; Mek
21,30 u.a.; vgl. 2.Kor 5,10)
Doch können jüdische Schriftgelehrte bei diesem Satz
nicht stehen bleiben, denn er gerät in eine unerträgli-
che Spannung zum ebenso gültigen, schriftgegründeten
Glaubenssatz von der erwählenden Liebe zu "ganz Israel"
(Sanh 10,1). In Mek 21,30 wird diese Spannung so gelöst,
daß man den Gültigkeitsbereich von Ps 49,8f auf die Völker der Welt begrenzt erklärt, während für das geliebte
Israel Jes 43,3f Letztkompetenz hinsichtlich der Frage
eines Sühnegelds im Endgericht habe: Die Heidenvölker
werden demnach im Endgericht an Israels Statt in die
Feuerhölle geworfen, damit die eschatologische Rettung
nicht nur eine begrenzte Zahl frommer Israeliten erfaßt,
sondern Israel gerade in seiner Ganzheit unversehrt be-
läßt; stellvertretend leiden die gottlosen Völker die
Strafen; so schafft Gott seinem Volk Israel Sühne, erreicht mit seiner erlösenden Liebe auch diejenigen Israeliten, die, gemessen an ihren Taten, der ewigen Hölle
verfallen wären.
Streng auf der Linie des Schriftwortes, auf das sie
sich beziehen, bleiben die Lehraussagen (vgl. außer Mek
21,30 auch Ex.R.11 zu 8,19; Sifre Dt.333 zu 32,43) darin, daß Gott selber es ist, der das Stellvertretungs-
und Sühnegeschehen anordnet, und daß ihn dazu die leidenschaftliche Liebe zu seinem Volk bewegt. Die Erwählung

Israels ("Geliebt sind die Israeliten" Mek 21,30) hat
notwendigerweise eine andere Seite: die Verwerfung der
Völker, die sich in der endgerichtlichen Situation noch
verschärft, insofern es für die Völker nicht nur kein
Sühnegeld gibt, sondern die Völker selbst als Sühnegeld
für Israels Rettung eingesetzt werden.

Wir halten fest: Wo im Judentum vom Lösegeld oder Sühnegeld im Endgericht die Rede ist, argumentiert man wie
von selbst mit Ps 49,8f und Jes 43,3f, und zwar kommt
man zielsicher auf diese beiden Stellen auch dann zu
sprechen, wenn dem Midrasch eine andere kopär-Schrift-
stelle vor- und aufgegeben ist. Das heißt aber: Dem jüdischen Schriftgelehrten, der mittels der Sühnegeld-Me-
tapher Aussagen über Rettungsmöglichkeiten im Endgericht
machen will, drängen sich als Ausgangspunkte jeder Argu-
mentation Ps 49,8f und Jes 43,3f auf. Mit anderen Worten:
Im Frühjudentum besteht ein Konsens darüber, daß in dieser Frage den beiden Schriftstellen Ps 49,8f und Jes 43,
3f eine ausschließliche Kompetenz zukommt.

Die Jesusüberlieferung bestätigt diesen Konsens, und daß
Jesus in Mk 8,37

    Was denn könnte ein Mensch geben als Lösegeld für sein Leben

und Mk 10,45

    ...wie auch der Menschensohn nicht gekommen ist,
    sich dienen zu lassen, sondern um zu dienen
    und sein Leben zu geben als Sühnegeld an Statt der Vielen

sozusagen komplementär - wie Mek 21,30 - Ps 49,8f und
Jes 43,3f auslegt, scheint mir für das Verständnis des
Todes Jesu eminent bedeutsam.

Freilich unterscheiden sich die beiden Jesusworte schon
in der Form von ihren rabbinischen Parallelen. Während
diese mit Ps 49,8f und Jes 43,3f argumentieren und wörtlich zitieren, spielen die Jesusworte, allerdings

unüberhörbar, an - folgerichtiger Ausdruck der messianischen Souveränität des 'Exegeten' Jesus.

Den sprachlichen Nachweis der Bezugnahme des Lösegeldwor-
tes Mk 10,45 auf Jes 43,3f habe ich andernorts ausge -
führt.[1]
Entscheidend fällt die völlige Deckungsgleichheit von
λύτρον ἀντί Mk 10,45 mit ﬨﬨﬨ... ﬧﬢﬤ Jes 43,4 ins Gewicht. Abbreviatur dieser Metapher für stellvertretend
sühnendes Sterben ist - schon in Jes 43,4 - ein einfaches
ﬨﬨﬨ = ἀντί ("anstatt", "anstelle von") oder auch,
so LXX in Jes 43,4 und 1.Tim 2,6, ὑπέρ ("für"). Damit
lassen sich die vielen, nicht eben glücklich so genannten
hyper-Formeln zur Bezeichnung der Heilsbedeutung des Todes Jesu im paulinischen und johanneischen Schrifttum al-
lesamt von der Stellvertretung nach Jes 43,3f erklären.
Die angebliche Pluralität verschiedener auf den Tod Jesu
angewandter 'Vorstellungen' reduziert sich auch aus diesem Grund erheblich. Wußte sich Jesus, in welchem Sinn
auch immer, als den "Menschensohn", so konnte er den von
Gott nach Jes 43,4 als Sühnegeld gegebenen "ᵓādām" natürlich leicht auf seine Person beziehen. Bezeugt ist die
individuell-messianische Deutung von Jes 43,4 wohl schon
in 1 Q-Is-a: Die Jesajaschriftrolle von Qumran hat über
"ᵓādām" den Artikel ﬣ eingefügt. Im NT finde ich Spuren
einer solchen Deutung von Jes 43,4 noch in Joh 11,50;
19,5; Röm 5,12-21; 1.Kor 15,21b; 1.Tim 2,5f. Bezeichnenderweise handeln alle diese Stellen vom Heilstod Jesu.
Daß man generell im Frühjudentum vom Messias in geheimnis-
voll andeutender Weise als von "einem Menschen" reden
konnte, zeigt Num 24,17 LXX, Teil des Bileamspruchs: "Und
es wird auftreten ein [sc.: messianischer] Mensch aus

---

1) Die Verkündigung Jesu 253ff

Israel." Will Jahwe nach Jes 43,4 einen " ʾādām" als Sühnegeld <u>geben</u> ( ]ﬡ]), so <u>gibt</u> nach Mk 10,45 der Menschensohn selber "sein Leben". Damit ist der Gabe- bzw. Hingabecharakter der Erlösungstat hier wie dort gewahrt; freilich sieht Mk 10,45 diese nun unter dem Aspekt des Gehor-
sams des messianischen Menschen, der den Auftrag Gottes
erfüllt. Diejenigen, denen die stellvertretende Lebenshingabe zugute kommt, nennt Mk 10,45 die "Vielen" - das
ist eine dem Gottesknechtlied Jes 53 entnommene, inklusiv gemeinte Bezeichnung, die den in Jes 43,5-7 entfalteten Vorgang der Sammlung der Gotteskinder auf einen kurzen Begriff bringt.[1] Paulus, Deuteropaulinen und Johannes tradieren und formulieren dann selber immer wieder,
daß der Tod Jesu den "Vielen" (Röm 5,15.19) bzw., gleich-
bedeutend, "allen" (Röm 3,22; 5,18; 8,32; 11,32; 2.Kor
5,14f; Kol 1,20; 1.Tim 2,1.6; Hebr 2,9; Joh 3,16; 1.Kor
15,22) oder der "Welt" (2.Kor 5,19; Joh 1,29; 3,16;
1.Joh 2,2; vgl. Apg 9,15 und das sinnbildliche Joh 6,12f)
ewiges Leben schaffe.

Man lese Mk 10,45 zusammen mit Joh 3,16

> So sehr hat ja Gott die Welt geliebt,
> daß er seinen einziggeborenen Sohn dahingab,
> damit jeder, der an ihn glaubt,
> nicht verloren geht, sondern das Ewige Leben hat.

Joh 3,16 betrachtet Mk 10,45 völlig richtig vor seinem
atl. Hintergrund Jes 43,3f und buchstabiert es konsequent
aus: Weil Gott Israel (und nun auch die Völker!) liebt,
gibt er den einen " ʾādām" (und nun die Vielen nicht
mehr!) dahin in den Sühnetod, damit sie <u>alle</u> frei werden
zum (ewigen) Leben!
Dieselben Schriftstellen zum selben Thema sind ausgelegt,

---

1) Siehe dazu "Die Verkündigung Jesu" 254f.

und doch mutet die neue Exegese Jesu gegenüber der früh-
jüdischen, die die Völker als Sühnegeld für eine Apokatastasis ganz Israels fungieren ließ, wie ein Luthersches
Turmerlebnis an. Sie bedeutet einen qualitativen Sprung
im Bewußtsein des messianischen Menschen. Da weitet sich
im Begriff der "Vielen" (aus Jes 53) der Kreis der Erlösten - einst die kleine Jakobsfamilie, dann bei Dtjes die
Volksfamilie (43,5-7) - zur universalen Völkerfamilie.
Andererseits schrumpft der Kreis der Preisgegebenen bzw.
Verworfenen von den vielen Völkern und Menschen Jes 43,
3ff auf den Punkt des "einen Menschen" zusammen (vgl. besonders noch Joh 11,50-52). Indem sich der eine Menschensohn, Jesus, mit dem "ʾādām" identifiziert, stellt er
sich an den Ort des Endgerichts Gottes und erleidet den
Tod, der denen zukommen würde, die ihr Leben verwirkt haben, aber auch den Tod derer, die nach Deuterojesajas Vision als Sühnegeld für Israel fungieren müßten. Alle anderen sind damit für das ewige Leben gerettet und werden
offenbar als immer schon Erwählte.

Die theologische Revolution, die hier geschehen ist, wird
noch einmal überdeutlich, wenn wir das so interpretierte
Mk 10,45 neben eine gängige apokalyptische Glaubensüberzeugung stellen, wie sie sich im 4.Esrabuch Gehör verschafft hat: Der Apokalyptiker will erkannt haben, "daß
die zukünftige Welt wenigen Erquickung bringen wird, vielen aber Pein."[1] Daran gemessen hat Jesus in Mt 8,11f
die Rollen neu verteilt, ja vertauscht: Die Wenigen, nämlich die Erwählten bleiben draußen und leiden Pein; "viele" aber kommen zur eschatologischen Erquickung. Das
testamentarische Sühnegeldwort Mk 10,45, der letzte Wille
Jesu, radikalisiert diese Rollenvertauschung noch: Auf
der Seite der Geretteten sollen inklusiv "die Vielen",
d.h. alle, auf der Seite der Verworfenen exklusiv der
eine Menschensohn stehen.

----

1) 7,47; vgl. 8,1.3; syrApkBar 18,1f; Mt 22,14.

Für das Rabbinat bedeutete Jes 43,3f: Erwählung und
eschatologische Rettung Israels - Verwerfung und eschatologische Vernichtung der Völker. Da Jesus offenkun-
dig vor diesem Hintergrund seine Sendung abschließend
erklärt und also Mk 10,45 auch ein polemischer Beitrag
zur schriftgelehrten Diskussion um Erwählung und Verwerfung im Endgericht ist, bezeugt es eben nicht billige,
wohlfeile Gnade, sondern Gottes erwählende und verwer-
fende Liebe. Der einzig Verworfene aber ist der Menschensohn.
Er ist wirklich der Verworfene! Das ergibt sich aus der
Parallelität seines Todes auf Golgatha mit dem Tod der
in die Feuerhölle (!) geworfenen Heidenvölker. Man darf
den Kreuzestod Jesu nicht als pures Vorspiel der Auferstehung mißverstehen; denn gerade der Tod Jesu ist das
Heilsereignis, in dem Gottes Liebe begegnet. Im Akt des
Erwählens und Verwerfens bekundet Gott sein leidenschaft-
liches Lieben.
"Wenn es recht ist, daß man in der Prädestinationslehre
immer von einem Doppelten, immer von Erwählung und Verwerfung, von Vorherbestimmung...zum Leben und zum Tod geredet hat, dann können wir also jetzt schon sagen: in der
Erwählung Jesu Christi, die der ewige Wille Gottes ist,
hat Gott dem Menschen das Erste, die Erwählung..., sich
selbst aber das Zweite, die Verwerfung und den Tod zuge-
dacht...Es ist also die Prädestination, sofern in ihr
auch ein Nein ausgesprochen ist, auf alle Fälle kein den
Menschen treffendes Nein." (K.Barth, KD II 2, S.177.
181)
Die Erniedrigung des Menschensohns bis hin an die Stelle
der verworfenen Heidenvölker bewirkt, daß die Vielen
jetzt auf der Seite der Erwählung stehen und Ewiges Leben
ihre Aussicht ist. "Weil du kostbar bist in meinen Augen
und ich dich liebe" (Jes 43,4) gilt nunmehr für alle, und
das "alle" von Jes 43,7 bekommt im Christusgeschehen universalen Sinn. Umfaßte es bei Dtjes 'ganz Israel', so in
der Auslegung Jesu die Menschheit. Jes 43,4.7 zeigen das
Motiv des vom NT bezeugten Erlösungsgeschehens an: Jedes
einzelne Glied der familia Dei ist von Gott geschaffen
und also unendlich geliebt.
In Mk 10,45 wird durchaus eine Apokatastasis panton aufgrund der unverbrüchlichen und unbedingten Liebe Gottes
zu seinen Geschöpfen verheißen. Der Bezug auf die jüdische Endgericht-Lösegeldtheologie signalisiert, daß an
ein allerletztes und letztgültiges Handeln Gottes gedacht
ist.
Nachfolge, Glauben, Neues Leben, alles, was der paulini-
sche Imperativ umgreift, kann dann nur eine von dieser
definitiven Setzung begrenzte Bedeutung haben. Entlastet

von dem Gewicht, über Ewiges Leben und Ewiges Verderben
zu entscheiden, qualifiziert der Glaube umso nachhaltiger
die jeweilige Gegenwart des Glaubenden. Wer durch "Glauben"
die "Hingabe Christi für uns aufnimmt" und "in Christus
lebt" und in wem Christus lebt als "ihn bestimmendes Subjekt" und wer sich so "in das rechte Verhältnis zu Gott
stellen läßt" (Formulierungen von L.Goppelt, § 38), dessen
Existenz ist heute schon in gewisser Weise eine erlöste,
sein Leben ein erfülltes; nicht aber vermag die Glaubens-
verweigerung Gottes letztgültige Setzung, das Testament
Jesu Christi (Mk 10,45), in Frage zu stellen; der Unglaube
ist eine auf die irdische Zeit begrenzte Möglichkeit des
Menschen, sein Leben zu mindern, indem er die wichtigste
Beziehung, die zu Gott, ungelebt läßt.
Die Sünde, des Menschen selbstverschuldete Gottferne, ist
damit nicht verharmlost. Sie kann ja nur dadurch beseitigt
werden, daß Gott selber seinen 'geliebten Sohn' dem Fluch-
tod preisgibt und sich somit bitterem Schmerz aussetzt.
Verliert aber die christliche Ethik unter der Prämisse
einer Apokatastasis nicht den Boden unter den Füßen? Die
Antwort auf diese Frage gibt Jesus selbst: Gerade und nur
die Vergebungsgewißheit befähigt zu spontanem Lieben aus
dem Jubel des dankbaren Herzens; zu wissen, daß ich bedingungslos angenommen bin, befreit mich von der Angst um
mich selbst und zum Dienst am Nächsten (Lk 7,36-48; Mk 1o,
42-45); zu wissen, daß auch die anderen bedingungslos angenommen sind, lehrt mich, sie als Geliebte Gottes zu sehen und unterbindet jeden religiösen Konkurrenzkampf im
Ansatz.

Die ntl. Verkündigung des stellvertretenden Sühnetods Jesu nach Jes 43,3f knüpft einerseits an die atl.-jüdische
Glaubensüberzeugung von der Sühnebedürftigkeit des Menschen und der von Gott aus Gnade, dem Menschen zugute gestifteten Sühne an[1]. Andererseits tut sie die im Judentum
konkret zur Verfügung stehenden Sühnerituale bzw. Erwartun-
gen eschatologischen Sühnegeschehens "ein für allemal" ab.
So fraglos der atl.-jüdische Sühnekult weit erhaben über
dem an ihn häufig gerichteten Vorwurf steht, da müsse dem
durch die menschliche Sünde in seiner Majestät verletzten
Gott eine blutige Genugtuung geleistet werden, so deutlich
ist andererseits in der Christuserkenntnis die Grenze der
kultischen Sühne nicht nur des Judentums bewußt geworden.
Die ständigen Sühnopfer im Tempel besaßen nur eingeschränk-
te Kraft und mußten dauernd wiederholt werden. Nach rabbinischen Lehraussagen, die auf älterer Tradition beruhen,

---

1) Siehe dazu S.85ff und die dort genannten Arbeiten von H.Gese und
   B.Janowski.

ist auch die Wirkung des Jom kippur deutlich begrenzt und
die Sühne auf die drei Komponenten Umkehr, Jom kippur und
eigener Tod verteilt (Mek 20,7-11; M.Joma 8,8). Dagegen
vereinigte sich im Tod Jesu die Heil gewährende Sühnewir-
kung auf einen Punkt: den Tod des Messias am Kreuz.[1]
Am Anfang aller Deutungen des Todes Jesu steht, wie es M.
Hengel formuliert hat, die "umstürzende Erkenntnis, daß
der Tod des Messias Jesus auf Golgotha ein für allemal -
man beachte die Bedeutung des 'hapax' bzw. 'ephapax' in
so verschiedenen Texten wie Röm 6,10; 1.Petr 3,18 und Hebr
7,27; 9,12 u.ö. - universale Sühne für alle Schuld gewirkt
hatte."[2] Diese in Mk 10,45 von Jesus selbst angestoßene
Erkenntnis führte zum Bruch mit dem Jerusalemer Tempel-
kult.

Bis hierher haben wir den Tod Jesu und seine Bedeutung
im wesentlichen vom Blickwinkel Gottes einerseits und der
Erlösten andererseits gesehen. Der Mensch von Jes 43,1-7
mochte gleichsam als frei verfügbares und nicht gefragtes
bloßes Instrument einer eschatologischen Heilsveranstal-
tung erschienen sein. Dem war aber in der Geschichte Jesu
nicht so. Es kam, wenn man so will , alles darauf an, daß
einer von Gott den Auftrag hatte und sich dem Auftrag
nicht entzog, sich mit dem "Menschen" von Jes 43,4 zu
identifizieren, um universales und ewiges Heil im Sinne
von Jes 43,1-7 zu wirken. Dafür bedurfte es in der Tat des
Glaubensgehorsams des Sohnes, des Einsatzes seines Lebens,
des Einspringens eines bis zur äußersten Konsequenz bedingungslos Liebenden in den Riß.
Mk 10,45 besagt eben dieses, daß Jesus sich als Bote einem
Auftrag Gottes zur Verfügung stellte, denn die Ich-bin-ge-
kommen-Worte sind erwiesenermaßen bedeutungsgleich mit Worten, in denen ein Gesandter seinen Botenauftrag beschreibt.[3]
Im Christusgeschehen übernimmt eine Person die bis dahin
in tausend und abertausend Einzelakte sich verteilende, un-
zählige Male wiederholte, immer wieder neu notwendige und
bedingt gewährte Sühne in den Vollzug des einen und einzig-
artigen Lebens, Leidens und Sterbens.
So erhebt sich nun im weiteren die Frage, mit welchem Bewußtsein der eigenen Rolle im Heilsplan Gottes Jesus die
Stelle des "ᵓādām" von Jes 43,4 einnehmen konnte; über ein
'Bewußtsein' des "ᵓādām" ist ja in Jes 43,4 selbst absolut
nichts gesagt. An der Innenseite: Motivation, willentlicher

---

1) Vgl. M.Hengel 22f.
2) M.Hengel 19
3) Vgl. J.A.Bühner 118ff und mein Buch "Die Verkündigung Jesu" 83ff.

Beteiligung und seelischem Erleben des "ɔādām" ist das
Heilswort Jes 43,1-7 nicht interessiert; hierüber schweigt
es.
Für Jesus dürfen wir mit guten Gründen annehmen, daß er
im Gottesknechtlied Jes 53 diese von ihm zu besetzende
Rolle näher beschrieben fand.[1] Im Sühnegeldwort Mk 10,
45, das im übrigen von Jes 43,3f geprägt ist, hat sich
dies noch in der Bezeichnung der Heilsempfänger als der
"Vielen" niedergeschlagen. (Man kann sagen, daß Jes 43,
1-7 das Kreuzesgeschehen in seiner Objektivität, abgese-
hen von der Subjektivität Jesu, und in seiner Dynamik
zwischen erlösendem Gott und erlösungsbedürftigen Menschen erfaßt, Jes 53 dagegen vor allem die Rolle des
Mittlers klären kann: seinen Anteil, seinen Einsatz, seine Liebe, die Schmerzen, die es ihn kostete.)

Es bietet sich nun neben dem Gottesknecht noch eine zweite atl. Deutekategorie an, in welcher Jesus seine Rolle
finden und verstehen konnte, eine Deutekategorie, die
eigenartigerweise noch nie in Erwägung gezogen wurde, obwohl sie viele wesentliche Elemente des Lebenseinsatzes
Jesu gut erklären kann. Ich meine das Modell des ältesten
Bruders innerhalb einer Familiengemeinschaft, speziell
der Familie Jakob. (Sie ist ja auch der Adressat der Jesus verpflichtenden Verheißung Jes 43,1-7!)
Jesus nimmt, nach der Überlieferung der Evangelien, eine
eigentümliche Zwischenstellung ein. Er steht zwischen
Gott, den er repräsentiert und dem er wie kein anderer
einen Auftrag zu erfüllen hat, und denen, die er seine
Brüder und Schwestern nennt, mit denen gemeinsam er das
Vaterunser betet, gleich denen er Freude und Schmerz em-
pfindet und in kreatürliche Angst gerät. Jesus weiß sich
in einzigartiger Weise als Sohn Gottes, ja an des Vaters
Stelle, und sieht doch auch alle anderen als Kinder Gottes.
Nun kennt das AT eine herausgehobene Stellung, einen besonderen Status des ältesten Bruders in einer Familie.
"Wenn in der Familie der Väterzeit Gruppen oder Teile der
Familie vom Vater entfernt waren, hatte der jeweils Älteste, wenn es notwendig wurde, die Rolle des Vaters zu
übernehmen; für diese begrenzte Zeit hatte er die Verantwortung. Wenn die Gruppe nach Hause kam, hatte er auf die
Fragen des Vaters zu antworten. Aus diesem Vorgang einer
früheren Gemeinschaftsform ist unser Begriff 'Verantwortung' entstanden. Er ist einfach und direkt zu verstehen:
Einer hat Antwort zu geben. Diese Verantwortung erwächst

---

1) Vgl. zum wachsenden Konsens in dieser Frage ausführlich jetzt
   S.Kim 38ff.

nicht aus einem Verantwortungsgefühl oder -bewußtsein,
sondern daraus, daß er es ist, der Antwort zu geben
hat." (C.Westermann, BKAT I 3, S.32f)
Bekannt sind die (umkämpften) Rechte und Pflichten des
Erstgeborenen in der Welt des AT.s, weniger beachtet sind
die Episoden zweier vorbildlicher ältester Brüder, nämlich Judas und Rubens; die sogenannte Josefsnovelle erzählt sie, wobei teils Ruben, teils - vor allem in den
späteren Partien - Juda als Sprecher der Söhne Jakobs
auftritt; dies entspricht einer geschichtlichen Verschie-
bung der Gewichte der beiden Stämme in Israel.
Ruben, sich seiner Verantwortung für den jüngeren Bruder
bewußt: er wird dem Vater Antwort geben müssen, sucht Josef aus der Gewalt der Brüder zu retten. Der Vorschlag,
ihn in die Zisterne zu werfen, läuft aufs Hinhalten hinaus; aus der Zisterne könnte er ihn heimlich befreien
und ihn, das ist das charakteristische Moment der Tat des
ältesten Bruders, dem Vater zurückbringen (Gen 37,21f).
In der Erzählvariante warnt Juda vor der Bluttat und
schlägt den Verkauf an eine ismaelitische Handelskarawa-
ne vor, mit der Begründung: "Er ist doch unser Bruder,
unser Fleisch!" (Gen 37,27). Lapidar bemerkt der Erzähler: "Seine Brüder hörten auf ihn!" - des ältesten Bruders Votum hat Gewicht; er besitzt eine vorgegebene Autorität. (Gen 37,26ff) Wie reagiert Ruben auf die Entdek-
kung der leeren Zisterne? "Er zerriß seine Kleider, kehr-
te zu seinen Brüdern zurück und sprach: Der Knabe ist
nicht mehr da! Wo soll ich nur hin?" (Gen37,30) Aus diesem letzten Sätzchen spricht wieder das Wissen, daß er
seinem Vater Antwort geben muß, wenn er nach Josef fragt,
und zugleich die Furcht vor dem Augenblick, da er dem Vater unter die Augen treten wird.
Der Erzähler "stellt...im Entgegentreten beider älterer
Brüder, die beide die Mordtat verhindern wollen, die Autorität des älteren Bruders dar, die unter bestimmten Umständen notwendig wird..., die auf Zeit vom Vater auf den
ältesten Bruder delegierte, zeitlich begrenzte und auf
Verantwortung beruhende Autorität". (C.Westermann, BKAT
I 3, S.34)
Auch in Gen 42,22 bleibt Ruben in einer gewissen Abgeho-
benheit, ja fast prophetischen Distanz von den Brüdern,
wenn er ihr aufbrechendes Schuldbewußtsein verstärkt: "Habe ich euch nicht gesagt: Versündigt euch nicht an dem
Jungen! Aber ihr habt nicht gehört!" Dem Vater gibt er das
heilige Versprechen ab, mit allem, was er hat, sich dafür
einzusetzen, daß Benjamin heil zurückkommt: "Meine beiden
Söhne magst du töten, wenn ich ihn nicht zu dir zurück-
bringe (אֵלֶיךָ אֲבִיאֶנּוּ LXX ἀγάγω....).Vertraue ihn
mir an, ich bringe ihn dir wieder (אֵלֶיךָ אֲשִׁיבֶנּוּ LXX ἀν-
άξω....)!" (Gen 42,37)

Jakobs Klage und Weigerung, Benjamin mitziehen zu lassen,
entspringen der Angst um den besonders geliebten Sohn
seiner geliebten Frau Rahel.
In Gen 43,1ff sehen wir Juda wieder in der Sprecherrolle
und in der Verhandlung mit dem Vater: "Gib mir den Jungen
mit..., damit wir am Leben bleiben und nicht sterben müssen: wir und du und unsere kleinen Kinder. Ich selbst[1]
will mich für ihn verbürgen (עֲרֵב). Von meiner Hand
sollst du ihn fordern. Wenn ich ihn nicht zu dir zurück-
bringe (הֲבִיאֹתִיו אֵלֶיךָ   LXX ἀγάγω ...) und ihn vor
dich hinstelle, will ich mein ganzes Leben lang vor dir
Schuld tragen." (V.8f) Vater Jakob läßt sich daraufhin
umstimmen. Es ist offenbar die Bürgschaft mit dem eigenen
Leben, die den Vater bewegen kann - im Unterschied zu dem
'begrenzten Angebot' Rubens. Erst die Bereitschaft, mit
der eigenen Existenz in den Riß zu treten, ermöglicht das
große Versöhnungsgeschehen und setzt es nun ingang.
Erschütternd steht am Ende dieses Erzählabschnittes die
Klage des Vaters der 'verlorenen Söhne': "Ich aber, ich
bin verwaist, verwaist!" (V.14)[2]
Das in Gen 44,18-34 erzählte Dreiecksgeschehen sei so
zusammengefaßt, daß seine Affinität zu Jes 43,3-7/Mk 10,
45 deutlich und die Passionsgeschichte der Evangelien
transparent wird für die Liebe im Herzen Jesu, dem 'ältesten Bruder', aus der er ans Kreuz gegangen ist.
Vater Jakob "liebt" (אָהֵב = Jes 43,4!) seinen Sohn Benjamin über alles (V.20); "mit ganzer Seele hängt er an
seinem Kind..., würde sterben" (V.30-31),wenn Benjamin von
der Reise nach Ägypten nicht wieder heim käme. Da "ver-
bürgt" sich (עֲרַב) der mit dem Vater leidende, seinen
Schmerz teilende Sohn Juda dafür, daß Benjamin "heimkommen wird" (V.32 אָבֹא אֵלֶיךָ ; vgl. Jes 43,5-6). Gehor-
sam dem Vater und getreu seinem Versprechen, bietet er
dann in der bekannten Situation Josef sein Leben an "anstatt (תַּחַת = Jes 43,4!) des Knaben" (V.33), damit
Benjamin in Freiheit leben und zum Vater "heimkommen"
(בוֹא) kann (V32).
Auch wenn es in dem von Josef zugelassenen grausamen
Spiel zu einem alttestamentlichen Golgatha schlußend-
lich doch nicht kommt - Juda hat in seiner Seele den
Gethsemane-Kampf schon durchgestanden, als das Spiel ab-
gebrochen wird. Ich sehe in der erschütternden Szene mit

---

1) Beachte vorangestelltes אָנֹכִי , das betonte "Ich" des Juda.
2) Die Parabel vom 'Verlorenen Sohn' Lk 15,11-32 ist m.E. bis in
   sprachliche Einzelheiten hinein von der Familie-Jakobs-Geschichte
   inspiriert, einer Geschichte von schuld- und leidvoller Trennung,
   Todeskrise, Heimkommen, Wiedersehen von Vater und Kind, Versöhnung der Brüder (vgl. etwa Gen 42,38; 43,14; 45,28; 46,28-30; 48,
   8ff mit Lk 15,11-32).

Judas Angebot der personalen Stellvertretung ein wetter-
leuchtendes Vorspiel der Jesus, dem gehorsamen und mit
dem Vater leidenden Sohn, dann tatsächlich abgeforderten,
erlösenden Hingabe. Das Leitmotiv der Judaepisode, Stell-
vertretungsleiden (חלה), das in letztmöglicher Liebestat Heimkommen der Söhne der Jakobsfamilie bewirken will,
kehrt jedenfalls in Jes 43,3ff und Mk 10,45/ Joh 3,16
wieder. "Die Heilung eines Bruches ist nur noch dadurch
möglich, daß einer bereit ist, das Leid auf sich zu nehmen." (Westermann, BKAT I 3, S.151) Die freilich auf der
anderen Ebene des Zwischenmenschlichen angelegte Stellvertretung Judas kann uns also "die Macht der Liebe, die
sich in Jesus offenbart", wenigstens ahnen lassen. Jesus
selber mag seinen begrenzten Auftrag so verstanden haben,
daß er um jeden Preis seine in Gottferne lebenden Brüder
und Schwestern zum Vater zurückbringen soll; dafür bürgt
er dem Vater mit seiner ganzen Existenz. Die Parabel vom
Verlorenen Sohn, auch Mk 12,6-8 spiegelt diese Aufgabe.
Israel familia Dei, er darin der 'älteste Bruder' - das
scheint mir der Rahmen des versöhnenden Wirkens Jesu im
'Jahr der Gnade Gottes' zu sein. Wenn uns darüber auch
kein ausgeführtes Lehrstück Jesu überliefert ist, so hat
man doch den Eindruck, daß vieles, was Jesus tat und predigte, sich in diesem Rahmen bewegt.
Die Geschichte Judas entbirgt uns also etwas von dem Gefühl, von Motiven und vom Bewußtsein Jesu, in welchem er
die familia Dei zu sammeln und 'heimzubringen' bemüht
ist: "Denn wie könnte ich zu meinem Vater hinaufziehen,
und der Junge ist nicht bei mir! Ich könnte den Jammer
nicht mit ansehen, der über meinen Vater käme!" (Gen 44,
34; vgl. Joh 17,12ff) Judas Geschichte läßt es am Ende
auch - hypothetisch - anklingen, was geschehen muß, wenn
der älteste und verantwortliche Bruder sich vergeblich
für die Heilung des Risses und die Familienzusammenfüh-
rung eingesetzt hat: "Ich würde mein ganzes Leben vor
meinem Vater die Sünde tragen (יחא אטח LXX ἡμαρτηκὼς
ἔσομαι)." (Gen 44,32) In der eschatologischen Geschichte Jesu führt das in letzter Konsequenz dazu, daß
Jesus "für uns zur Sünde gemacht" wird (2.Kor 5,21: ὑπὲρ
ἡμῶν ἁμαρτίαν...; vgl. Röm 8,3).

Wir nehmen noch einmal die Perspektive auf, die Gott als
Urheber der Passion Jesu sieht.
Oben war schon zutage getreten, inwiefern die Stellver-
tretung im Tod Jesu rabbinischen und apokalyptischen
Glaubensüberzeugungen bezüglich des Endgerichts wider-
sprach.
Dies gilt nun auch für das in Mk 10,45 verwahrte Wissen

um Gott. Jesus verkündet in Mk 10,45 einen Gott, der sich gerade jener Ehre und jenes Herr-Seins begibt, das von jeher sein Gott-Sein ausmachte, einen Gott, der die letzte Verantwortung für den Menschen übernimmt, einen Herrn, der Knecht wird, einen Herrscher, der sich zum Diener degradiert. Man kann sagen: Damit ist die traditionelle Rollenverteilung aufgehoben, ja die Rollen sind vertauscht.

In allen Religionen bis dahin frommt dem Menschen das Dienen, manchmal ein massiv-dinglich vorgestelltes 'Bedienen' der Gottheit inbegriffen, und so weiß es auch der Fromme Israels seit alters (vgl. die Funktion des $\delta\iota\alpha\kappa\text{ove}\tilde{\iota}\nu$ in Ant 18,280, aber auch das Gott-Dienen in Jos 24; 1 QH 16,18 und Joh 4,22f). Das 'Dienen' schließt kultische Verehrung, Unterwerfung unter die sittlichen Gebote der Gottheit ebenso ein wie eine umfassende Gehorsamspflicht, womit dann auch ein göttlicher Lohn 'ver-dient' wird (vgl. 1 QH 16,8-19).

Mit Mk 10,45 vor dem Hintergrund von Jes 43,3f ist das Verhältnis Gottes zum Menschen in revolutionärer Weise neu bestimmt. Gott wird des Menschen Diener.

Nach Dan 7,10 "dienen" die abertausend Engel Gott auf seinem Gerichtsthron, und in 7,14 schaut der Apokalyptiker die Inthronisation des Menschensohns: "Diesem wurde Herrschaft, Ehre und Macht gegeben; alle Völker, Stämme und Sprachgruppen müssen ihm dienen." (vgl. äth.Hen 45, 3f; 61,8f; 62,2ff) Freiwillig räumt der Menschensohn Jesus diesen Platz der richterlichen Würde und der königlichen Herrschaft, um die Liebe Gottes durch die Hingabe seiner selbst ans Ziel zu bringen.[1]

Wie von selbst ergibt sich daraus die Forderung eines neuen gesellschaftlichen Verhältnisses der Menschen zueinander; der Dienst des Menschensohns wird in seinem Hingabecharakter verpflichtendes Vorbild für die zu bildenden Strukturen in der Jünger-Gemeinde. Galt vordem weltweit und war in der Völkerwelt zu beobachten: "Die als Herrscher der Völker sich wähnen, unterjochen sie, und ihre Großen mißbrauchen ihre Macht über sie"(Mk 10, 42), so muß im Jüngerkreis der Grundsatz gelebt werden: "Wer unter euch groß sein will, der soll euer Diener sein, und wer bei euch der Erste sein will, der soll aller Knecht sein." (Mk 10,43f) Die Jüngergemeinde, so als Anti-Gesellschaft und alternative Lebensform zu den saekularen Gewalt- und Vergewaltigungsstrukturen[2] definiert, existiert dennoch nicht beziehungslos zu diesen,

---

1) Zu antidanielischen Elementen in der Jesusverkündigung siehe meine Untersuchung "Jesus und das Danielbuch.Bd.I" und P.Stuhlmacher , Existenzstellvertretung für die Vielen.
2) Dieser Sinn steckt in dem $\kappa\alpha\tau\epsilon\xi\text{ou}\sigma\iota\dot{\alpha}\zeta\epsilon\iota\nu$ von Mk 10,42.

hat sie Jesus doch mit der Aufgabe betraut, als Ferment
in den saekularen Gesellschaften zu wirken, Salz der Erde, Licht der Welt, Sauerteig zu sein.
Fragen wir nach der Legitimation bzw. nach dem, was Jesu
umwälzend neues Gottes- und Menschenverständnis heraus-
gefordert hat, so ist von vornherein der Wille Gottes
zu vermuten, wie ihn Jesus sowohl in seiner intimen Got-
tesbeziehung (Mt 11,27) als auch aus der Schrift erfahren
konnte. Die entscheidende Schriftstelle, die ihn inspi-
rierte, war meiner Überzeugung nach wiederum Jes 43, wo
die umstürzende Gotteserkenntnis erstmals aufleuchtet:
"Nicht ich habe dich [Israel] dienen lassen mit Opfer-
gaben..., nein, du machst mich zum Diener mit deinen Sünden...Ich, ich bin es, der wegwischt deine Frevel..."
(Jes 43,23-25). Während Jesus diesen Gottesspruch eines
Propheten im besten Sinne des Wortes be-herzigte und in
seinem messianischen Dienst erfüllte, hat ihn die rabbinische Theologie später, kaum verwunderlich, uminterpretiert und im selben entschärft. Das gilt schon für das
Targum zur Stelle, und auch Pesiqta Rabbati 29/30,1 (Brau-
de 567f) umgeht den Rollentausch. Statt "Mit deinen Sünden hast du mich zum Diener gemacht" (Jes 43,24b) heißt
es bezeichnenderweise: "Mit deinen Sünden hast du gemacht,
daß ich einen anderen Diener [Nebukadnezar] mir nehme."

Das NT nimmt Jes 43,1.4 darin ohne Abstriche und Umfor-
mung auf, daß es die Liebe Gottes als Motiv und Motor im
stellvertretenden Sühnetod Christi weiß[1]. In der exege-
tischen Diskussion schenkt man dem an sich höchst bemer-
kenswerten Umstand, daß der Tod eines messianischen Menschen im NT als Erweis der Liebe Gottes verkündet wird,
eigenartigerweise kaum Beachtung!
Das AT spricht spät und sparsam von der 'Liebe Gottes'
(Hosea, Deuteronomium) und nie im Zusammenhang mit dem
stellvertretenden Leiden und Sterben eines Heilsmittlers.
Die einzige Schriftstelle, aus welcher die Apostel
Christi die Gewißheit schöpfen konnten, Gottes Liebe sei
in der stellvertretenden Hingabe des Einen in den Tod am
Werk gewesen, war Jes 43,4! Diese Stelle scheint mir auch
der Schlüssel zu sein, welcher den Zeugen Christi die Erkenntnis der 'teuren' Erlösung der 'Kostbaren' (1.Kor 6,
20; 7,23; 1.Petr 1,18f) aufschloß.

Der Widerstand der systematischen Theologie gegen die Interpretation des Todes Jesu als Sühnetod - Sühne sei nur

1) Joh 3,16; 15,13; Röm 5,5-11; 8,31-39; Gal 2,20; 2.Kor 5,14f; Eph
   5,2.25; 1.Joh 3,16; 4,8-11; Apk 1,5

eine von vielen herangetragenen Deutungen und keineswegs
die bedeutsamste! - hängt bewußt oder unbewußt mit der
Schwierigkeit zusammen, daß im traditionellen atl.-kulti-
schen Verstehensrahmen die Auferstehung in keinem orga-
nischen und sinn-notwendigen Zusammenhang mit dem Kreuzestod Jesu zu stehen scheint. Auferstehung eines kultmate-
riellen Sühnopfers ist ein schwer auszudenkender Gedanke.
Anders, wenn wir den stellvertretenden Sühnetod Christi
konsequent in personalen Kategorien als Liebesakt nach
Jes 43,4 begreifen. Das Pauluswort "Wer will uns trennen
von der Liebe Gottes...in Christus Jesus" (Röm 8,35-39)
bekennt von der Christus-Liebe, daß sie die Macht habe,
die Liebesbeziehung auch unter dem Angriff der negativen
und trennenden Mächte nicht abreißen zu lassen. Welche
Vollkommenheit verleiht ihr diese Kraft? Man möchte vermuten, daß ihre Vollkommenheit darin besteht, daß sie
vorbehaltlos das ganze Leben geben konnte.
Aber gerade wenn dieses Selbstopfer höchstmöglicher Ausdruck der personalen Liebe ist, entzündet sich an ihm
die Frage nach ihrer Zukunft. Weil die Liebe unter allen
Umständen Beziehung will und weil es Beziehung nur zwischen Lebenden geben kann, stellt die Auferweckung Jesu
Christi in diesem Verstehensrahmen eine höchst sinnvolle
Antwort Gottes dar.
Der Tod Jesu bedeutet dann den Durchbruch in eine neue
Dimension Leben ('Ewiges Leben'), aus welcher Christus
zu jeder Zeit an jedem Ort als Geistperson begegnen und
zu jedem Menschen in Beziehung treten kann. Die Auferstehung macht Christus 'gleichzeitig' mit jedem, der an
ihn glaubt.
Kreuz und Auferstehung Jesu sind konsequent von der (ero-
tischen) Liebe Gottes als movens her zu interpretieren,
und zwar von der Liebe, die im Sinne Hoseas und Deuterojesajas unter allen Umständen die Beziehung will. (Die
Hingabe Jesu Christi wirkt wie von selbst die Hingabe der
Christen an den, der sie geliebt hat, und diese somit
wechselseitige Beziehung trägt das neue Leben: Gal 2,20;
Röm 8,35-39; 1.Kor 3,23; 2.Kor 5,14f; 10,7.) Dann erüb-
rigt sich auch der moralisch-intellektuelle Widerstand
des 'modernen' Menschen gegen die angebliche Zumutung
einer juridischen Satisfaktionstheorie, die Gott primär
als obersten Gesetzgeber und Richter sieht und voraus -
setzt, der für die erlittene Majestätsbeleidigung eine
blutige Genugtuung verlangt. Der Deutungsrahmen des
Christusgeschehens ist eben die Liebesbeziehung zwischen
Gott und den Kindern der familia Dei, die diese freilich
zerbrochen haben.

Jesus, 'ältester Bruder' in der familia Dei, heilt sie durch die äußerste Möglichkeit der Liebe: durch die Hingabe seiner selbst (Röm 8,29). Den Vater vor den 'Geschwistern' repräsentierend, mit ihm eins, und gleichermaßen in liebender Verbundenheit mit den 'Geschwistern', kann er weder das Leiden der verlorenen Kinder Gottes noch des Vaters Schmerz um sie mitansehen und als endgültig anerkennen - er tritt in den Riß.

Es deutete sich im zuletzt Ausgeführten schon mehrfach an, in welcher Intention Jesus, stellvertretend sühnend, sein Leben hingibt; er tut es in der einen Absicht, die im Grunde sein ganzes Heilands- und Verkündigungswerk durchwaltet, nämlich: die Kinder Jakobs zu "sammeln", daß sie als Kinder Gottes zum Vater heimkehren (=Jes 43,5-7).
Ich habe andernorts ausführlich dargelegt[1] und fasse hier nur kurz zusammen, wie man Jesus unter der Perspektive der Heimkehrverheißung Jes 43,5-7 als den guten Hirten begreifen kann, der die Verlorenen und Zerstreuten "sammelt", und als verantwortlichen 'älteren Bruder', der die in der Fremde und Gottferne lebenden Kinder Gottes wieder "heim" ins Vaterhaus "bringt": beides war schon in Jes 43,5-7 ineins gesehen, und es ist deutlich, wie Jesus in die nach Jes 43,5-7 von Jahwe selber betriebene Heilandstätigkeit 'einsteigt'.
Dies spiegelt sich in vielen Partien der Evangelien. Zwar wendet erst das Johannesevangelium expressis verbis die Metapher des guten Hirten seiner Herde auf Jesus an (Joh 10), doch betreibt Jesus nach der synoptischen Überlieferung auch ohne Inanspruchnahme eines solchen messianischen Titels das in Jes 43,5c verheißene "Sammeln" (Mt 15,24; Lk 15,3-7; 13,34; 19,10). Zweifelsohne weiß er sich dabei primär "zu den verlorenen Schafen des Hauses Israel" gesandt (Mt 15,24), und Jerusalem scheint er, m.E. aufgrund prophetischer Heilserwartungen, aber auch tief eingewurzelter Psalmenfrömmigkeit (Ps 122!), als die gebotene Zentrale und jedenfalls als hervorragenden Ort des messianischen Sammelns erachtet zu haben (Lk 13,34). Als Jerusalem sich ihm und seinem Schalom verschließt (Lk 19,41ff)[2], geht Jesus konsequent in den Tod, ohne seinen Auftrag aufzukündigen, im Gegenteil: im Bewußtsein, für eine ungeheure Ausweitung des Heils zu sterben: "nicht nur für das Volk, sondern auch, um die

---

1) "Die Heimkehr der Jakobskinder" 59ff
2) Siehe dazu S. 200ff.

versprengten Kinder Gottes wieder zu sammeln in eins".
(Joh 11,50-52; vgl. 6,12f)
Betrachten wir nun das szenische Bild vom Heimkommen
verlorener oder versprengter Familienglieder in der Be-
deutung, die ihm Jesus gab.
Die Parabel Lk 15,11-32 verdichtet eine Urerfahrung des
Mensch-als-Glied-einer-Familie-Seins: Individuum werden
- Trennung - schmerzlicher Weg - Wiederheimkehren ins
Ganze. Zugleich entdeckt Jesus diesen archetypischen Vor-
gang in seiner Transparenz für die Ebene der Beziehung
des Menschen zu Gott und 'Brüdern' innerhalb einer fami-
lia Dei, entsprechend der Verheißung Jes 43,5f.
Ein aus Mt 8,11f und Lk 13,28f rekonstruierbares Jesuslogion aus der Spruchquelle

> Viele werden kommen
> vom Sonnenaufgang und Sonnenuntergang,
> vom Norden und vom Süden
> und werden zu Tische sitzen
> mit Abraham und Isaak und Jakob (!)
> im Reiche Gottes

bezieht Jes 43,5-7 auf das Eintreten der Fernen in die
familiäre Gemeinschaft eines eschatologischen Gottesvolks, das in den Vätern Israels seinen 'harten Kern' und
seine Repräsentation hat[1]. Meist übersehen wird, daß
das Zu-Tische-Sitzen auf den Erlebensbereich des Hauses
verweist. Das Kommen der Vielen ist also ein Heimkommen
ins 'Vaterhaus', wie von Jes 43,5f ja angedeutet.
Auch im markinischen Bericht von der Konstituierung des
Zwölferkreises (3,13-19) gilt es den familiären Aspekt
zu beachten. "Damit sie mit ihm seien" (vgl. 14,18), so
beschreibt Markus das primäre Ziel der Schaffung des
Zwölferkreises. Jesus hat demzufolge eine enge personale
Gemeinschaft mit einigen Ausgewählten gesucht: Hausge-
meinschaft und Weggenossenschaft; die erste Bedeutung
wird unterstützt durch Lk 22,30: Jesus gibt den Zwölfen
nicht nur die Verheißung, daß sie auf Thronen sitzen werden, sondern auch die, daß sie in der Basileia an seinem
Tisch essen und trinken werden. Die zweite ergibt sich
aus den konkreten Anlässen Mk 5,37; 9,2; 14,33: Jesus
wünscht in Stunden höchsten Glückes und Gottesnähe ebenso
wie in den Tiefen kreatürlicher Angst die Wegbegleitung
Intim-Vertrauter. (Mit-einem-Sein ist die atl. Formel
der Wegbegleitung.)
Wenn der erste Sinn des Zwölferkreises, der durch seine
Zahl in jedem Fall auf die Jakobskinder verweist[2], die

---

1) Vgl. den Nachweis, daß primär nicht Ps 107,3 und Jes 49,12, sondern Jes 43,5-7 hinter Mt 8,11f/Lk 13,28f steht, in W.Grimm,
   Die Verkündigung Jesu 192-196.
2) Vgl. zum Symbolwert Gen 49,28; Ex 15,27; 24,3-4; 28,21;

enge Lebensgemeinschaft ist, so hat Jesus offenbar in
den 12 Jakobsöhnen nicht nur eine heilsgeschichtlich -
genealogische Größe, die Keimzelle des späteren Zwölf-
stämmevolkes, gesehen, sondern gelebte und erlebte Familie. Gen 35,22 ist in seinem wörtlichen Sinn ernst genommen: "Jakob hatte zwölf [sc.: in Gen 35,23ff dann
namentlich noch einmal aufgeführte] Söhne", und Jesus
will nun seinerseits unter dem Symbol der Jakobsfamilie
Beziehungen von familiärer Qualität schaffen. So deutlich er sich von der eigenen Familie absetzte, so fand
er doch keine bessere und tiefere Kategorie als die der
Familie, um von ihm bejahte intensive Gemeinschaft unter
Gottes Wort zu beschreiben. (Mk 3,31-35) Dies setzt ein
letztes Wissen um die archetypische, positive Bedeutung
der Familie als immer wieder erlebbarer engster Lebensgemeinschaft voraus.
Nach der atl. Geschichtsschau ist das Zwölfstämmevolk in
langer Zeit durch genealogische Verzweigung aus der Familie Jakobs erwachsen. Auch das eschatologische Israel hat
seine Keimzelle in einer Familie: der geistlichen Familie
des von Jesus geschaffenen Zwölferkreises; ihre 'Verzweigung' im Zeitraffertempo ist in der Aussendung der Zwölf
intendiert: Indem sie als Freudenboten, Bußrufer und Wun-
dertäter das messianische Werk Jesu multiplizieren, soll in
kürzester Zeit ein ganzes Volk unter die Herrschaft Gottes "gesammelt",
das neue Israel geschaffen werden (Mk 3,14f; 6,7-13; Mt 9,35-11,1;
Lk 9,1-6; 10,1-20).[1]
Aus der Heilsgröße der 'Familie' Jesu - die Zwölf sind
durchaus zunächst Familie im Sinne von Mk 3,14b.32-35 -
soll die Heilsgröße des neuen Zwölfstämmevolks entste-
hen. Jesus hat die Zwölf als Familie und Stammväter ge-
setzt, als 'Felsen', aus denen - durch die Botensendung -
die Kinder des endzeitlichen Gottesvolks "herausgehauen"
werden sollen (= Jes 51,1-2). Dafür steht der Simon, dem
ersten der Zwölf, verliehene Ehrenname Petrus als ein
Programm. In alledem nimmt der Knecht Gottes seine erste
Aufgabe wahr, für die ihn Jahwe schon im Mutterleib bestimmt hat: "Jakob heimzuführen, Israel zu sammeln, die
Stämme Jakobs wieder aufzurichten". (Jes 49,5f)
In summa: Was das Werk Jesu, im stellvertretenden Sühnetod sich vollendend, mit Jes 43,5-7 verbindet, ist die
unbedingt gewollte Ganzheit, die durch den Verlust auch
nur eines Gliedes der 'Herde' bzw.'Familie' versehrt
würde. Keineswegs, auch das will beachtet sein, verharrt

Num 1,44; 13; Deut 1,23; Jos 4 ; 2.Sam 2,15;
1.Kön 18,31; Esr 8,24.35.
1) Daß die Botenaussendung Jesu ein ernsthafter und nicht ganz
unrealistischer Versuch ist, ganz Israel für Gottes Herrschaft
zu sammeln, zeigt eine Episode aus dem 2.Chronikbuch, Kap. 30,
6-13.

es in der Rückwärtswendung: Vergangenheit zu bewältigen und einen früheren Zustand wiederherzustellen. Insofern ja Basileia tou Theou die 'Zielvorstellung' Jesu ist, eignet seinem messianischen Werk 'Zielstrebigkeit' und Zukunftsgerichtetheit.

Die nachösterliche Christusverkündigung entschränkt die Verheißung von Jes 43,5f vollends, dehnt die Heilszusage, vielleicht die Aufgabe des Gottesknechts Jes 42,6; 49,6, aber wohl auch 43,7 ("alle") mitbedenkend, auf die Völkerwelt, die Gesamtheit der Menschen aus. Die$_3$universal gemeinten "Vielen"[1], "alle"[2] und "die Welt"[3], mit welchen Termini in allen ntl. Schriften klargestellt wird, wem das stellvertretende Sterben Jesu zugute kommt, ergeben das geschlossene Bild einer Jes 43,5-7 entfaltenden Christusverkündigung.

Vielleicht darf man sagen, daß die in Jes 43,1-7 aufbrechende Erkenntnis in Röm 8 zu ihrem Ziel kommt. Denn in diesem den ersten Teil des Römerbriefes beschließenden Kapitel hat Paulus das eschatologische Rettungshandeln Gottes in Christus in ständigem Bezug zu Jes 43,1-7 entfaltet.
Die Hingabe Christi, des 'ältesten Bruders' (Röm 8,29), in den stellvertretenden Tod (Röm 8,3.32.34 = Jes 43,4) gründet in der Liebe Gottes (Röm 8,35.37.39 = Jes 43,4). Sie wirkt Leben-in-Freiheit der Kinder Gottes (Röm 8,21=Jes 43,4), begründet die Hoffnung auf die "Erlösung" des Leibes ($\dot{\alpha}\pi o\lambda\dot{\upsilon}\tau\rho\omega\beta\iota\varsigma$ Röm 8,23 = Jes 43,1). Die Kindschaft, den Gläubigen schon zugesprochen (Röm 8,15-17 = Jes 43,1) und in ihrem Gebetsruf "Abba" vorläufig realisiert, harrt noch einer universalen Vollendung und Offenbarung (Röm 8,19.21.23; vgl. Jes 43,5-7). Ähnlich haben, die in Christo sind, die Heilsgabe der Doxa (Röm 8,17f.21.30; vgl. Jes 43,4 בָּרָאתִיו]) schon empfangen, aber in letzter Eindeutigkeit und vor aller Welt wird sie sich erst im Eschaton zeigen. In dieser Spannung zwischen Jetzt-schon und Noch-nicht hat christliche Hoffnung ihren Ort: "Denn nur auf Hoffnung hin sind wir gerettet. Eine Hoffnung

---

1) Röm 5,15.19; Mk 1o,45; 14,24
2) Joh 3,16; Röm 3,22; 5,18; 8,32; 11,32; 1.Kor 15,22.28; 2.Kor 5,14f; Kol 1,20; 1.Tim 2,1.6; Hebr 2,9
3) 2.Kor 5,19; Joh 1,29; 3,16; 1.Joh 2,2

aber, die man sehen kann, ist keine Hoffnung. Denn was
einer sieht, was braucht er das noch zu erwarten? Wenn
wir aber das erhoffen, was wir nicht sehen, dann warten
wir wirklich mit Geduld." (Röm 8,24f; vgl. das Gottes-
epitheton "der Retter" in Jes 43,3!) Das neu geschenkte
Leben wird wieder auf gefahrvolle Wege geschickt werden
(Röm 8,31ff = Jes 43,2. Den dtjes. Merismus "Feuer/Was-
ser" setzt Paulus in eine 7- bzw. 10gliedrige Gefahren-
reihe - V.35.38f - um.). Als vorrangige Gefährdung erwartet Paulus offenbar die im Endgericht erhobene Anklage
(8,33f; vgl. 8,1). Dies entspricht der aufs Endgericht
bezogenen Auslegung von Jes 43,2-4 im Judentum und in
Mk 10,45 genau. Die Gewißheit einer letzten Bewahrung
beruht in der unverbrüchlichen Liebesbeziehung (Röm 8,
35a.39 = Jes 43,1). Dehnt Paulus in 8,18f den Kreis der
'Söhne Gottes' in einem letzten Schritt auf die Kreatur
aus, so mit dem inneren Recht von Jes 43,1: Gilt Gottes
Liebe nach Jes 43,1.7 denen, die Er geschaffen hat, dann
gehören ja in der Konsequenz auch die anderen Geschöpfe
dazu.

---

1) Vgl. das Motiv von Jes 43,2 im NT noch in Mk 9,22; 1.Kor 3,15;
1.Petr 3,20.

IV DER HISTORISCHE ORT DER HEILSZUSAGE UND IHRE ÜBERZEITLICHE BEDEUTUNG

Dtjes zeichnet, wie sich 43,1-7 ohne Gewaltsamkeit entnehmen ließ, das anzusagende Heil in das (archetypische)
Bild eines Lebensganges ein; er führt vor Augen den Le-
bensweg eines Menschen in seinen wichtigen Stationen:
vom Anfang der Bewillkommnung (V.1) über die Wege mit
den Erfahrungen des Gefährdet- und Bewahrtseins (V.2)
bis hin zum Ziel des Heimkommens (V.5-7). An keiner Stelle ist das Geschöpf Gott los.
Es ist in besonderer Weise der Lebensgang Jakobs, der
durchschimmert und der gleichsam ein Muster abgibt für
den Weg, den das neugeschenkte Leben der Exulanten gehen wird.
Die Vätergeschichte wußte die kleine Jakobsippe als familia Dei; in Dtjes.s Verkündigung (besonders 43,1-7) ist
das Jakobsvolk Israel als Jahwes Familie angesprochen;
Jesus weitet in seiner Verkündigung und Lebenshingabe die
familia Dei zur Menschheitsfamilie (Mk 10,45; Joh 3,16;
11,52). In einer letzten, durch Tod und Auferstehung
Christi angestoßenen Erkenntnis öffnet sich für Paulus
die familia Dei für die Kreatur (Röm 8).

Obwohl Jes 43,1-7 weder in christologischen noch in par-
änetischen Partien des NT.s jemals zitiert wird[1], verwenden es die Kirchen bis heute in zahlreichen Agenden zu
den Sakramenten und Kasualien Taufe,Konfirmation, Trau-
ung, Bestattung und Abendmahl sowie in den Perikopenreihen,

---

1) Wo die Zeugen des Christusgeschehens es zu fassen suchen oder
   theologisch reflektieren, also in der sogenannten Soteriologie des
   NT.s, fließen wie von selbst Sprache und Inhalte von Jes 43,1-7 ein.
   Daß das Prophetenwort dabei nirgends zitiert wird, spricht eher für
   eine besonders feste Verankerung im Bewußtsein der Urchristenheit.

wohlweislich. Hier ist in vielen Generationen gesammelte Seelsorgeerfahrung bewahrt, ein erprobtes Antidepres-
sivum zur Verfügung gestellt, welches seine Wirkung tut
durch die Sprache der elementaren Beziehungen, die Tie-
fenschichten der Seele unmittelbar erreichenden Urbilder
und den Einsatz des göttlichen Ich.

Jes 43,1-7 in unsere Zeit theologisch verantwortet hinein-
zusagen, verlangt wie die meisten prophetischen Worte der
Heiligen Schrift ein möglichst genaues Orten. Insbesondere scheint es geboten, darauf zu achten, zu wem Dtjes
so und nicht anders gesprochen hat.
Die Botschaft Dtjes.s gestattet es nun in der Tat, auf
die äußere Lage und den inneren Zustand seiner Hörer rück-
zuschließen. Denn wie kein anderer Prophet ist Dtjes ein
Meister seelsorgerlicher Einfühlung, des im besten Sinne
Rücksicht-Nehmens auf die faktische Lage und Gefühlslage
der von ihm Angesprochenen.
Vielleicht bietet Jes 42,18-25, unmittelbar vorausgehend,
eine zutreffende Situationsbeschreibung der Stimmungslage der Exulanten, in die hinein 43,1-7 ergeht. Doch läßt
sich diese im entscheidenden Punkt aus Jes 43,1-7 selbst,
ohne Zuhilfenahme eines Kontextes, erschließen: Die Beziehung zum bergenden Du ist nach 43,1 zerrissen.
In der Tat: Der Davidstaat ist endgültig zerstört, ebenso
die 'feste Burg' Zion; man hat nicht nur das Land, die
Gottesgabe, die Heimat, vertraute Umgebung und wohl auch
etliche vertraute Menschen verloren; sondern mit dem Jerusalemer Heiligtum ist im Bewußtsein der Exilierten die
freundliche Nähe Gottes, der anrufbare Namen und das zu-
gewandte Angesicht, entzogen. Zusammen mit dem Ausfall
der Opfer und des durch Priester vermittelten Segens bedeutet dies Schwächung der Lebenskraft, des Ich. Und so

kommt die Zukunft als eine einzige Bedrohung auf die
Mutlosen zu (vgl. 43,2).
Und dies in einer Situation, wo sie sich nicht mehr einem Beschützenden zugehörig wissen (vgl. 43,1), in die
Vereinzelung verstoßen (43,5ff setzt die Diasporaerfah-
rung voraus), ja von Gott verdammt fühlen: Jes 43,4
spricht auf das Empfinden, vor Gott den Tod verdient zu
haben, an. Obwohl sie in einem äußeren Sinn gewiß nicht
allein sind in ihren Kolonien an den Wassern Babels (Ps
137), beherrscht sie, symptomatisch für eine Depression,
ein abgründiges Verlassenheitsgefühl. Der Seelsorger-
Prophet geht in 43,5ff und vor allem in 49,14-16; 50,1ff
und 54,1-10 in archetypischen Bildern behutsamst und doch
mit der Absicht herauszureißen darauf ein. Aus diesen und
anderen Worten zu schließen, weiß der Prophet das Heil-
werden Jakobs auf eine fundamentale, alles tragende Beziehung gegründet, die zwar durch Israel schuldhaft ver-
schüttet wurde, aber im letzten unzerstörbar bleibt. Sie
ist ja keine bedingte, von Israel verdiente Beziehung,
sondern die aus freier Gnade vor allem anderen, auch vor
der Geschichte Israels (!) geschenkte Beziehung, und so
bleibt sie im Wechsel der Geschichte, durch Irrungen und
Wirrungen und Schuld hindurch erhalten. Mit diesem letzten Sinn ruft Dtjes die Jakobsverheißung und zwischen-
menschliche Ur-Beziehungen[1] auf, um ein letztes Geborgen-
sein in einem unbedingt treuen Du zu und 'unter die Haut' zu sprechen.
Der priesterliche Prophet bietet geradezu alle ihm verfügbaren
Redefiguren einer sowohl zärtlichen als auch leidenschaftlichen Liebe auf, um die in finsteren Löchern apathisch

---

1) Vater bzw. Mutter - Kind: 43,1-7; 45,10f; 49,14-16.
   Vgl. auch die Bedeutung des 'von Mutterleib an': 44,24; 46,3f.
   Mann - Frau (+Kinder): 49,20f; 50,1; 54,1-10.

Hockenden[1] aus ihren todesnahen Depressionen herauszurufen.

Hier müssen wir nun die kollektive Depression, mit welcher
Dtjes zu ringen hat, etwas genauer bestimmen.
Eindringlich genug sind die Bilder, in denen der Prophet
sie wahrgenommen hat; und doch ist, um einer vorschnellen
Übertragung zu wehren, auch festzuhalten: Es kann sich
nur um eine reaktive Depression in der Anfangsphase gehan-
delt haben. Ob nun die Gola im noch-gesunden oder im schon
krankhaften Ausmaße depressiv lebt (wer wollte die Grenze
exakt definieren!) - sicher scheint, daß sie sich in einem
immerhin gerade noch ansprechbaren Zustand befindet, so
daß Werben um Vertrauen, Glauben, Liebe nicht bereits ohnmächtig und aussichtslos ist.

Dtjes hat offenbar Symptome der Depression genau beobach-
tet, etwa die Tatsache, daß die Exulanten den Kontakt mit
der Außenwelt, das Sehen und Hören verweigern. Sie sind
blind und taub gegenüber dem Anruf Gottes und den Zeichen
neuen Lebens, die Gott in der Geschichte setzt (zB 41,19f;
42,7.16.18-20; 43,8ff). Weitere Anzeichen der Depression
der Gola sind die Ungeborgenheit (aus 40,10f zu erschlies-
sen), das Sich-vergessen-und-verlassen-Fühlen (40,27; 49,
14; 50,1; 54,6f), Müdigkeit und Hoffnungslosigkeit (40,
29), Pessimismus (aus 52,7 zu entnehmen), Bewußtsein der
Vergänglichkeit (40,6ff; 51,6a; 54,10a) Untröstlich-Sein
(54,11), das Empfinden, Wurm zu sein (41,14), zu erlöschen
und zu zerbrechen (42,4), in Finsternis zu hocken (42,7.
16.22; 50,10; vgl. 45,7), schuldig, verdammt zu sein (44,
22), überall 'vor verschlossenen Türen zu stehen' (45,1f),
sich selbst Last zu sein (46,3).

----

1) 42,22; vgl. 42,7.

Der Prophet scheint zu sprechen mit der sicheren Intuition eines Menschen, der das Wissen der neuzeitlichen Psychiatrie vorwegnimmt, daß im Extremfall schier keine Anrede, keine Zuwendung den ins Nicht-Sein Gestoßenen noch erreicht.

F.Riemann hat in seiner plausiblen tiefenpsychologischen Studie "Grundformen der Angst", S.59-104, den depressiven Menschen-Typus präzise charakterisiert, und zwar in seiner Unterschiedenheit vom schizoiden, zwanghaften und hysterischen Menschen.
Mir scheint das außergewöhnliche Einfühlungsvermögen Deuterojesajas gerade nach der Lektüre des Riemann-Buches den Propheten selbst als eine 'depressive' Persönlichkeit mit allen Stärken (!) dieser Veranlagung auszuweisen. An Anhaltspunkten dafür fehlt es nicht. Am deutlichsten lassen 40,6ff und 50,10f überwundene Depressionen des "Knechtes Jahwes, der durch die Finsternis ging", erkennen.

Die erhebliche Zunahme schwerer Depressionen in unserem Kulturkreis hat auch mit dem Religionsverlust, mit der wachsenden Unfähigkeit, Gott im Lauf der Welt und im persönlichen Geschick wahrzunehmen, zu tun. Die Urbeziehung, in der der Mensch immer schon lebt und aus der er gar nicht fallen kann , ist dem Bewußtsein vieler entschwunden. Sie ist überlagert, ja unterdrückt von dem, was wir die materiellen Intentionen nennen können. Zu viele Konsumgüter müssen be-sorgt, zu viele überflutende Reize verarbeitet werden. Die Urbeziehung droht in den Dornen der Sorgen der Welt (Mk 4,18f) zu ersticken.

Wenn man die Grundangst des saekularen Menschen als Verlustangst zu begreifen hat, nämlich als die unbewußte
Angst, Gott als das haltende, Schutz und Trost gewährende Du aus dem Ge-Wissen zu verlieren, dann zeigt sich
das "Fürchte dich nicht - ich habe dich bei deinem Namen
gerufen - du bist mein - ich bin bei dir" als ein ele-
mentares Gegen-Wort mit dem Sinn, den Menschen in der
Beziehung zu Gott zu halten, aus der er zu fallen droht,
und ihn an seine einzigartige Wichtigkeit in Gottes Augen zu erinnern. (In der biblischen Sprache bedeutet
der Name, wie gesehen, die unverwechselbare, liebens-
werte und letztlich unverletzliche Person.)

Diese Unverletzlichkeit ist am stärksten durch die Tatsache Tod infragegestellt. Bezeichnenderweise kleiden
die Propheten den Zuspruch, daß Gott einen Menschen im
Tod nicht der Vernichtung und dem Vergessen anheimgibt,
in die Metapher vom Buch im Himmel, in das die "Namen"
eingeschrieben sind (Dan 12,1; Lk 10,20b; Apk 3,5).

E.Wiesenhütter hat das Sterben als eine letztmögliche
Übersteigerung der Vereinzelung, ein Zu-Tode-Betrübt-
und-Verstoßensein erfahren und in der Reflexion mit
dem christlichen Symbol des "Niedergefahren zur Hölle"
in Verbindung gebracht.
Wenn Sterben im Innersten absolute Vereinsamung und
Sturz in Beziehungslosigkeit ist, so kommt Jes 43,
1-7 hohe Kompetenz in den verschiedenen Todesängsten
und Todeskrisen, Sterbevorgängen und in den Depressionen als den Vorschatten des Todes zu.

Dtjes verweist mit seinen Worten an die schwermütig gewordenen Exulanten die mit (reaktiven) Depressionen
Ringenden in die tiefste Dimension, die religiöse, als
den Wurzelgrund möglichen Genesens.
Damit zeigt er den Weg einer alternativen Therapie an.

Längst ist erkannt, daß Psychopharmaka nur in begrenz-
tem Umfang Symptome mildern können, daß durchgreifend
am ehesten personale Zuwendung den Depressiven heilen

könnte, die Liebe mit Augenmaß, die ihn im zähen Ringen seiner Hölle entwindet.
Wie könnte die elementare Zuwendung des <u>göttlichen</u> Du
erfahrbar werden?
Ein Weg, an den Ort zu kommen, wo ich ihr 'aus-gesetzt'
bin, ist das Hören und Meditieren der Worte Deuterojesajas. Freilich: Ob mich ein Wort des Propheten dann
auch 'trifft', das ist nicht vorab sicherzustellen,
sondern muß sich erweisen im Kommunizieren meiner Lebenssituation, Gemütsverfassung, Gefühle mit diesem
Wort.

Freilich hören wir gegen das einfühlsamste der einfühl-
samen Worte der Schrift den umso hartnäckigeren Verdacht
gerichtet: Menschenangst schafft sich ein besänftigendes
Gotteswort. In ihrem Roman "Ich bin Tobias" läßt Luise
Rinser den Titelhelden sagen: "So sehr haben wir Angst
vor dem Ungekanntsein, daß wir als Gegengewicht den Tod
eines Gottes brauchen, der uns bestätigt, daß wir von
unendlichem Wert sind."[2] Tobias begreift also den christlichen Gott als Projektion menschlicher Sehnsüchte. Konsequent erscheint dann von einem solchen Standpunkt die Forderung nach intellektuell-redlicher Ent-täuschung: "Der
Mensch muß endlich aus dem tausendjährigen Traum erwachen
und seine totale Verlassenheit, seine radikale Fremdheit
erkennen. Er weiß nun, daß er seinen Platz wie ein Zigeu-
ner am Rande des Universums hat, das für seine Musik taub
ist und gleichgültig gegen seine Hoffnungen, Leiden oder
Verbrechen." (Monod)
Man lese nun dagegen Jes 43,1-7 mit den Augen Jesu. Er
erkannte in diesem Prophetenwort die freie Zuwendung und
Zusage des Gottes Israels und in dem unbestimmten

"Menschen" von V.4 den ganz bestimmten Menschensohn, den
Menschen, der Gott-Vater repräsentiert, wie er sich um Israel und die Vielen buchstäblich zu Tode liebt (Mk 10,45).
Das NT sieht Ursache und Wirkung in umgekehrter Folge des
intellektuellen Tobias-Verdachts: "So sehr hat Gott die
Welt geliebt, daß..." (Joh 3,16)
Die Botenspruchformel des Prophetenworts (43,1) und die
mit dem eigenen Leben (und Sterben) gedeckte Auslegung
des messianischen Menschen behaupten: Nicht Menschenangst
schafft sich ein besänftigendes Gotteswort, sondern schöp-
ferisches Gotteswort wirkt Selbstwertgefühl und Zuversicht.

D   JES 44,1-5

I   DIE TEXTGESTALT

1a Jetzt aber: Höre, Jakob, mein Knecht,
 b und Israel, das ich erwählt:
2a So spricht Jahwe,
        der dich gemacht hat
        und dich geformt vom Mutterleib an –
            er hilft dir:

 b   Fürchte dich nicht, mein Knecht Jakob,
                Jeschurun, den ich erwählt:

3a   Schau, ich gieße Wasser auf das Durstige
 b   und Rieselfluten auf das Trockene.
 c   Ich gieße meinen Geist auf deinen Samen
 d   und meinen Segen auf deine Sprößlinge.

4a   Und sie werden sproßen ^{a}wie zwischen Wassern^a das Gras,
 b   wie Weidenbäume an Wasserbächen.
5a   Der eine wird sagen: Jahwe gehöre ich,
 b   und der andere ^{b}läßt sich rufen ^{b} mit Jakobs Namen.
 c   Wieder ein anderer schreibt in seine Hand: Jahwe eigen –
 d   der Name 'Israel' gereicht einem zur Ehre! ^{c}

Anmerkungen zur Textüberlieferung:

a) Lies mit Westermann und Elliger כְּבִין מִים.

b) Lies יִקָּרֵא (niph tolerativ); siehe BHS.

c) Nichts zwingt, den Konsonantenbestand von MT zu ändern. Nur empfiehlt es sich, יְכֻנּוּ - auf der Grundlage von Targum, Syrer und Vulgata - als pu (passivreflexiv) zu punktieren.

Liest man das Stück als Nachahmung eines
priesterlichen Heilsorakels, so wird man mit C.Wester-
mann die perfektische bzw. nominale Begründung vermis-
sen und in den gehäuften Appositionen von V.1f leidlich
ersetzt sehen.

Doch löst man damit ein Scheinproblem, gebietet doch
die auffällige formale und inhaltliche Nähe zu einigen
Väterverheißungen zwingend, mit diesen zu vergleichen:

> Ich bin der Gott deines Vaters Abraham.
> Fürchte dich nicht,
> denn ich bin mit dir.
> Ich segne dich
> und mache deine Nachkommen zahlreich
> wegen meines Knechts Abraham.   - Gen 26,24[1]

E.W.Conrad 143ff sieht folgende (variable) Strukturele-
mente im "Patriarchenorakel":
assurance "Fürchte dich nicht";
address (zB Abraham, Jakob);
self-identification of the Deity (zB: "Ich bin der Gott
    Abrahams, deines Vaters"[2]);
basis of assurance (zB "denn ich bin mit dir");
promise (zB "denn ich will dich zu einem großen Volk
    machen").
Dazu können ein Objekt der Furcht (zB Gen 46,3) oder
auch eine Weisung kommen (zB Gen 21,18). Was das Patriarchenorakel formal vom Kriegsorakel unterscheidet, ist
die Verheißung: "In the War Oracles the recipient of the
oracle is assured of a favorable result in a battle in
which he will have an active role as the servant of

---

1) Vgl. 12,2f; 13,14-17; 15,1.4f: 17,16; 21,18; 22,17f; 28,13(LXX)-
   15; 32,13; 46,3.

2) "Ich bin dein Schild" Gen 15,1 gehört - gegen E.W.Conrad 143 -
   nicht zur Selbstidentifikation, sondern ist Inhalt der Zusage.

Yahweh. However, in the Patriarchal Oracles the recipient of the oracle assumes a more passive role,
and the promise of Yahweh's future activity in behalf
of his servant is stressed." (E.W.Conrad 145)
Es bereitet von daher keine Mühe, Jes 44,1-5 hinsichtlich seiner Form als "Patriarchenorakel" zu identifizieren. Näherhin handelt es sich um eine freie, in ein
starkes Bild gekleidete Wiederaufnahme der alten an
Abraham und Jakob ergangenen Mehrungsverheißungen.

Der Aufbau des Stückes Jes 44,1-5 stellt sich mir wie
folgt dar:
V.1-2a: Einleitung
V.2b: Anruf (Du)
V.3:   Jahwes Segnen (Ich)
V.4-5: Wachsen und Gedeihen der Israeliten (Sie).
Dabei schlägt V.5, insofern er abschließend eine inten-
sive Beziehung zwischen Jahwe und Israel verheißt, den
Bogen zurück zu V.2b.
Der Umfang der drei Teile wächst vom einen zum andern
jeweils deutlich an; der Prophetenspruch mündet in eine
breite Segensschilderung.

Stilistisch fällt ein von V.2b bis 5d streng durchgehaltener synonymer Parallelismus membrorum auf, worin die
Sprache den angekündigten stetig und gleichmäßig flies-
senden Segen nachahmt.
Ein Chiasmus (Wasser / Gras // Weidenbäume / Wasser-
bäche) prägt das Bild von V.4.
V.3, eigentlich ein kleines Gleichnis, in dem Bild
(a-b) und Sache (c-d) asyndetisch nebeneinanderstehen,
besticht durch konsequente Entsprechungen: Grundgerüst

aller vier Halbstichen ist, ausgesprochen oder mit-
zudenken, der Satz " Ich [Jahwe] gieße...". Die Sachhälfte besteht ebenso wie die Bildhälfte aus zwei streng
synonymen Satzgliedern, aber auch als ganze entspricht
die Sachhälfte Punkt für Punkt der Bildhälfte.
Man beachte noch, wie der vierte und letzte Halbstichus
des letzten Verses drei Willenskundgebungen verschieden-
ner Subjekte durch eine objektive Aussage zusammenfas-
send beschließt.

II AUSLEGUNG

1. V.1-2a (Einleitung)

Auf den folgenden Gottesspruch weisen gleich zwei autoritative Rufe hin: der Weckruf, auch sonst in der Prophetie belegt[1] und an das Sch^{e}ma^c Israel (Deut 6,4) erinnernd,
und die Botenspruchformel[2].
Der Sinngehalt der Appositionen "mein Knecht"; "den ich
erwählt" (V.1) ist in der Auslegung von Jes 41,8, wo sie
in gleicher Folge vorkommen, dargestellt; zu den Schöpfungsaussagen V.2a und ihrer Bedeutung siehe die Ausführungen zu Jes 43,1.7.
Das Proprium der Autorität heischenden Einleitung des
Fürchte-dich-nicht-Wortes steckt in der Näherbestimmung
des Erschaffenseins Israels "von Mutterleib an" (V.2a).
Diese von Dtjes gern gebrauchte Wendung[3] hat hier die
Funktion der Aufgipfelung der Beziehungsaussagen von V.
1-2a. Als Knecht ist Israel an Jahwe gebunden, als Er-
wählter von Jahwe ausschließlich geliebt, und mit Israel
als seinem Geschöpf wird Jahwe nie ganz brechen können.
Und nun läßt Dtjes diese an sich schon bruchfeste Beziehung in frühestmöglicher Zeit beginnen: "im Mutterleib",
am allerersten Anfang seines Lebens (vgl. Ps 139). Daß
die Aussage diesen Sinn hat, läßt sich m.E. Jes 46,3f
in aller wünschenswerten Deutlichkeit entnehmen: Danach

---

1) Vgl. zum 'Lehreröffnungsruf' Jes 1,2.10; 32,9; Mi 1,2; Jer 13,15;
   Joel 1,2; Hos 5,1 und H.W.Wolff, BKAT XIV 1, S.122f.
2) Siehe dazu S.71 zu Jes 43,1-7.
3) Vgl. 44,24; 46,3; 48,8; 49,1.5.15 und Ps 139,13; Hi 31,15.

wird Israel von Jahwe getragen vom Mutterleib an bis
ins äußerste Greisenalter. Zwei Opposita umreißen hier
die ganze Spanne eines Menschenlebens.
Daß Jahwe helfen[1] wird, ergibt sich zwangsläufig aus der
intensiven, in die Urgründe Israels reichenden Beziehung.

Die literarkritische Operation Elligers, der in V.1 ebenso wie in V.5 die Hand eines Redaktors am Werke sieht,
überzeugt nicht. Zwar wirkt V.1 auf den ersten Blick wie
eine ungeschickte Verdoppelung von V.2b und kommt die
Jahwerede an dieser Stelle - vor dem Botenspruch - zu
früh. Aber soviel stilistische Ungenauigkeit wird man
selbst einem Deuterojesaja zugestehen müssen.

---

1) Vgl. dazu die Ausführungen zu 41,10.14.

2. V.2b (Anruf)

Israel _ist_ Knecht, _ist_ erwählt (V.1), aber die Schwer-
mütigen müssen es immer wieder _gesagt_ bekommen, um es zu
realisieren!
Die besondere Note erhält der Anruf zweifellos durch
das "Jeschurun", im AT noch in Deut 32,15; 33,5.26 als
Bezeichnung für Israel belegt. Im allgemeinen sieht man
in "Jeschurun" einen "poetischen Ehrennamen für Israel...,
den nicht erst Dtjes gebildet hat" (Elliger 389). M.E.
kann die Bezeichnung mit W.Bacher (ZAW 5, 1885, 161-163)
von der Wurzel "jšr" abgeleitet werden und hat mindestens
bei Dtjes einen warmherzig-ironischen Klang[1]: Jakob , der
hinterlistige "Überlister" (Gen 25,26; 27,36) - und das
"von Mutterleibe an" (Hos 12,4) -, wird liebevoll-spöt-
tisch als 'Gerader', 'Redlicher' tituliert. Ernst kann
das nach 43,27 nicht gut gemeint sein. In diesem unmittelbar vorausgehenden Stück führt der Prophet ja beredte
Klage, daß schon der Urahn Israels - doch wohl durch
seinen Betrug - gesündigt habe.

---

1) Elliger z.St. spricht von einem 'Euphemismus'.

3. V.3 (Jahwes Segnen)

Die Jakobskinder fürchten die Verkümmerung und Austrock-
nung ihres Lebens, welches sie nicht anders leben können
denn als Glied im Volkskörper.
Dagegen kündigt Dtjes ein segnendes Handeln Jahwes an.
Didaktisch und seelsorgerlich geschickt, meidet er den
plumpen Zuspruch. Bevor er zur 'Sache' kommt, malt er ein
Bild: Wasser, das auf trockenes Land fließt, ergiebiger
Regen, der wunderbares Wachstum bewirkt (V.3a-b). Direkt
daneben, aber ohne pedantische Setzung einer Vergleichs-
partikel, sagt er in einem exakt gleich gebauten Stichus,
in eher theologischer Sprache, worauf er hinaus will (V.
3c-d): "daß das scheinbar dem Untergang verfallene Volk
des Exils durch den Segen seines Gottes zu neuem gedeih-
lichen Wachstum erblühen wird" (Elliger 390). Die beiden
fast gleichbedeutenden Objekte des göttlichen Ausgießens,
der "Geist" und der "Segen", bezeichnen je einen
Aspekt des Wachstumswunders. Der "Geist" symboli-
siert den Schöpferakt: Aus dem Nichts und niemandem
einsichtig wie schafft Er Leben[1]. Im "Segen" ist
die nachher, in V.4, geschilderte Fruchtbarkeit
und physische Vitalität[2] vorweg auf den Begriff gebracht.

Diese Synonymie von 'Geist' und 'Segen' verbietet es,
einen eschatologisch-spirituellen Sinn der Geistausgießung (vgl. Ez 11,19; 36,26f; 39,29; Sach 12,10)
in Jes 44,3 einzutragen.

---

1) Vgl. Gen 2,7; Ps 104,30; Jes 32,15; Ez 37,9f.14.
2) Das Paar צֶאֱצָאִים /צֶאֱצָ findet sich ausschließlich in Jes
   (44,3; 48,19; 61,9; 65,23) und Hiob (5,25; 21,8; 31,8).

145

4. V.4-5 (Der Segen)

Die Auswirkung des Segnens Jahwes wird nun von der Seite
der 'Aufsprießenden' her geschildert - konsequent im schönen Bild von V.3.
Der Guß des Segens wird sich in einem üppigen Wachstum
auswirken; diesem eignen 3 Momente.
1. die Mehrung. Aus der fast erstorbenen Exilsgeneration
wird durch ungeahnten Leibessegen ein zahlreiches lebens-
fähiges Volk werden.
In unserer modernen Welt, die im Westen mit den Folgen
des Raubbaus an der Schöpfung und global mit einer Bevöl-
kerungsexplosion und allen damit zusammenhängenden Ressour-
cenknappheiten konfrontiert ist, fällt es nicht leicht,
sich vorzustellen, wie Israel damals unter der geringen
Bevölkerungszahl litt, wie sich diese geradezu als der
nationale Notstand darstellte. Wie sehr aber insbesondere
die Entvölkerung in und nach den Kriegsjahren 598-587 v.
Chr. so empfunden wurde, belegen zahlreiche Prophetenworte (Jes 51,2; 54,1-3; 60,22; Neh 11,1-2; vgl. Ex 1,9ff;
Num 23,10; Kl 1,1-4). Man wird folgendes bedenken müssen:
Ein zahlreiches Volk bedeutete in der Antike Wehrfähig-
keit gegenüber aggressiven Feindvölkern, eine vielköpfige
Familie Arbeitskräfte und gesicherte Altersversorgung;
außerdem überlebte man seinen Tod, so wußte man es damals,
nur in den eigenen Kindern.
Wenn wir es so sehen, können wir den in Jes 44,1-5 ange-
deuteten Durst, das schiere Verschmachten nachfühlen: In
der Sehnsucht nach Nachkommenschaft äußert sich nicht weniger als Verlangen nach Leben überhaupt.
2. Schon aus diesem Grunde entfacht das Fürchte-dich-
nicht-Wort Jes 44,1-5 nicht allein Hoffnung auf eine

größere Quantität der Bewohner des Landes. Dtjes lenkt
darüber hinaus die Hoffnung auf eine so von den Väterverheißungen noch nicht betonte qualitative Vitalität.
Dieses leistet der Vergleich mit den "Weidenbäumen an
Wasserbächen". Er läßt ja sogleich an ein Leben in Fülle,
jedes Einzelnen, denken, bringt doch der an Wasserbächen
gepflanzte Baum seine Frucht; seine Blätter welken nicht,
und so ist er Symbol gelingenden Lebens (Ps 1,3f). "Gesegnet der Mann, der sich auf Jahwe verläßt...Er ist wie
ein Baum, der am Wasser gepflanzt ist und am Bach seine
Wurzeln ausstreckt: Er hat nichts zu fürchten, wenn Hitze
kommt; seine Blätter bleiben grün; auch in trockenen Jahren ist er ohne Sorge; unablässig bringt er seine Früchte." (Jer 17,7f)[1]

3. Durch V.5 - wenn er organischer Bestandteil des Stückes
und nicht durch einen Glossator zugefügt worden ist (siehe dazu unten) - kommt noch ein Drittes hinzu: Die Israeliten der Zukunft werden sich - in wiedererwachter Begeisterung - aufs neue an Jahwe binden. Schwerer kollekti-
ver Zweifel, ob Jahwe denn nach allem Geschehenen noch als
der Schöpfer aller Welt und Herr der Geschichte geglaubt
werden kann, macht etwas ganz anderem Platz: einem geistlichen Klima, in dem viele ein glühendes Bekenntnis zu
Jahwe ablegen (V.5a). Jetzt endlich hält es ein Israelit
wieder für ehrenvoll, zu Jahwe und seinem Volk zu gehören
(V.5b.d)[2] jetzt manifestiert man das gerne, indem man es

---

1) Vgl. auch die eschatologischen Hoffnungen von Ez 47,7ff; Sach
   14,8.
2) Dtjes bekundet, "daß eine Hinwendung zu dem Gott Israels gleichzeitig eine Hinwendung zu Israel ist. Man kann den Gott Israels
   nur als seinen Herrn bekennen, wenn man sich in den Kreis derer
   stellt, die diesem Gott dienen." (Westermann 112)

in seine Hand zeichnet. (ähnlich wurde in der Antike dem
Sklaven der Namen seines Herrn in die Hand eingeritzt;
vgl. Westermann 112); jetzt 'verschreibt' man sich wieder
mit Haut und Haar Jahwe (V.5c).

So verheißt der Prophet das Gedeihen des Volkes im quanti-
tativen Sinn, im qualitativen Sinn von Vitalität der einzelnen Glieder und im geistlichen Sinn einer Erweckung der
eingeschlafenen Begeisterung für Jahwe, den Gott Israels
und Herrn der Geschichte.[1]

"Hier liegt der Durchbruch zu einem neuen Verständnis des
Gottesvolkes als der sich zu Jahwe bekennenden Gemeinde...
Mit diesen Versen ist das Bekenntnis zu Israels Gott be-
schrieben, das auf persönlicher Entscheidung beruht."
(Westermann 112)

Die meisten Ausleger sehen in den in V.5 als einzelne he-
raustretenden Personen nicht etwa Israeliten, die von einer neuen Begeisterung für Jahwe erfüllt sind, sondern
'Proselyten': Fremde, die nicht schon von Geburt Israeliten sind, sondern sich durch eine Übertrittserklärung,
ein demonstratives Bekenntnis Israel anschließen (vgl.
Jes 56,3ff).
In einer ausführlichen Erörterung begründet Elliger
391-94 diese Position v.a. mit der Bedeutung des Vb. כנה [2]
V.5d. Es geht nach Elliger nicht darum, daß sie sich
endlich zu dem bekennen, was sie der Abstammung nach ohne-
hin sind, sondern um einen zusätzlich zum normalen Namen
empfangenen Ehrennamen und somit um einen erst erworbenen
Status, um eine 'geistliche Bruderschaft' zwischen Israel
und vereinzelt aus den Völkern Dazukommenden. V.5 muß
dann, so Elliger, sekundäre Zufügung sein, denn Dtjes.s
Hoffnung geht weit darüber hinaus (45,14.22-24).
Aber müßte man, wären hier tatsächlich schon Proselyten
gemeint, nicht eine deutlichere Anspielung auf die Be-
schneidung erwarten? Gab es am Anfang der Geschichte der
Proselyten einen an der Hand eines Übertrittswilligen
vollzogenen Tätowierungsritus? Widerraten die wenigen

---

1) Vgl. dazu auch Jes 32,15fff; Joel 3,1ff. In beiden Prophetenwor-
   ten bewirkt die Geistausgießung auch 'geistliches' Leben, nämlich:
   Recht, Gerechtigkeit und Frieden (Jes 32,15ff) bzw. Prophetie und
   Bekenntnis (Joel 3,1ff).
2) Es kommt im hebr. AT noch in Jes 45,4 und Hi 32,21f vor, außerdem 3mal in Sir.

148

atl. Belegstellen (Ez 9,4-6; Gen 4,15; Ex 13,9.16), die
von Tätowierungen handeln,nicht eher der Annahme von Elliger? Sie alle meinen Tätowierungen an gebürtigen Israeliten bzw. Jahwegläubigen.
Neuerdings erklärt Lipinski (ThWAT V 710-12) die Tätowie-
rung Jes 44,5 "Jahwe gehörend" als einen Vorgang im Rahmen
der Institution der Tempelsklaven ("n^etinīm" Esr 2,43.58;
Neh 7,46.60 u.a.), das ist die unterste Personalgruppe
des Heiligtums. Kyros oder in Babylon etablierte Juden
hätten diese - meist nichtisraelitischen - "n^etinīm", re-
krutiert aus Kriegsgefangenen oder Kindern von zahlungs-
unfähigen Schuldnern, als Weihegeschenk für den Jerusalemer Tempel mitgegeben. Mehr und mehr dieser Tempelsklaven
hätten sich am Ende des Exils freiwillig der Jahwereligion
angeschlossen.

III JES 44,1-5 IM NEUEN TESTAMENT

1. Eine erste Linie führt von dem in Jes 44,3 (und 55,1ff) angesprochenen 'Durst nach Leben' ins Johannesevangelium, zur Frage nach dem wahren Lebenswasser (Kap.4; vgl. Apk 22,1f.17) und zum Wort, das Jesu Sendung beschreibt: "Ich bin gekommen, daß sie das Leben haben, und zwar die Fülle haben." (Joh 10,10b)

Die Angst um das Lebenswasser ist in der Bibel geheiligt, solange sie sich nicht aus der Beziehung isoliert, wo sie Sorge um das Ganze einer Familie, einer Gemeinde, eines Volkes, der Schöpfung bleibt und wo sie in allen Lebensvollzügen immer auch nach Gottesnähe und Gotteserfahrung dürstet (vgl. Ps 43; Mt 6,33). Man kann es mit einem gewöhnlichen Trinkvorgang vergleichen: Verlange ich nach einer Tasse Kaffee, dann nicht nur, um meinem Körper Flüssigkeit als solche zuzuführen, sondern um im selben einen ganz bestimmten Geschmack im Gaumen zu erleben.

Die Angst um das Lebenswasser, die nur noch sich selbst meint, verschiebt sich ins Krankhafte und nimmt hysterische Züge an. Der hysterische Mensch fürchtet vor allem eines: daß er zu kurz kommt, daß er Leben verpaßt, daß das Gelebte schon alles gewesen sein könnte. Er sehnt sich "nach des Lebens Bächen", nach "des Lebens Quelle hin" und "taumelt" dabei "von Begierde zu Genuß" und "verschmachtet im Genuß nach Begierde" (Faust).

Dem Durstigen wird ein Wasser angeboten, das seinen Durst so stillt, daß ihn nimmermehr dürstet. Die Frau von Sychar, die von Mann zu Mann gehastet war, um - vergeblich - erfülltes Leben zu erreichen, könnte in dem, was Christus bringt, die Ruhe ihres Lebens finden: "Wer von dem Wasser trinkt, das ich ihm geben kann, den wird in Ewigkeit nicht dürsten; vielmehr wird das Wasser, das ich ihm geben kann, in ihm zu einer sprudelnden Wasserquelle bis in das ewige Leben werden." (Joh 4,14; vgl. Apk 22,1f.17)

2. Mit wortstatistischen Mitteln ist ein Nachweis, daß Jesus die Verheißung von Jes 44,1-5 aufgegriffen habe, nicht möglich.
Doch werde ich den Gedanken nicht los, Jesus könnte die Verheißung von Jes 43,1-7 mit dem komplementär ergänzenden 44,1-5 zusammengeschaut und von 44,5 her gedeutet haben.
Wir sahen schon, daß Mt 8,11fpar. Lk 13,28f bzw. das daraus mit einiger Wahrscheinlichkeit zu rekonstruierende Jesuslogion[1]

> Viele werden kommen
> vom Sonnenaufgang und vom Sonnenuntergang,
> vom Norden und vom Süden
> und werden zu Tische sitzen
> mit Abraham und Isaak und Jakob
> im Reiche Gottes

die Verheißung von Jes 43,5-7 in z.T. wörtlicher Anlehnung aufnimmt und im Rahmen einer jetzt eschatologischen Heilsweissagung noch verstärkt; dabei wird aber Jes 43, 5-7 uminterpretiert, insofern die von den vier Himmelsrichtungen Kommenden bei Dtjes eindeutig Jakobskinder waren, im Jesuswort aber wohl doch in großer Zahl hinzuströmende Heiden.
Was rechtfertigt eine solche Öffnung von Jes 43,5-7?
Ich vermute: die Zusammenschau mit Jes 44,1-5 und die Rückbindung dieser beiden familia-Dei-Worte an Gen 28,14

---

1) Die Heimkehr der Jakobskinder 60

und 12,2f:

> Ich will dich (Abraham) zu einem großen Volk machen
> und will dich segnen und deinen Namen groß machen,
> und du sollst ein Segen sein.
> Und ich will die segnen, die dich segnen,
> und wer dich verwünscht, den will ich verfluchen.
> Und in dir sollen sich segnen alle Geschlechter des Erdbodens.

Diese Verheißung, Prolog der Vätergeschichte, nimmt bereits die Völker und ihr Heil mit in den Blick. Indem nun Jesus "viele" Menschen aus den Völkern (=ihre Gesamtzahl?) erwartet, bekräftigt er die alte Mehrungsverheißung (Gen 12,2f; Jes 44,1ff)[1]. Dabei fällt auf, daß in der eschatologischen Symbolik von Mt 8,11f/ Lk 13,28f die oben dargestellte klimaktische Struktur von Jes 44,1-5 (Mehrung der Zahl , Lebensqualität des Einzelnen , bewußter Anschluß an die familia Dei) wiederkehrt:

Viele...	(Quantität)
werden zu Tische sitzen	(Qualität)
mit Abraham, Isaak und Jakob	
im Reiche Gottes	(Eintritt in familia Dei).

Das aus Mt 8,11f/ Lk 13,28f rekonstruierbare Jesuswort erweist sich von daher als eine eschatologische Bekräftigung der Väterverheißungen Gen 12,2-3; 28,13-15 in ihren beiden Aspekten Landgabe und Mehrung, die Dtjes in 43,1-7 und 44,1-5 in zwei Fürchte-dich-nicht-Worten getrennt, wenn auch offensichtlich korrelativ, zur Sprache gebracht hatte.

Wir sind es gewohnt, Jesus Christus als die entscheidende Tat Gottes zu unserer Rettung zu denken. Christologie ist traditionell immer auch Soteriologie.

---

1) Vgl. auch die Aufnahme des Problems in der Predigt des Täufers: "Fangt nicht an zu sagen: Wir haben ja Abraham zum Vater! Denn ich sage euch: Aus diesen Steinen kann Gott dem Abraham Kinder erwecken." (Lk 3,8b)

C.Westermann hat uns nun gelehrt, zwei Weisen des Handelns Jahwes an Israel wahrzunehmen: sein rettendes und
- genauso wichtig - sein segnendes. Auch im NT sei das
segnende Wirken Gottes vielfach bezeugt: "Die Evangelien erzählen von Jesus, der die ihm Begegnenden in ihrem natürlichen Leben förderte, der unter ihnen wirkte
als Heilender, Leben Bewahrender und Weisender. Ein
großer Teil der Worte und Taten Jesu gehören in den Zusammenhang seines segnenden Wirkens. Besonders deutlich
ist das bei den Gleichnissen, die vom Kommen der Königsherrschaft Gottes in der Weise des Wachsens und Reifens,
in den Bildern der Vegetation sprechen." (Westermann,
Theologie 195)
Wir können diese Beobachtungen ergänzen: Jesu Lebenshingabe hat auch den Aspekt einer ungeheuren Ausweitung des
Segenshandelns Gottes. Sein stellvertretendes Leiden und
Sterben aus der Liebe zum Vater und zu den vielen Brüdern und Schwestern 'fruchtet': Viele strömen, dem Ver-
heißungswort Mt 8,11 entsprechend, hinzu; das eschatologische Heil vollendet sich in der wahrhaft gesegneten
Mahlzeit (Mk 8,11; Mk 14,25; vgl. Joh 12,24).

3. Der Apostel Paulus hat die christliche
Existenz zwischen Pfingsten und der Vollendung als eine im Sinne von Jes 44,1-5 gesegnete beschrieben:

> Was aber die Pneumatiker betrifft, Brüder, so will ich euch
> darüber nicht in Unkenntnis lassen. Ihr wißt, daß ihr, als
> ihr Heiden wart, zu den stummen Götzen gleichsam hinwegge-
> rissen wurdet. Deshalb lasse ich euch wissen, daß niemand,
> der im Geist Gottes spricht, sagt: Verflucht ist Jesus!
> und daß niemand sagen kann: Herr ist Jesus! außer im Heili-
> gen Geist.   -   1.Kor 12,1-3

Es besteht ein zwingender Zusammenhang zwischen dem Segen des Pfingstgeistes und dem Glauben-und-bekennen-Kön-
nen: 'Herr ist Jesus'. Dem ausgegossenen Segen und Geist,

predigte Dtjes, wird es verdankt sein, wenn viele mit
Entschiedenheit sagen werden: "Ich gehöre zu Jahwe".
Nicht anders lehrt Paulus: Der Glaube an Christus und
das Bekenntnis sind niemals Eigen-Leistungen eines
freien menschlichen Wollens oder Besser-Wissens, sondern
Wirkung eines göttlichen Segnens, das sich in der Gabe
des Heiligen Geistes ereignet. Und auch darin ist Paulus an den Gott von Jes 44,1-5 gebunden: Gottes Heiliger
Geist führt nicht in den gestalt- und beziehungslosen
Rausch und in sprachlose, gottselige Gefühle, sondern in
die Beziehung des Menschen zu seinem Herrn und in eine
Nüchternheit, die eine vernünftige Sprache - zum Aufbau von Gemeinschaft - spricht.

IV DER HISTORISCHE ORT DER VERHEISSUNG UND IHRE
    ÜBERZEITLICHE BEDEUTUNG

Was ist das für ein Israel gewesen, das, wie beschrieben,
seine Ausdörrung fürchtete und vom Propheten mit dem Urbild von den Weidenbäumen an Wasserbächen ermutigt wurde?
Das Wort genau datieren zu wollen, ist absolut aussichtslos - die angesprochene Angst wird wohl über die ganze
Zeit des Exils und danach viele Israeliten besetzt haben.
Noch im Jahr 446 berichtet ein Judäer dem späteren Statt-
halter Nehemia in der Festung Susa auf dessen Frage, wie
es den Juden in Jerusalem gehe: "Der Rest...lebt dort in
der Provinz in großer Not und Schmach. Die Stadtmauer
von Jerusalem ist niedergerissen und die Tore sind abge-
brannt." (Neh 1,3)
Aber auch einer Lokalisierung verweigert sich 44,1-5.
Ja, dieses Heilswort bekräftigt sogar gewisse Zweifel,
ob denn wirklich alle herkömmlich Dtjes zugeschriebenen
Stücke an die Exulanten in Babylon gerichtet sind. In
jüngster Zeit hat J.M.Vincent etliche Argumente dagegen
ins Feld geführt[1], und auch unsere Auslegungen von Jes
43,1-7; 54 und 44,1-5 legen es in mancher Hinsicht eher
nahe, an Jerusalem als den Ort dieser Prophetenworte
zu denken, als daß sie es ausschließen. Zielt Jes 44,
1-5 auf die einst so volkreiche, jetzt aber öde Stadt,
zu deren Festen niemand mehr pilgert (Kl 1,1-4)? Kriegs-
tote, Hungerstote, Deportation und Flucht hatten die
Bevölkerung des ehemaligen Südreiches jedenfalls
drastisch dezimiert. "Nun war die Stadt weit ausgedehnt

----

1) Vgl. vor allem S.256ff.

und groß; es war aber wenig Volk darin, und es gab nicht
viele Häuser, die wieder aufgebaut waren" (Neh 7,4), so
sah es noch zu Nehemias Zeiten aus.[1] Und gerade jetzt,
hinein in die no-future-Mentalität verspricht der Prophet
ein unerhörtes, noch nie dagewesenes "Aufgrünen". ("Aufblühen" sollte man es besser nicht nennen, um das Proprium der Segensverheißung nicht zu verwischen.) Mit dem
Aufgrünen ist mehr besagt als Leibessegen im rein physischen Sinn. Gleichgültig, ob nun in V.5 bereits an volks-
fremde vereinzelte Proselyten oder doch eher an entschie-
dene Jahweverehrer zu denken ist - das Heilswort "sprengt
den rein physischen Begriff des Gottesvolks...nimmt ah-
nungsvoll schon die künftige geschichtliche Entwicklung
voraus, in der über die Zugehörigkeit zum Volke Gottes
nicht mehr die Geburt, sondern das Bekenntnis zu dem wahren Gott entscheidet und dieses Bekenntnis die persönliche Sache jedes Einzelnen ist, nicht mehr durch die bloße
Zugehörigkeit zu einer Gruppe gegeben, so gewiß der Einzelne nur als Glied der Gemeinde lebt, die nun den Namen
des wahren Israel trägt." (Elliger 394)

Wo wird heute Leben dezimiert, verkürzt, ausgedörrt, wo
verdursten Menschen mangels elementarer Lebensmittel; wo
verkümmern zum Grünen und Fruchttragen bestimmte Lebens-
bäume, weil es an Lebenswasser gebricht?
Eine Zeitanalyse wird leicht Gründe heutigen Schmachtens
freilegen, die von den damaligen verschieden sind: die

---

1) Bezeichnend ist die von Neh 11,1-2 geschilderte Maßnahme: "Die
   Obersten des Volkes ließen sich in Jerusalem nieder. Die übrigen
   Männer warfen das Los und veranlaßten so jeden Zehnten, sich in
   der heiligen Stadt Jerusalem niederzulassen. Neun Zehntel blie-
   ben in den Landstädten. Das Volk aber segnete alle Männer, die
   sich bereit erklärten, in Jerusalem zu wohnen."

ökologische Krise mit Leiden und Sterben immer weite-
rer Kreise der Schöpfung; die Vergiftung von Wasser,
Luft und Erdboden; die ungleiche Verteilung von Brot und
Arbeit, global und innerhalb der Völker; die Überdeckung
des primären Lebens mit dem sekundären materiellen Wust;
die Verbürokratisierung und Entpersönlichung vieler Le-
bensbereiche etc.

Doch verweigert sich Jes 44,1-5 allen Rezepteschreibern
und Machern, auch einer christlichen Ethik. Es ist nicht
umzumünzen in eine ökologische Strategie zur Rettung dieser Erde. Es enthält keine Elemente, die einen konkreten
gangbaren Weg oder auch nur Trampelpfade aus der Krise
andeuten.

Der Prophet bekundet uns aber sein Wissen, daß Lebens-
fülle ganz und gar dem segnenden Gott verdankt ist und
daß zum erfüllten Leben des Einzelnen eben auch eine bewußte und innige Beziehung zu Gott, dem Schöpfer und
Förderer des Lebens, gehört.

Darüber hinaus kann man aus Jes 44,1-5 heraushören, daß
das Prophetenwort der Sehnsucht des Menschen, der mit
ganzem Herzen und ganzer Seele und ganzem Gemüte nach Leben und Sinn verlangt, Stillung verheißt; dabei manifestiert sich in der Bildhaftigkeit der Antwort eine Re-
spektierung der Freiheit Gottes. Das Bild ist offen für
viele Konkretionen: "Er weiß viel tausend Weisen, zu retten aus dem Tod." Es schürt eine Hoffnung, die sich
auf keinen bestimmten Inhalt festlegt und die weder im
Holocaust oder Kältetod der Erde noch im Strahlentod
oder grausigen individuellen Tod widerlegt ist.

Doch sollte die Verheißung 44,1-5 nur dort laut werden,
wo Einsichtige in den vielfältigen Lebensverkürzungen

der Gegenwart die Folgen sünd- und wahnhaften Verhaltens
des Menschen, besonders auch den eigenen Anteil, erkannt
haben, das Gericht Gottes bewußt erleiden und umkehren.
Aber denken wir insgeheim nicht immer noch: Es kann - mit
gewissen Korrekturen - alles so weitergehen wie bisher?
Israel im babylonischen Exil hatte erst allen Stolz,
Selbstrechtfertigungsversuche und alle Beschönigungen
aufgeben müssen (vgl. Jes 43,22-28, das 44,1-5 vorausgehende Stück), ehe es reif zu einem Neuanfang des Lebens
war. Bedenkenswert scheint mir, was H.Dickerhoff in seinem Entwurf einer Theologie des Exils geschrieben hat:
"Daß wir in die Fremde und Verunsicherung einer plurali-
stischen Gesellschaft weggeführt worden sind, müssen wir
auch und nicht zuletzt als Werk Gottes anerkennen. Notwendig müssen wir uns mit dieser Gesellschaft, die nicht
nur um uns, sondern auch in uns lebt, solidarisieren...
Das Exil mag länger dauern als unser Leben...Wenn wir
Entfremdung, Schulderfahrung und Schuldbekenntnis, Unsicherheit und Trauer durchlitten haben und unser Herz
zerrissen ist, dann dürfen wir wieder neu hoffen auf Erlösung von unserer Schuld und Berufung im Exil. Dies
wird Exilstheologie auch heute immer wieder der Gemeinde
sagen müssen: Wir, diese versagende, zu Recht entmachte-
te, verunsicherte und mutlose Kirche, mit dunkler Vergangenheit und dunkler Zukunft, wir sind die von Gott
Berufenen, Auserwählten, seine Freunde." (206.208)

E   JES 54

I   DIE TEXTGESTALT

1 Juble, du Unfruchtbare, die nicht gebar;
    brich aus in Jubel und jauchze, die nicht in die Wehen kam.
  Denn mehr sind die Söhne der Verwüsteten
    als die Söhne der Ehefrau, spricht Jahwe.
2 Erweitere den Raum deines Zeltes,
    die Zeltdecken deiner Wohnungen soll man ausspannen, spare nicht!
  Zieh deine Zeltseile weit,
    mach deine Pflöcke fest!
3 Denn nach Süden und Norden breitest du dich aus,
    deine Kinder beerben Völker,
      verwüstete Städte besiedeln sie.

                    ─────

4 Fürchte dich nicht, denn du sollst nicht in Schande dastehen,
    brauchst dich nicht zu schämen, nein, wirst nicht erröten.
  Ja, die Schande deiner Jugend wirst du vergessen,
    an die Schmach deiner Witwenschaft nicht mehr denken.
5 Denn dein Gemahl ist dein Schöpfer,
    Jahwe Zebaoth ist sein Name,
  und dein Erlöser der Heilige Israels,
    Gott der ganzen Erde läßt er sich rufen.
6 Ja, wie die verlassene Frau, die tiefbetrübte, rief dich Jahwe
    - die Jugendliebe, kann sie denn verstoßen sein, spricht dein Gott.
7 Für eine kleine Weile verließ ich dich
      - mit großem Erbarmen hol ich dich (wieder) zu mir.
8 [a]In der Flut der Wut[a] verbarg ich
    mein Angesicht eine Weile vor dir;
  doch mit ewiger Liebe erbarm ich mich dein,
    spricht dein Erlöser Jahwe.

9 ^{b}Wie in den Tagen Noahs ist mir dies:
    Da habe ich geschworen,
    daß die Wasser nie mehr über die Erde fluten werden^b.
        Und so schwör ich jetzt,
        dir nicht mehr zu zürnen,
        dich nicht mehr zu schelten.
10 Ja: Berge selbst mögen weichen
    und Hügel wanken -
    meine Liebe soll nicht von dir weichen
    und mein Bund des Friedens wankt nicht,
                    spricht dein Erbarmer Jahwe.

———

11 Du Ärmste, Sturmgeschüttelte, Ungetröstete!
    Siehe: Ich lege deine Steine ^{c}in Malachit^c
        und ^{d}deine Grundmauer^d auf Saphir.
12 Ich mache zu Rubinen deine Zinnen
    und deine Tore zu Kristallsteinen
        und dein ganzes Gebiet zu Edelsteinen.

13 Und alle deine Söhne werden Jahwe-Jünger sein,
    und groß wird der Friede deiner Söhne sein,
14   auf Gerechtigkeit wirst du gegründet sein.

    Sei fern von Bedrückung: du wirst dich nicht fürchten,
        und von Schrecken: er kommt dir nicht nahe.
15 Siehe: Greift man an - ^{e}von mir ist es nicht^e-;
        wer dich angreift, fällt im Kampf gegen dich.
16 Siehe: <u>Ich</u> schaffe den Schmied,
        der das Kohlenfeuer anfacht,
        der die Waffe hervorbringt für ihr Werk,
    und <u>ich</u> schaffe den Verderber zum Vernichten.
17 Jegliche Waffe, gegen dich gebildet, wird ohne Erfolg bleiben.
    Jede Zunge, die sich wider dich erhebt, wirst du vor Gericht Lügen strafen.
    Das ist der Erbteil der Knechte Jahwes
        und die Gerechtigkeit, die ihnen von mir widerfährt, Spruch Jahwes.

Anmerkungen zum Text:

In V.8.10 gebe ich "ḥäsäd" 2mal mit "Liebe" (eigentlich
Liebe und Treue) statt mit "Gnade" und "Huld" (Westermann u.a.), in V.14.17 "ṣᵉdāqäh" 2mal mit "Gerechtigkeit" statt mit "Heil" (so die meisten) wieder. Das
Recht zu dieser Übersetzung der theologischen Schlüssel-
begriffe von Jes 54 ergibt sich aus der Exegese. Jede
Übersetzung kann hier ohnedies nur eine mehr oder weniger geglückte Annäherung an das Gemeinte leisten.

a) Siehe BHS. Gleichgültig, ob man das singuläre שֶׁצַף
   des MT läßt oder שֶׁצֶף bzw. שַׁעַף konjiziert - es
   liegt ein eindrucksvolles Wortspiel vor, das in der
   Übersetzung nachgeahmt werden sollte.

b) Ob der Konsonantenbestand des MT in Ordnung ist,
   läßt sich nur schwer beurteilen. Im Überlieferungs-
   prozeß konnten sich Fehler leicht dadurch einschlei-
   chen, daß "Tage" und "Wasser" im Hebräischen nur durch
   ein ʼ geschieden sind.
   M.E. muß man in 9a - im Blick auf das כֵּן von 9d - von
   einem Vergleich nach Art von 55,10f ausgehen (כֵּן/כַּ).
   Ohne Veränderung des Konsonantenbestandes ergäbe sich
   dann נֹחַ יְמֵי כְּ "wie in den Tagen Noahs". Die synoptischen Noah-Stellen (Mt 24,37ff; Lk 17,26ff) scheinen
   diese Lesart noch zu begünstigen. Nur sind die "Tage
   Noahs" dort eindeutig die Zeit vor der Flut und die
   Funktion der Noah-Anspielung eine ganz andere als in
   Jes 54,9.
   Vor allem finden sich zu נֹחַ יְמֵי כְּ im AT zahlrei-
   che Analogien; vgl. nur Ps 95,8; 137,7; Jes 9,3; Hos
   2,2; v.a. aber 2.Sam 21,1.
   In V.9c freilich wäre die Genitivverbindung "die Wasser
   Noahs" (MT) eine kaum erträgliche Zusammenfassung des
   Sintflutgeschehens; eine minimale Konjektur: מַיִם oder
   הַמַּיִם "die Wasser" statt נֹחַ מֵי scheint angemes-
   sen (vgl. zur Formulierung Gen 1,2.7; 7,10.17ff.24).
   Zu עָבַר in V.9c vgl. Jes 8,8; 28,18f.

c) unsicher. Siehe BHS.

d) Siehe BHS.

e) Siehe BHS.

Westermann sieht in Kap.54 zwei ursprünglich selbständige Einheiten, 54,1-10 und 11-17, vereinigt. Elliger nimmt 54 als ein Stück, aber tritojesajanischer Herkunft.

Eine entfernte Verwandtschaft der beiden Stücke 1-10 und 11-17 besteht nach Westermann darin, daß es hier wie dort nicht um die "Wiederherstellung", sondern jetzt um den neuen "Heilszustand" geht.
Das Gedicht setze sich aus den 3 Teilen V.1-3; V.4-6; V.7-10 zusammen. Es umfasse ein Loblied, bezogen auf eine angedeutete Ich-Klage (V.1-3); eine Heilszusage auf eine zu vermutende Volksklage über die erlittene Schande (V.4-6) und eine Heilsankündigung, einer gegen Gott gerichteten Anklage respondierend (V.7-10). Somit liegen der Komposition die "drei Glieder der Klage", wie sie Westermann im Psalter herausgearbeitet hat, zugrunde. Eine Reihe dtjes. Motive "kommen...zu einem neuen Gebilde zusammen." (Westermann 218)

Diese Sicht der Dinge ist nicht zu widerlegen. Und doch waltet m.E. in Kap.54 primär ein anderes Gestaltungsprinzip; wird es als solches erkannt, so bleibt kaum noch ein Zweifel an der Einheitlichkeit des ganzen Kapitels. Mir scheinen die rein formalen Aspekte von Westermann überstrapaziert, die Trennung von 4-6 und 7-10 ebensowenig begründet wie die Ausklammerung von 11-17. Von der durchgängigen Motivik her läßt sich Jes 54 unschwer als ein geschlossenes Ganzes aus drei verschieden gewichtigen Teilen erkennen.
Als roten Faden, der alle drei Teilstücke miteinander verknüpft, meine ich das Aschenputtel-Motiv zu entdecken, wie ich es vorläufig benennen möchte. Von der ersten bis zur letzten Strophe ist Zion angeredet als eine zum

Aschenputtel erniedrigte Frau, der Gottes Wort ihre eigentliche Bestimmung: Königin-Sein[1] von neuem zusagt.
Sie soll , mit Worten von Jes 61,3 ausgedrückt, "statt Asche Schmuck und statt Trauerhülle Freudenöl" empfangen.
Und zwar verhält sich Kap.54 komplementär zu Kap.47: Die Tochter Babel, Jerusalems 'böse Stiefschwester', geht den umgekehrten Weg. Vom Königsthron gestürzt, soll die einst so vornehme Dame fortan in Staub und Asche Mühsalsarbeit verrichten (V.1-2); vielfache Schande wird ihr Los, u.a. Witwenschaft und Kinderlosigkeit (V.9); mit ihrer Sicherheit ist es garaus (V.8.11-15). Sämtliche Hauptmotive von Jes 54, auch die der letzten Strophe, sind in Kap.47, dem Antitypos von Kap.54, versammelt, und dort zweifelsohne organische Bestandteile einer prophetischen Weissagung aus einem Guß.

---

1) Vgl. Ez 16!
Ez 16 bekundet, im Rahmen einer weit ausholenden Unheilsgeschichte Jerusalems, ein Wissen darum, daß diese Stadt nach Jahwes Willen bestimmt war, schöne Königin und Gemahlin des Königs der Welt zu sein. (Freilich war es dieser zugedachten Rolle nicht gewachsen.):
  9 Ich wusch dich mit Wasser...und salbte dich mit Öl.
10 Und ich bekleidete dich mit bunten Gewändern
    und gab dir Sandalen von Tachasch-Leder
    und hüllte dich in Byssus
    und bedeckte dich mit fein gewirktem Stoff.
11 Und ich legte dir Schmuck an, gab dir Armspangen
    an deine Arme und eine Kette an deinen Hals.
12 Ich tat einen Ring an deine Nase und Spangen an deine
    Ohren und eine schmucke Krone auf dein Haupt.
13 So konntest du dich mit Gold und Silber schmücken und
    dein Gewand war Byssus und feingewirkte und buntfarbige Stoffe . Feinmehl, Honig und Öl aßest du und wurdest überaus schön und brachtest es zur Königswürde.
14 Und dein Ruhm ging aus unter die Völker wegen deiner
    Schönheit, denn sie war vollkommen um meines Schmucks
    willen, den ich dir angelegt hatte...(Übersetzung W.Eichrodt)
Interessant ist, wie in dieser Biographie Jerusalems, der Frau, ein Blick auf die Rivalität von Schwester-Städten fällt (16,44ff).

Dies gilt ebenso für Jes 49,14-26, ein weiteres Wort
Dtjes.s über die Frau Zion.
Auch Kl 1 bestätigt den unauflöslichen Zusammenhang von
Jes 54,1-10 und 11-17. Die Klage Jerusalems, der Frau
mit dem kranken Herzen, bezieht sich in diesem Lied auf
die Kinderlosigkeit (V.1f.4f.20 = Jes 54,1-3); auf den
Verlust des Glanzes (V.6f = Jes 54,11-13); auf das Un-
geliebtsein (V.1.2.8f.16.19 = Jes 54,4-10); auf die Wehr-
losigkeit gegenüber den Feinden (passim = Jes 54,14-17).
Die Auslegung wird ferner zeigen, wie auch das Sintflut-
Motiv (V.9/ V.16d) die Strophen 2 und 3 verklammert.

Ist das Motiv erst einmal erkannt, läßt sich ohne Gewaltsamkeit ein folgerichtiger Aufbau von Kap.54 aufwei-
sen:
Frau Zion ist angeredet als eine Unglückliche, auf die
sich alles Herzeleid und alle Schande, die eine Frau
treffen kann, konzentriert hat.
Sie ist vorgefunden in der Not der unfruchtbaren und
einsamen Frau (Strophe 1); in der Schande der verstoßenen Jugendliebe und der vereinsamten Witwe (was in der
metaphorischen Rede zusammengeht) und jedenfalls als Un-
geliebte (Strophe 2); als um ihre Schönheit gebrachte
(Strophe 3 - V.11f) und als friedlos und ungesichert le-
bende Frau (Strophe 3 - V.13-17). In alledem ist sie des
ihrem Status entsprechenden Ansehens verlustig gegangen
und leidet am meisten an der Schande, die ihr anhängt.
Wenn Zion in den drei Strophen nacheinander Kindersegen
(1), ewige Liebe (2), Glanz und Schönheit sowie innerer
und äußerer Frieden (3) - und in alledem Ansehen - verheißen wird, so erscheint dies als absolut folgerichtige
Anordnung, ergibt sich doch Zions neue Befindlichkeit
(Glanz und Geschütztsein) aus der heilvollen Beziehung,

womit VV.7-10 als Kern der Verheißung aufgewiesen sind.

Das Gerüst des großen Gedichts bildet der in Strophe 2
(V.4a-b) und Strophe 4 (V.14b-c) ergehende Fürchte-dich-
nicht-Ruf:
Von der ersten bis zur letzten Zeile kämpft Jes 54
in mehreren Anläufen gegen eine Urangst der Frau an: die
Aschenputtel-Angst vor bleibender Schande. Der Schlüssel
zu dieser Interpretation liegt in V.4: Die hier gehäuften
Ausdrücke von Scham und Schande sind dicht um das "Fürchte
dich nicht" gruppiert. Das erlaubt, ja gebietet, den
Sinn des Gedichts von V.4 her aufzuschließen.

Strukturierend wirken auch nicht weniger als sieben auf
die Frau Jerusalem gehäufte Attribute: "Unfruchtbare"
(V.1), "Verwüstete" (V.1), "Verlassene", "Tiefbetrübte"
(V.6), "Ärmste, Sturmgeschüttelte, Ungetröstete" (V.11).
Im Verein damit bewirken die zahlreichen, an die so be-
mitleidete Frau Zion gerichteten Imperative eine höchst
eindringliche Ansprache.

An fünf Stellen (V.1d; 6b; 8d; 10e; 17d) verstärkt ein
nachgestelltes "spricht Jahwe" o.ä. diese Intensität
noch. Viel Nachdruck ist also auf Strophe 2 gelegt (6b;
8d; 10e).

Ein Schwergewicht bildet das Erbarmen-Motiv ; 3mal ist
auf dem engen Raum zwischen V.7 und 10 - der genauen
Mitte des Gedichts - die Rede davon, daß Jahwe sich Jerusalems erbarmt.

Überhaupt häufen sich in diesem zentralen Abschnitt die
theologischen Begriffe: 2mal lenkt Dtjes die Aufmerksamkeit

der Hörer auf Jahwes ewigen "ḥäsäd" (8c; 10c), der fol-
gerichtig zum "Bund des Friedens" führt (10d).
Das Stichwort "Frieden" ist dann in der dritten Strophe
wieder aufgenommen, in welcher dieser Frieden als auf
der "ṣ^{e}dāqāh" (Gerechtigkeit) fußend dargestellt wird
(2mal: 14a; 17d). Die von Jahwe ausgehende "Gerechtigkeit" dominiert mithin in der Verheißung der letzten
Strophe.

Ein streng durchgehaltener Satzrhythmus, wie er für die
poetischen Stücke des AT.s charakteristisch ist, prägt
das dreiteilige Gedicht.
Ein einheitliches Metrum oder auch nur eine ungefähr
gleiche Länge der einzelnen Verszeilen ist freilich
nicht auszumachen.
Dagegen beherrscht der Prophet souverän die Klaviatur
des Parallelismus membrorum. Es findet sich die synonyme Form (V.1a/b; 4; 6; 9 e/f; 10 a/b; 10 c/d; 14 b/c;
17), die synthetische (V.1 c/d; 5; 8; 15; 16 b/c), die
antithetische (V.7; 8 a/c; 10 a-b/ c-d), aber auch die
parabolische (V.9), daneben die dreigliedrig-klimakti-
sche (V.3; 11; 12; 13-14a). Besonders kunstvoll ist V.
16 gebaut. Ein klimaktischer Dreizeiler (das Waffen -
schmiedmotiv 16 a-c) ist überlagert von einem Chiasmus
A-B-B-A, wobei A jeweils aussagt, was der Schöpfer er-
schafft, und B, was der Schmied tut.
Einprägsame Wortspiele blitzen in regelmäßigen Abstän-
den auf: V.4: ^{ca}lumajiḵ / ^{ɔ}alm^{e}nutajiḵ ; V.6: ^{ca}zubāh /
^{ca}ṣubat ; V.8: šäṣäf / qäsäf; V.10: muš / muṯ.

II AUSLEGUNG

Strophe 1

1. Acht Imperative bzw. Verbformen mit imperativer Funktion bilden das Gerüst der ersten Strophe. Den Aufrufen zum Jubel[1] folgt die Begründung mit dem ungeahnten Kindersegen, den Aufrufen zur Erweiterung der Wohnung die Begründung mit der Notwendigkeit größeren Lebensraumes. C.Westermann 218f bestimmt Jes 54,1-3, geleitet durch V.1 "Juble...brich in Jubel aus" als Loblied. Aber dagegen sperren sich die Imperative V.2, welche sich nicht in eine Aufforderung zum (gottesdienstlichen) Lobpreis einfügen wollen. Westermann spürt das auch und bietet als Lösung die Trennung von Form und Sache an: "Formal sind diese Rufe den Rufen zum Jubel in V.1 parallel; sachlich aber sind sie Begründung des Jubelrufs." (219) Eine solche Trennung von Form und Inhalt ist immer mißlich und hier nicht notwendig. M.E. bildet 54,1-3 eine strenge Einheit und erklärt sich der scheinbare Bruch zwischen den Rufen von V.1 und denen von V.2 aus dem meristischen Stil des Dichterpropheten, der sich auch in der hysteron-proteron-Figur "die nicht gebar... die nicht in Wehen kam" (1a/1b) zeigt. D.h.: Die beiden Rufe von V.1 beziehen sich auf ein und dasselbe ganzheitliche Geschehen, eine Inneres und Äußeres umfassende Notwende; sie forcieren einen Aufbruch, dessen zwei Seiten, die freudige Erregtheit der Herzen (das Innere) und das In-die-Hände-Spucken (das Äußere), ineinander verschränkt bleiben. Ihre Funktion ist es, unmittelbare Nähe des angesagten Ereignisses zu suggerieren.

---

1) Vgl. 44,23; 49,13; 52,9 bei Dtjes; "Jubel" als eschatologische Gabe in Verheißungen an Zion: 35,1-10; 61,3.7.10; 65,17ff.

Das Bild der Frau - als Symbol für die Stadt und doch
wohl auch für die Gesamtheit des Volkes - hält sich
durch bis einschließlich V.2. V.3 springt unvermittelt
aus dem Bild, wird konkret und historisch faßbar: "Da
das eigene Land nicht ausreichen wird, um alle zu fassen, werden verlassene Siedlungen oder verwüstete Städte
gebraucht. Vor allem sollen wohl die Gebiete, die von
den Nachbarvölkern nach dem Untergang Judas besetzt worden waren, wieder von Israeliten besiedelt werden, weil
die neuen Besitzer sie nicht ausnutzen können. Was immer
in Palästina verödet und verlassen daliegt, wird für die
Volksfülle Israels benötigt." (Fohrer 133)
Es fragt sich aber, ob Bild und Sache hier wirklich so
streng zu trennen sind, daß der zweite Vers einzig und
allein den dritten illustrieren würde. Ich halte es für
möglich, daß Dtjes den Kindersegen in zwei Lebensbereichen darstellt: In V.2 führt er das Bild einer Familie,
die 'ausbauen' muß, vor Augen, in V.3 das Bild eines
Volkes, das Lebensraum benötigt und sich erschließt -
beides Dimensionen ein und desselben Segens.

2. C.Westermann sieht Dtjes in 54,1-3 einer Exilsgemein-
de antworten, die ihre Not in gottesdienstlichen Bege-
hungen als "uralte Klage" der kinderlosen Frau vorgetragen hat.
Freilich sind die Belege, die seine Annahme einer fest-
geprägten Form abstützen sollen, kaum tragfähig; Kl 1,1
ist der Form nach keine Klage, sondern eine Beklagung
Zions, und eine "Klage der Rebecca" (Westermann 219)
finden wir nirgends im AT, sondern lediglich eine Fürbitte Isaaks für seine kinderlos gebliebene Frau Rebecca (Gen 25,21). Allein 1.Sam 1,9-13, ein angedeutetes
Klagegebet Hannas, der Mutter Samuels, läßt sich zugunsten

einer Untergattung 'Klage der kinderlosen Frau' anführen;
denn sowohl Hannas T^{e}fillāh als auch ihr späterer Dank
und Lobpreis (1.Sam 2,1ff) werden als kultische Begehun-
gen erzählt.[1]
Aber wie dem auch sei: Kinderreichtum galt in Israel
seit alters als erstes und wichtigstes Kennzeichen einer
gesegneten Existenz[2], Kinderlosigkeit seit den Zeiten
der Ahnmütter Sara und Rebecca als die Schande der Frau[3].
"Verschaff mir Söhne", habe Rahel zu Jakob gesagt, "wenn
nicht, sterbe ich" (Gen 30,1). In der Kinderarmut einer
Nation wirkte sich das göttliche Gericht aus (Jer 15,7-
9).

3. In der Anrede "Du Unfruchtbare" (^{c}aqārāh) und "Du Verwüstete" (šŏmēmāh) zeigt der Prophet Mitgefühl mit dem
'Urleid' der Frau Zion. Zugleich wirkt sie als kräftiges
Kontrastmittel: Vor überaus dunklem Hintergrund hebt sich
umso leuchtender das unmittelbar bevorstehende Heil ab.
C.Westermann registriert im Ruf zum Jubel mit Recht eine harte Paradoxie: "Das Wort ^{c}aqārāh, Unfruchtbare, hatte den Klang des unwandelbar Erstorbenen. Wie konnte man
eine Unfruchtbare zum Jubel rufen? Das war sinnlos und
unbarmherzig!" (219) Und doch erweckt schon das 'böse'
Wort ^{c}aqārāh an sich auch eine vertrauenerweckende Erinnerung. Wo in der Geschichte Jahwes mit seinem Volk
kommt es denn schwergewichtig vor? Die Antwort ist eindeutig: ^{c}aqārāh zu sein, ist das - von Jahwe gnädig weg-
genommene - 'Urleid' der Ahnmütter Israels: in Gen 11,30
Saras, in Gen 25,21 Rebeccas, in 29,31 Rahels.[4]
So verheißt Dtjes zwar etwas schier Unglaubliches, aber

---

1) Vgl. mit 1.Sam 2,5 Ps 113,9; Lk 1,24f.
2) Deut 28,4.11; Sach 8,5; Ps 113,2.9; 127,3-5; 128,3
3) Gen 16,1-3; 18,1-22; 21,1-8; 25,21; 30,22-24
4) weitere Vorkommen nur noch Ex 23,26; Deut 7,14; Ri 13,2f; 1.Sam
   2,5; Hi 24,21.

eben dieses Unglaubliche war schon Sara zugemutet worden:
Ihr hatte es so völlig unmöglich geschienen, ein Kind zu
bekommen, daß sie die Verheißung der Gottesboten nur für
einen schlechten Witz halten konnte; mit einem bitteren
Lachen quittierte sie die Paradoxie der Verheißung (Gen
18,12ff).

So hilft Dtjes wie in 43,1-7 und 44,1-5 so auch in 54
- hier freilich eher peripher - die Erinnerung an die
Väter und Mütter Israels, eine verwegene Hoffnung ins
Herz eines jetzt schütteren Israels zu pflanzen.

Die zweite Anrede verschärft noch die Paradoxie, ja
sie läßt sogar ein Grausen über den gegenwärtigen Zustand Jerusalems hochkommen.
"šōmēmāh" (vereinsamt, verödet, verwüstet)[1] ist Zion
nicht ihrem Stande, sondern ihrem augenblicklichen Zustand nach. Es ist der gleiche trostlose Zustand einer
Isolation, wie sie sich Tamar freiwillig - unfreiwillig
auferlegte: Von ihrem Stiefbruder Amnon geschändet und
verstoßen, zog sie sich in die Einsamkeit des Hauses
ihres Bruders Absalom als eine "šōmēmāh", eine in ihrer
Seele Verwüstete, zurück. (2.Sam13,20)

4. Schwierig ist es nun, in Jes 54,1c-d die Funktion
des Komparativs zu bestimmen.[2] Fohrer hat versucht,
historisch-diachron auszudeuten: "Nach der Rückkehr
Gottes nach Zion wird die jetzt von ihm verlassene Frau
mehr Kinder als die frühere Ehefrau haben. Denn die Ver-
mählte ist die frühere Stadt vor dem Exil..." (133)

---

1) von Städten noch in Ez 36,35; Am 9,14 ausgesagt.
2) Jes 62,4 stellt nach Thema, Vokabular und Bild eine enge Parallele dar; doch ist es wegen der völlig verschiedenen Satzstruktur nicht möglich, den präzisen Sinn von 54,1c-d aus 62,4
   abzuleiten.

Aber der Vergleich geht wohl doch eher von einer Gleich-
zeitigkeit der "sōmēmāh" mit x-beliebigen anderen verhei-
rateten Frauen aus[1] und weist dann nochmals auf einen
gleichermaßen ungewöhnlich reichen, das Normalmaß über-
steigenden wie unerwarteten Segen hin. Möglicherweise
reflektiert 54,1c-d aber auch einfach jene Psalmentradition, nach der das Eingreifen Jahwes in allen Lebensbereichen eine Umkehr der Verhältnisse, einen Rollentausch
bewirkt. "Die Unfruchtbare bekommt 7 Kinder, und die Kin-
derreiche welkt dahin" heißt es im Gotteslob der Hanna
(1.Sam 2,5), und im Umkreis dieses Satzes stehen viele
hymnische Preisungen mit gleicher antithetischer Struktur. Jes 54,1c-d ist demnach historisch nicht weiter zu
verifizieren.

5. Wir sahen oben schon, wie Dtjes in 54,1 Erinnerung an
die Mütter Israels aufkommen läßt. Von daher erklärt
sich dann wohl auch folgende Merkwürdigkeit: In einer
Zeit, da Israel längst in festen Häusern wohnt, exempli-
fiziert Dtjes die mit dem ungeahnten Kindersegen einher-
gehende Wohnungsnot am Zelt, das die Wohneinheit der Vor-
fahren Israels war: "Da das bisherige Zelt für die große
Kinderschar zu klein sein wird, muß man einen größeren
Platz abstecken, neue Zeltdecken hinzunehmen, längere
Zeltstricke nehmen und die Pflöcke besonders fest ein-
schlagen, damit sie das Zelt halten." (Fohrer 133) Erinnert Dtjes vielleicht auch hier wie schon deutlicher
in 43,1-7 an die Tage Abrahams, Isaaks und Jakobs, an
die alte Zeit, in welcher die 'Mehrung' so viel bedeutete[2]?

---

1) Konkret wäre wohl an die Tochter Babel zu denken, der Dtjes in
   47,8f ein umgekehrt verlaufendes Geschick vom Kinderreichtum zur
   Vereinsamung ansagt. Vgl. auch Jes 23,4.
2) Siehe auch die Auslegung von Jes 44,1-5.

Ein Indiz dafür scheint mir das in V.3 verwendete Verbum
"pāraṣ" (sich ausbreiten) zu sein. Es findet sich im
exakt gleichen Sinn m.W. nur noch in der Bethel-Ver-
heißung Gen 28,13-15, die an Jakob, den Ahnvater, gerichtet ist:

> Und es sollen deine Kinder wie der Staub der Erde sein,
> und ausbreiten wirst du dich nach Westen und nach Osten,
> nach Norden und nach Süden.

Eine freie Anspielung auf diese Mehrungsverheißung ver-
mutend, glaube ich, auch in Jes 54,3 וְשָׂמֹאול / יָמִין
auf die Himmelsrichtungen "Süden und Norden" deuten zu
sollen. (Alle mir zugänglichen Kommentare übersetzen
hier "nach rechts und links".)

Strophe 2

1. Im Zusammenbruch 587 v.Chr. und allen sich daraus für
seine Bewohner ergebenden Folgen hat Jerusalem in den
Augen der Nachbarvölker seine Ehre verloren.
Nun lebt in der alten Zeit jeder Stadtbewohner wenn nicht
in völliger Identität mit seiner Stadt, so doch in einer
gleichsam personhaften, innigstmöglichen Beziehung zu
ihr. Am schönsten stellt sich solches Lebensgefühl in
dem Jes 54,1-17 nahe stehenden Zionslied Jes 66,6-16 dar.
Ihm zufolge sollen die Kinder Zions "an Jerusalem getröstet werden" (66,13f):

> Freut euch mit Jerusalem
> und jubelt in ihr alle, die sie lieben.
> Frohlocket freudig mit ihr
> ihr alle, die über sie trauern.
> Damit ihr saugt und satt werdet
> an der Brust ihrer Tröstungen,
> damit ihr schlürft und euch labt
> an der Fülle ihrer Herrlichkeit. - V.10f

Wenn der Israelit Jerusalem derart als mütterliche
Heilsmittlerin geglaubt und gewußt hat, so muß er ganz
entsprechend die Schande ihres Niedergangs als die eigene Schande erlebt und gefühlt haben.

V.4 läßt erkennen, daß Dtjes - wiederum mit sicherer Intuition - diese ganz spezifische Not der Jerusalemer Bevölkerung als Angst vor dem Leben in Schande diagnosti-
ziert hat. In der metaphorischen Gestalt einer mehrfach
entehrten, eigentlich zu Besserem geborenen Frau stellt
er sie dar und packt sie mit dem stärksten seiner Trost-
spruchformen, dem "Fürchte dich nicht", an.
Das Leid Zions schillert in den verschiedenen Farben
urtypischen Frauenleids; Jerusalems Schmach ist vor
Augen gemalt mit den Leid-Bildern einer kinderlos

gebliebenen jungen Frau (V.4c), einer des Mannes be-
raubten Witwe[1] (V.4d), einer von ihrer ersten großen
Liebe Verlassenen[2] (V.6). Verschiedene Phasen einer
Frauenleidensgeschichte jagen sich in der metaphori-
schen Rede, das unsägliche Leid zu besagen, in welches
Jerusalem stürzte, als die Beziehung zu Jahwe riß. (Die
Frage nach der Schuld klingt hier bezeichnenderweise
nur noch, in V.8a-b, nach; sie verstummt angesichts des
Jammers des Aschenputtels.)
Eine ganze Reihe von aufgebotenen Verben (V.4a-b) und
Nomina (V.4c-d) fassen teils die subjektive Erlebens-
seite, teils die objektiv dem Leid Zions anhängende
Schande. Leid und Schande sind in Israel und seiner Um-
welt die Innen- und Außenseite ein und derselben Sache.

Aber nun will Er eingreifen, der allein die Not wenden
kann, und Er ist nicht irgendwer, sondern Israels Schöpfer und Herr der Welt[3]; Jahwe der Heerscharen, mächti-
ger Feldherr[4]; der Löser[5]; der Heilige Israels[6]; Jahwe
...dein Gott[7]. Alle diese Epitheta in V.5f wecken

---

1) Zu sozialen und psychischen Implikationen von Witwenschaft in
   Israel vgl. Hoffner, ThWAT I 308-13.
2) Zur theologischen Metapher der Jugendliebe vgl. v.a. Jer 2,1-13.
3) Siehe dazu S.100f.
4) "Mit der Lade ist wohl schon von Silo her der Name 'Jahwe der
   Heerscharen'...verbunden. In ihm wird, wie immer man die 'Heerscharen' deuten mag (himmlisches Heer, irdisches Heer Israels,
   urspr. selbständiges Beiwort 'Mächtigkeit'...), in jedem Fall
   auf den 'Mächtigen' gedeutet, dessen Name über der Lade ausge-
   rufen (2.Sam 6,2) und dessen Besitzanspruch darin über ihr laut
   wird." (Zimmerli 63f)
5) Siehe dazu S.101ff.
6) Siehe dazu S.92f.
7) Siehe dazu S.93f.

Erinnerungen an Heilstaten und Heilssetzungen in der
früherenGeschichte und wecken Vertrauen in das Glück der
Ehe, die Er, Jahwe, jetzt für immer schließt, weil Er
die Geliebte der Jugend[1] nicht lassen kann. Damit sind
Leid und Schande der Vereinsamten in Meerestiefe geworfen, ihr Stand und ihre Ehre wiederhergestellt.

2. V.7-10 enthalten das Resumee einer dramatischen Lie-
besgeschichte zwischen Jahwe und Zion.
Von höherer Warte betrachtet, im Geschichtsrückblick
des Schöpfers und Herrn der Geschichte, währte die Zeit
des Leides Zions nur den Bruchteil einer Sekunde. Könnte
sich Zion den Maßstab der Ewigkeit zueigen machen, so
würde sie die Zeit ihrer Verlassenheit rückblickend als
einen Augenblick nur (רגע [2] 2mal) empfinden. (Vgl. zur
Struktur des Gedankens Joh 16,16-22.)
Die Verzürnung, in der Jahwe kurzzeitig sein Gesicht
von Zion wegdrehte, was freilich einem tödlichen Liebes-
entzug nahekommt[3], fällt gegenüber der "ewigen[4] Liebe",
rückblickend, nicht mehr ins Gewicht.

Die Exegeten wollen zwar von "ʿōlām" die Vorstellung
unendlicher Zeit oder Jenseitigkeit fernhalten - nur
eine sehr lange Zeitstrecke, so weit Menschenhirne in
die ferne Zukunft denken können, sei gemeint -; doch
sollte "ʿōlām" als Qualität der Liebe, als Oppositum zum
winzigen Augenblick, expliziert durch das 'Nie mehr'
des Noahbundes (V.9f), noch nennenswert von dem

---

1) Vgl. zur Metapher Jer 2,2.
2) Vgl. Jes 26,20; Ps 30,6.
3) Vgl. Ps 6,2-6; 13. Man muß dieses Motiv unterscheiden vom Motiv
   des 'Überdrüssigwerdens einer Frau' (vgl. Gen 29,31.33; Deut
   21,15; 22,13.16; 24,3; Ri 14,16; 2.Sam 13,15; Jes 60,15), das
   hier gerade nicht vorliegt.
4) עלם V.8c. Vgl. das Ewigkeitsmotiv in weiteren Verheißungen

entfernt sein, was der Volksmund primär unter 'ewig'
versteht, nämlich 'Dauer ohne Ende'?[1]

Bemerkenswerterweise ist die Gottesbezeichnung "in Kon-
struktverbindungen zwischen einem Zornwort und Gott fast
immer Jahwe" (E.Johnson, ThWAT I 384): Im Zorn 'reagiert'
der in seiner Liebe enttäuschte und geschmerzte Jahwe,
der seinen Namen Israel offenbart und somit Israel in
eine Vertrauensbeziehung hineingenommen hat und jetzt
ein opus alienum tun muß.
Sein Zorngericht wird vom Menschen dementsprechend als
Bewußtwerdung der zerbrochenen Beziehung, "Verbergung
Seines Angesichts" erlitten (zB Ps 27,8f; 89,47; Deut
31,17; 32,19f).
Die Verheißungen für Zion setzen durchaus voraus, daß
Israel in der Katastrophe des Jahres 587, nachdem es
Jahwe in sein Richteramt gezwungen hatte, Seinen Zornes-
becher trinken mußte. (Vgl. 42,25; 47,6; 51,17-23; 60,
10; 64,4.8; Sach 1,2.12.15.)
"In seinem Zorn reagiert Gott auf Böses, auf Verderb-
nis, auf Lebensbedrohendes jeglicher Art; die Kraft und
die Leidenschaft, die in dem Wort 'Zorn' zum Ausdruck
kommt, dient dem Leben. Es ist eine auch im Zerstören
das Leben sichernde und bewahrende Kraft." (Westermann,
Theologie 121f) Freilich bleibt es eine äußerste Möglichkeit des Heiligen, des Ganz-Anderen, in seinem
Zorn jäh innezuhalten (Hos 11,9).
Niemals erscheint der Zorn als ein Epitheton Jahwes,
das sein Wesen oder gar eine Stetigkeit seines Handelns
beschriebe. Eigentlich ist er der Liebende; wenn er
zürnt, tut er - zeitlich begrenzt - etwas ihm Fremdes.
In den atl. Zeugnissen hat sich dieses in mehrfacher
Weise niedergeschlagen: "Er hält nicht ewig seinen Zorn
fest." (Mi 7,18; Jer 3,5) "Im Zorn sei eingedenk deines
Erbarmens." (Hab 3,2) Sein Zorn muß irgendwann aufhö-
ren und seinem Trösten Platz machen. (Jes 12,1)
Ja, unter Umständen vermag Jahwe seinen Zorn zu unter-
drücken (Ps 78,49f). In den Bekenntnissätzen (Ex 34,
6f; Ps 30,6; 103,8ff; vgl. Mi 2,7) artikuliert sich
Israels Bewußtsein, daß kein Gleichgewicht zwischen
Gottes Zürnen und seiner Gnade besteht: Die Gnade währt
ewig; für den Zorn bedeutet seine Langmut eine hohe
Hemmschwelle, und nachher hat er ein Ende. Es ist

---

für Zion: 35,10; 61,8, daselbst in Verbindung mit einem Bund;
bei Dtjes: 40,8.28; 42,14; 44,7; 51,6.8.11; 54,8; 55,3.12f.
Bemerkenswert sind zwei Hinweise von H.W.Wolff, Anthropologie
136: Bei Dtjes nimmt das "(leʿ)ʿōlām" die Bedeutung von 'endgültig' im rechtlichen Sinn von Ex 21,6 an und "nähert sich der Grenzbegriff, der
den äußerst denkbaren Ausgangspunkt oder Zielpunkt angibt, der Bedeutung der
nicht endenden Zeit."
1) M.E. ist die in Jes 54,7.10 besprochene "ewige Liebe" eine der Wurzeln des

bezeichnend, wie der Israelit den Zorn Jahwes einerseits als das gerechte Gericht annimmt (Mi 7,9), wie
andererseits gerade aus dem Erleiden des Zorns der Beter
seine Wie-lange-noch-Frage zum Himmel schreit (Ps 6,4;
13,2ff; 79,5; 85,6; 89,47; Sach 1,12ff).
Auch Dtjes.s Verheißung 54,4-7 hat diese vom Rest Israels
geschriene Klage im Ohr, wenn er souverän zur Sprache
bringt, was Israel ja im Grunde weiß: Wenn Jahwes Zorn
sich wie ein reinigendes Gewitter ausgegossen hat, dann
ist der Raum frei, in dem wieder Begegnung von Angesicht
zu Angesicht stattfinden kann.

Motor der Wende ist Jahwes "raḥ^{a}mīm", sein mütterliches
Erbarmen. 3mal innerhalb V.7-10 (7b.8c.10e) kommt es,
in nominaler oder verbaler Form, zur Sprache, also eindringlicher noch als in anderen jes. Verheißungen an
Zion (30,18; 60,10; 63,15). Es ist eine der signifikan-
ten Stellen, welche die Herabsetzung Jahwes als eines
patriarchalen Gottes zutiefst fragwürdig macht. Nicht
einmal in seiner männlichen Rolle als "Eheherr" der Frau
Zion handelt er ausgeprägt männlich, meint doch "raḥ^{a}mīm"
eine Liebe, deren somatische 'Zwillingsschwester' jenes
Organ ist, welches die Frau vom Manne unterscheidet:
רֶ חֶ ם , der Mutterschoß. Im Mutterschoß hat das Gefühl des Erbarmens, das nicht an sich halten kann, seinen
Sitz bzw. Ursprung. "raḥ^{a}mīm" ist Urvermögen der
Frau.
Die breite Streuung des (רֶ י) רֶ חֶ ם —Motivs in den ver-
heißenden Partien der Prophetenbücher sowie die Verbindung mit Hoffnungen, die durch die Geschichte nie ganz
eingelöst wurden, läßt vermuten, daß der Glaube an Jahwe,
den Erbarmer, einer der Katalysatoren eschatologischer
Heilserwartungen war.[1]

---

paulinischen Hohen Liedes der Liebe, insonderheit von 1.Kor 13,8
"die Liebe fällt niemals zusammen".
1) Vgl. außer Jes 54,4-7 noch 14,1; 49,10.13; 60,10; 63,7.15; Jer
12,15; 33,26; Ez 39,25; Mi 7,19; Sach 1,16.

Im 'Jahr der Gnade' vermittelt Jesus das 'Erbarmen Gottes'; es ist die Kraft, die ihn motiviert und treibt, zu heilen (zB Mk 5,19; 10,47f; Mt 15,22; 17,15).

3. Die Erlösung Aschenputtel-Zions[1] geschieht in drei konsequent aufeinander folgenden Phasen.

a. Die Wiederaufnahme der Beziehung.

Jahwe "nimmt" Zion "wieder zu sich" ("qibbēṣ"; vgl. 40, 11; 43,5). Die übliche Übersetzung "sammeln" ergibt im Liebesgedicht keinen Sinn. Gerade 54,7 zeigt, daß in diesem Verb nicht das quantitative, sondern das Beziehungselement konstitutiv ist: Jahwe holt die Geliebte liebevoll zu sich.

b. Die Liebeserklärung.

Jahwe erklärt Zion seine "ḥäsäd", tiefe Gefühlsverbundenheit (V.8c/ 10c-d)[2], Liebe, die, hier ausgesprochen, nimmer aufhören kann.

Edgar Kellenberger[3] hat mit Recht herausgestellt, daß "ḥäsäd" eine gerade nicht durch Ordnungen gebotene, rechtlich geregelte und einklagbare Solidarität, sondern ungeschuldete, spontane Liebe, Hingabe, gefühlshafte Verbundenheit meint, ein Verhalten, das Normen übersteigt. Die ḥäsäd-Beziehung kann menschliche Schuld bzw. den Zerbruch eines auf festen Abmachungen beruhenden "Bundes" noch überdauern; im Prinzip tendiert sie freilich auf den Bund als ihre sichtbare, wenn auch begrenzte Ausdrucksmöglichkeit hin (Ps 89,29; 106,45).

---

1) Vgl. das Erlösungsmotiv in Verheißungen an Zion noch in 35,9f; 44,24; 49,26; 51,11; 52,3.9; 60,16; 62,12; 63,16.
2) Der "ḥäsäd" ist eines der leitenden Motive im Geschichtshandeln Jahwes (Jes 63,7; Jer 31,3; Mi 7,20; Ps 25,6; 106,45).
3) E.Kellenberger, ḥäsäd wä ʾämät als Ausdruck einer Glaubenserfahrung, ATANT 69 (1982) 5-207

c. Das Eheversprechen.

Jahwes Schwur und die Gabe des Schalom-Bundes (V.9f)
lassen an einen feierlichen Akt der Eheschließung denken, in welchem der Braut ihr neuer Status für "ewige"
Zeit verbrieft wird.[1]

4. Man sehe nun, mit welchen theologischen Motiven und
sprachkünstlerischen Mitteln das "ᶜōlām", die Ewigkeit
der erklärten Liebe, eingeimpft wird.

a) Die Ehemetapher drängt sich, zumal durch Jeremia,
Hosea und Ezechiel längst hoffähig, zweifellos auf.
Die Eigenart des Bundes von Jes 54,10 ergibt sich aus
dem Gegenüber zu V.4-6. Der Bund V.10 beendet den in V.6
beschriebenen Verlassenheitszustand der tiefbetrübten
Jugendgeliebten Zion, ist also 'Ehebund'[2]. Wie Ezechiels
Erinnerung an Jahwes Eheschluß mit Jerusalem, der später
so Treulosen, zeigt, kann der bᵉrit—Begriff diese Bedeutung annehmen:

> Ez 16,8 Und ich ging an dir vorüber und sah dich,
> und siehe, deine Zeit war da, die Zeit der Liebe.
> Da breitete ich meinen Gewandzipfel über dich
> und bedeckte deine Blöße.
> Ich schwur dir und trat in einen Bund mit dir...
> und du wurdest mein.
>
> 59 ...Ich habe mit dir gehandelt, wie du gehandelt hast,
> indem du den Eid verachtetest, meinen Bund zu brechen.
>
> 60 Aber ich will meinerseits meines Bundes mit dir
> in den Tagen deiner Jugend gedenken
> und will einen ewigen Bund mit dir aufrichten.

Mit dem Ehebund, in den das Erlösungsgeschehen in V.10
einmündet, hat Dtjes in symbolischer Dichte noch einmal bezeugt, was auch andere Worte an Zion wissen: daß

---

1) Vgl. 62,4f; Hos 2,21f; Ez 16,8.
2) Vgl. dazu das Bräutigam-Braut- bzw. Ehemotiv 50,1; 54,5; 61,10;
   62,4f; Ez 23,4; Hos 2,18.21f.

der Zusammenbruch 587 primär ein Zerbruch der lebens-
wichtigsten Beziehung war bzw. daraus resultierte und
daß die Genesung nur von der Heilung dieser Beziehung
her erfolgen kann.

b) Insofern Dtjes den von Jahwe gestifteten Bund nun
als Friedensbund charakterisiert (V.10d) und damit auch
das Terrain der theologischen Fachsprache betritt,
setzt er weitere Akzente. Der Friedensbund ist per de-
finitionem auf Gemeinschaft, stetigen Segen und lange
Dauer aus; eindeutig ist das die Funktion des Ausdrucks
an den Stellen, wo er im AT noch vorkommt (Num 25,12f;
Ez 34,25ff; 37,26ff). Den Parallelstellen ist weiter zu
entnehmen, daß der Bund mit der Näherbezeichnung "des
Friedens" gänzlich Jahwe verdankt ist: Er ist der Ge-
ber, der menschliche Bundespartner Empfänger. Aber eben
so, daß Jahwe rechtskräftig sich festlegt, stetig flies-
senden, sich in unendliche Zukunft erstreckenden Schalom
zu gewähren.

c) Ein einzigartiger Vergleich , ein Schwur (V.9) und
ein für Dtjes charakteristisches Stilmittel (V.10) verstärken und vertiefen das 'Eheversprechen' Jahwes.
"Wo Deuterojesaja, in die Vergangenheit blickend, nach
einer Wende fragt, die der jetzt Israel bevorstehenden
vergleichbar ist, findet er in der Geschichte Israels
keine; er muß weiter zurückgreifen bis zu der eine
Menschheitskatastrophe beendenden Wende der Urzeit"
(Westermann 221), bis zum urzeitlichen, für "ewig" von
Gott geschlossenen Noahbund (Gen 9,8-17 P).
Westermann sieht in 54,9 eine freie Anspielung auf Gen
8,22 (J); sprachlich größere Nähe besteht aber zur
P-Überlieferung Gen 9,8ff. Dort finden sich: der Bundes-
begriff im Zusammenhang eines schwurartigen Versprechens
Gottes; das Nie-wieder in bezug auf die Wasser, das in
8,22 nicht direkt ausgesprochen ist; " ʿōlām" (Gen 9,12),

das in Jes 54,7-10 geradezu beherrschendes Motiv ist.
Eine für Dtjes ganz typische Stilform der Vergewisse-
rung prägt V.10. Wir kennen sie auch aus 49,15 (Selbst
wenn eine Mutter ihr Kind vergäße) und 40,30 (Selbst
wenn junge Männer ermatten sollten...). Gottes Erlöser-
handeln sucht seinesgleichen bei den irdischen Geschöpfen. Deren denkbar höchsten Potenzen — Mütter vergessen
ihre Kinder eigentlich nicht; junge Männer ermatten so
schnell nicht; Berge und Hügel sind die standfestesten
aller Geschöpfe[1] - werden noch transzendiert von dem
schlechthin Weltüberlegenen. Auf diese Weise legt Dtjes
in 54,10 den Israeliten die Gewißheit der ewigen Treue
Jahwes ins Herz.

---

1) Es ist zwar durchaus möglich, daß in Jes 54,10 ein Erdbeben
   vorgestellt ist (so Baumann, ThWAT IV 731 mit Verweis auf Jes 24,
   18-20), aber dieses doch als etwas nur ausnahmsweise Vorkommen-
   des. Noch im NT ist eine äußerste Standfestigkeit der tief in der
   Erde wurzelnd gedachten Berge in den Bildworten vom Berge-ver-
   setzenden Glauben gerade vorausgesetzt. (Mt 17,20; Mk 11,23; 1.Kor
   13,2)

Strophe 3

Die dritte und letzte Strophe gliedert sich noch einmal
in drei - freilich verschieden lange - Sinnabschnitte:
1. V.11-12 zeichnet die (zur Hochzeit?) wundervoll ge-
   schmückte Frau Zion,
2. V.13-14a den inneren Frieden,
3. V.14b-17 den äußeren Frieden Zions.
(1) und (2) zeigen Zion 'an sich', (3) Zion im Verhältnis zu seinen äußeren Feinden.

1. Die Anrede V.11a faßt noch einmal einfühlsam zusammen,
welches Israel der Prophet des Trostes vorgefunden hat:
ein zum Aschenputtel verkommenes Wesen. Objektiv ist es,
für jeden sichtbar, arm dran (" $^{c a}$nijjāh"[1]). Fragt man,
wie es die Not subjektiv, innerlich im Herzen, erlebt,
so trifft das Bild eines vom Sturm geschüttelten Bäum-
chens ("sō$^{c a}$rāh")[2]. Freilich: Die dritte der Bezeichnun-
gen klingt bereits hintergründig verheißungsvoll! Als
"Ungetröstete" (lo' nuḥāmāh) ist Zion in vorderster Reihe Anwärterin auf den Trost. Denn getröstet zu werden,
ist die Bestimmung Zions (40,1ff); zu trösten, nämlich
zu ermutigen, das Amt des Exilspropheten (4o,1ff; 61,2);
damit treibt er das Werk des Heiligen Israels, welcher
zur vorgerückten Stunde des Exils sein Volk "trösten"
will[3].

---

1) Bei Dtjes (41,17; 49,13; 51,21) sind die 'Armen' immer auch die
   Trostbedürftigen und Erbarmungswürdigen; ihr erbärmlicher Zustand
   fordert das mütterliche Erbarmen Jahwes heraus. Vgl. Lk 6,20f.
2) Vgl. auch das Bild von Jes 51,21: "Du Ärmste, die du betrunken
   bist, doch nicht vom Wein".
3) 49,13; 51,3.12.19; 52,9; 66,13

Solcher Trost verbessert nicht bloß die psychische Stimmung; er bringt im doppelten Sinn die Wende: Jahwe wendet
sich mit freundlichem Angesicht seinem Volk wieder zu,
und darin liegt die Notwende beschlossen.

V.11-12 entfalten nun ins Bild, was V.4 als Aufhebung
der Schmach und Schande grundsätzlich angesagt hatte:
Aschenputtel Zion wird die Asche mit edlem Schmuck tau-
schen (V.11b-12c); der in Kl 4,1 beklagte Zustand wird
somit beendet sein. Während es nach dem Wortspiel Jes
61,3 dem messianischen Gesandten aufgegeben ist, "den
Trauernden Zions statt Asche Schmuck zu geben", stattet
hier der König höchstpersönlich Aschenputtel Zion mit
dem herrlichst-denkbaren Kleid zur Hochzeit aus.

Mangels erhellender Parallelen[1] können die in V.11b-12b
genannten Edelsteinarten nicht sicher identifiziert werden. Die Übersetzungen weichen denn auch kräftig von-
einander ab; sicher erscheint nur, daß eine gleißende
Pracht des neuen Jerusalem vor Augen gestellt werden
soll, vielleicht eine, die die bekannte Herrlichkeit
Babels noch übertrifft.
Ein Versuch, freilich ein respektabler, bleibt die ex-
pressive Nachzeichnung H.Freys: "Setzen wir aus den einzelnen Bausteinen das ganze Bild zusammen, so ersteht
vor unserem staunenden Auge eine Burg, deren Fundament
in grün und tiefblau, den Farben des Himmels, ruht. Die
Burg selbst aber ist durchscheinend von Licht. Aus ihren Toren bricht es rot wie Karfunkel. Um ihre wie Son-
nenstrahlen gezackten Zinnen leuchtet und glüht es

---

1) Die Parallelstellen 2.Kön 9,30; Jer 4,30; Hi 42,14, in denen
פוך schwarze Augenschminke bezeichnet, belassen die Möglichkeit,
daß in 54,11b das schwärzlich-grüne Mineral Malachit gemeint
ist. Oder soll die Phantasie angeregt werden, die Steine der
Stadtmauern als schön geschminkte Augen einer Königin zu sehen?
Zu סַפִּירִים "Saphire" V.11c vgl. Ex 24,10; 28,18; 39,11;
Hi 28,6.16; Kl 4,7; Ez 1,26.
Zu כַּדְכֹד "Rubinen" (?) V.12a vgl. Ez 27,16.
Zu אֶקְדָּח "Beryll"(?) V.12b gibt es keinen weiteren atl.
Beleg.

hellrot wie Rubin. Die ganze Umwallung, das Burggebiet
ist von einem blitzenden Lichtkranz wie aus tausend
Edelsteinen umgeben, ähnlich wie eine Wolkenburg, die
sich aus tiefem Himmelsblau lichtumrändert gegen den
Zenit emportürmt. Ihre Gipfel glühen rot, und durch die
Wolkenwände bricht von Zeit zu Zeit das Licht wie durch
feurige Tore." (279)
Das Edelsteinmotiv erinnert stark an 49,18 "Sie alle
[sc. die aus dem Exil Heimkehrenden] wirst du anlegen
wie einen Schmuck, wirst dich mit ihnen gürten wie eine
Braut." Im Zionslied 49,14-26, unserem Fürchte-dich-
nicht-Wort sehr nahe verwandt, wird die Schönheit und
der königliche Status der ehemals Aschenputtel Gewesenen
noch lebendiger geschildert. Vgl. das Schmuckmotiv auch
in anderen Verheißungen für Zion: 52,1-2; 60,5-7.9.13.
15; 61,3.6.10; 62,3.
Eine umgekehrte Verwandlung wird in der Totenklage
Ez 28,11-19 dem König von Tyros angedroht, darum daß er
ob seiner strahlenden Schönheit und ob seines Glanzes
dem Hochmut verfiel (V.17):

> Du warst voll Weisheit und vollkommener Schönheit:...
> Allerlei kostbare Steine umgaben dich:
> Rubin, Topas, dazu Jaspis, Chrysolith, Karneol und Onyx,
> Saphir, Karfunkelstein und Smaragd.
> Aus Gold war alles gemacht, was an dir erhöht und vertieft war.
> All diese Zierden brachte man an,
> als man dich schuf.   - V.12f

> (Nun soll er zum Aschenputtel erniedrigt werden:)

> Vor den Augen all derer, die dich sahen,
> machte ich dich zu Asche auf der Erde.
> All deine Freunde unter den Völkern
> waren entsetzt über dich.
> Zu einem Bild des Schreckens bist du geworden,
> du bist für immer dahin.   - V.18f

Dtjes stellt das neue Sein Jerusalems so vor Augen, daß
er lebendig den Augenblick schildert, in dem Jahwe das
trost- und glanzlose Aschenputtel verwandelt; wie schon
in 41,15 steht an dieser Stelle das Verbum "sīm" zur Bezeichnung des dynamischen 'Umschaffens', das dem Schöp-
fergott möglich ist (V.12a)[1]. Das Vorzustellende oszil-
liert zwischen einer zur Königin gekleideten Aschenput-
tel-Person und einer aus Trümmern aufgebauten

---

1) Vgl. noch 49,2; 50,7; 51,3.23. Zur oben vorgeschlagenen Übersetzung
von V.12 vgl. die grammatischen Analogien von Jos 8,28; Ri 8,31; Ez 19,5; Neh 9,7
bzw. von Gen 21,13; Jes 25,2; 60,15; Zeph 3,19.

märchenhaften Stadt.[1] (In 4.Esr 10,42.44 wird daraus die
Eindeutigkeit einer Allegorie: Das geschaute Weib ist
gleich die erbaute Stadt Jerusalem.)
Die Ausleger zeigen sich, soweit ich sehe, vom 'Idyll'
der Vision 54,11-13a peinlich berührt: "An diesen Erwar-
tungen Deuterojesajas wird freilich auch deutlich, wie
weit die eschatologische Prophetie sich von der Wirklichkeit des Lebens entfernen kann, wenn sie das Heil der Got-
tesherrschaft und -gemeinschaft in den äußeren Verhält-
nissen auf der Erde statt im Leben der Glaubenden sich
ereignen wähnt." (Fohrer 136) Westermann rettet sich mit
einem Sprung auf theologische Höhe: "Es ist sehr merk-
würdig, daß in dieser Schilderung weder die Größe noch
die Sicherheit und Festigkeit, sondern allein die gleis-
sende Pracht ihrer Bauten eine Rolle spielt...Von präch-
tigen Bauten wird vorher in Israel nur geredet, wo damit Reichtum und Macht des Herrschers demonstriert werden soll. Aber solche Pracht der Bauten wird in Israel
von den Propheten meist negativ beurteilt...Es kann eigentlich nur gemeint sein, daß das neue Jerusalem in einem völlig neuen Sinn Gottes Stadt ist und ihre gleißende
Pracht unmittelbar auf die Majestät Gottes weist." (223f)
Aber damit scheint mir der Charakter von Kap.54 als
'Trostlied für Aschenputtel' verkannt. Wenn Zion am Verlust der Schönheit, des Ansehens und an der damit verbundenen Schande gelitten hat, dann sehnt sie sich eben
mit ganzer Inbrunst gerade nach diesem: schön zu sein in
den Augen der Welt und Ansehen zu bekommen. Ein Fürchte-
dich-nicht-Wort ohne ein Element der Verheißung neuer
Schönheit und neuen Glanzes taugte nicht als Antwort auf
Aschenputtel-Zions Leiden.

---

1) Vgl. die diesbezüglichen Verheißungen auch in anderen Zionslie-
   dern: 44,26; 49,16.19; 51,3; 60,10; 61,4; 62,5.7; Sach 1,16.

Freilich ist es, um gerecht urteilen zu können, erforder-
lich, Jes 54 vom ersten bis zum letzten Vers als eine un-
auflösliche Einheit zu hören. Es macht dann gerade den
Tiefsinn des Gedichts aus, daß die neue Schönheit Zions
der geheilten Beziehung streng nachgeordnet ist. Nicht an
sich ist Zion eine glanzvolle Erscheinung, wohl aber als
geliebte Gattin des liebenden Gemahls Jahwe wird sie
strahlend schön, darf und soll es nun aber auch sein.

2. Auch die Verse 13-17 erweisen sich als integraler Bestandteil der großen Einheit Kap.54; sie beschließen das
dreiteilige Gedicht und haben dabei eine klar ersichtli-
che Funktion.
Dtjes klagt an anderer Stelle über die Vergänglichkeit
aller menschlichen Pracht:

> Alles Fleisch ist Gras und all seine Anmut wie die Blume des Feldes.
> Das Gras verdorrt, die Blume verwelkt,
> wenn Jahwes Hauch darüber weht (40,6f),

weiß also um das hochgradige Gefährdetsein jeglichen
Glückes und Glanzes.
V.13-17 verheißt nun, daß die Schönheit der Königin Zion
kein kurzes Aufblühen, sondern von Dauer sein werde!
Der Prophet vermittelt dies in einer sprachlichen Form,
die an die priesterliche Segenszusage an den Einzelnen erinnert (vgl. mit V.13b.14a Ps 91; 121). Er verkündet
Zion eine Sicherheit ihrer Existenz[1], aber nun nicht eine 'falsche Sicherheit' nach Art der vorexilischen Heils-
prophetie, sondern eine auf äußerem und innerem Frieden
fußende.

---

1) Die gesicherte Existenz ist in den Verheißungen für Zion das am
   häufigsten genannte Heilsgut: 31,4-9; 33,1-6; 33,17-24; 35,4;
   49,17.24-26; 51,13-23; 60,17f; 62,8ff; 66,6.14f.24.

Zum neuen Sein Jerusalems gehört nach der Schönheit als
zweites konstitutives Element der innere Frieden: die
brüderliche Jahwegesellschaft. Auf der metaphorischen Ebene ist Jerusalem hier nun in ihrer Rolle als mütterliche
Heilsmittlerin dargestellt.

Der Dreizeiler V.13-14a muß in seinem Bedingungszusammen-
hang gesehen werden; dabei ist in der Auslegung frucht-
bar zu machen, daß in Jes 48,17-19

> 17 So spricht Jahwe, dein Erlöser,
> der Heilige Israels:
> Ich bin Jahwe, dein Gott,
> der dich lehrt, was hilft,
> der dich auf den Weg führt, den du gehen sollst.
>
> 18 Ach wenn du doch geachtet hättest auf meine Gebote!
> Es wäre wie der Strom dein šālōm
> und deine s^{e}dāqāh wie die Wogen des Meeres.
>
> 19 Es wäre wie der Sand dein Same
> und deine Kinder wie seine Körner!
>
> Nicht würde vernichtet und nicht vertilgt dein Name vor mir

eine in der Themenfolge 'Von-Jahwe-gelehrt-Sein / Schalom/
s^{e}dāqāh (Gerechtigkeit, Heil)' genaue Parallele zur Verfügung steht.

Der Inhalt dessen, was Jahwe "lehrt", kann in Jes 48,17-19
präzise ausgemacht werden. Bereits die Selbstvorstellung
"Ich bin Jahwe, dein Gott, der..." erinnert an die Präambel
des Dekalogs. Vollends die "Ach wenn doch"-Klage in der
Mitte dieses Stückes führt uns, da sie auch in Ps 81,14
laut wird, und dort im Zusammenhang einer 'Vorhaltung' des
Dekalogs - pars pro toto zitieren V.9-11 die Präambel und
das erste Wort - ,auf die 10 Worte.

Die zehn Worte, vielleicht einschließlich ihrer 'Ausfüh-
rungsbestimmungen' in Deut 12-26[1], geben also, Dtjes zufolge, einen Orientierungsrahmen für ein Gemeinwesen, dessen Existenz auf Gerechtigkeit und Frieden - sicher -
fußen soll.

---

1) Vgl. Preuß, EdF 110ff.

In einem breiten Traditionsstrom Jerusalemer Zionstheologie finden wir "ṣ^{e}dāqāh"[1] und "šālōm" (Gerechtigkeit
und Frieden) als unzertrennliches Paar[2]. ṣ^{e}dāqāh zieht
šālōm nach sich. Solcher šālōm, der sich der S^{e}dāqāh verdankt (vgl. besonders Jes 32,17!), darf hier auf keinen
Fall als Völkerfrieden, durch Außenpolitik zu sichern,
verstanden werden. Er ist vielmehr von innen heraus ge-
wachsener 'sozialer Frieden', auf landesweite gerechte
Rechtssprechung und soziale Fürsorge gegründet. Nach Ps
72,1-4.7 hängt solcher šālōm am 'gerechten Walten' des
Jahwe verantwortlichen Königs; nach dem Zusammenbruch der
davidischen Dynastie entfällt diese Vermittlungsinstanz;
Jes 54,13a "alle deine Söhne...werden Jahwe-Jünger sein"
kündet wohl doch ein direktes, unvermitteltes Tora-Lernen
der Jerusalemer an. In der guten Zukunft Jerusalems werden alle seine Bewohner imstande sein, wozu einstweilen
allein der Israels Stelle vertretende Gottesknecht befähigt und willens ist: direkt von Jahwe zu lernen und Weisung zu empfangen. (Jes 50,4)

Deutlicher wird Jer 31,34: Verstehendes Erkennen ("jd^c")
wird zur Zeit des Neuen Bundes das menschliche (auf me-
chanisches Lernen zielende?) Lehren ersetzen. "Jetzt
bringt der Herr selbst seinen offenbaren Willen an die
Stelle, wo er sich in die Tat umsetzen kann und muß, ins
Herz, den Sitz des Denkens, Planens und Willens."
(Schreiner 188)

---

1) bei Dtjes als Jahwes helfende Gerechtigkeit in: 45,23; 46,12f;
   51,6; 54,17; als auf die heilsame Rechtsordnung zielendes menschliches Verhalten in: 45,8; 48,1.18; 54,14a.
2) Vgl. außer Jes 54,13-17 und 48,18 noch 9,6; 32,17; 59,8f; 60,17f;
   Ps 72,1-4.7; 85,11.14.
   In einer urgeschichtlichen Erzählung hat die Priesterschrift diese
   schicksalhafte Verbundenheit von ṣ^{e}dāqāh und šālōm - raffiniert
   beiläufig - 'personalisiert', indem sie in Gen 14,18 eine Segens-
   handlung von "Melchisedeq, dem König von Salem" erzählt, also
   ṣ^{e}dāqāh im Priesterkönig und Šālōm in Jerusalem anklingen läßt.
   So sieht der Priester Gerechtigkeit und Frieden am davidischen
   König (bzw. seinem nachexilischen Rechtsnachfolger: dem Hohen-
   priester?) und Jerusalem hängen und den davidischen König und

In summa:

Dtjes zeichnet in V.13-14a, dem zweiten Sinnabschnitt der 3.Strophe, eine nahe Zukunft, in der Jerusalem seine ureigentliche, schon im Namen festgelegte Wesensbestimmung[1] erfüllt: mütterliche Mittlerin der Gerechtigkeit und des (sozialen) Friedens, konkreter: Stadt zu sein, in welcher eine an Jahwes 10 Worten orientierte, allgemein bekannte und akzeptierte Rechtsordnung (Deut 12-26?) für Jahwe-Furcht, Rechtssicherheit und helfende Gerechtigkeit sorgt. Dtjes weiß, wie auch 48,17-19 bezeugt, sehr wohl um die unerläßliche Voraussetzung ihres Funktionierens. Seine Hoffnung unterscheidet sich darin von der des ungefähr zeitgleichen Deuteronomisten, daß er diese Voraussetzung als gegeben behauptet: "Alle deine Söhne werden Jahwe-Jünger sein" und sich keine Sorgen darüber macht, wie das realisiert werden kann. (Der Deuteronomist -Deut 4,1.5.10. 14; 5,1.31; 6,1 - schärft dagegen ein, die Gebote, Bestimmungen und Rechtssatzungen zu lernen, und er benennt die Lehrinstanzen, die als Vermittler des Tora-Lernstoffes in Frage kommen.)

Jerusalem in gleicher Weise verschwistert wie Gerechtigkeit und Frieden.
In dieser Traditionslinie liegen messianische Verheißungen, die "Gerechtigkeit" als Wesen und Heilsgabe ebenso der Stadt Jerusalem wie des messianischen David verkünden (Jes 1,26f; Jer 23,5f; 33,15f).
Noch der Aufriß des Römerbriefes, in dem die Kapitel 1 - 4 die von Gott ausgehende Gerechtigkeit und K.5 den darauf gründenden "Frieden" der Glaubenden behandeln, spiegelt die Struktur der atl. šālōm/sᵉdāqāh-Stellen: "Da wir nun aufgrund des Glaubens gerechtfertigt sind, haben wir Frieden mit Gott durch unseren Herrn Jesus Christus." (Röm 5,1; vgl. Eph 6,14f)
1) Vgl. dazu Gen 14,18; Ps 122; 128,5f; 76,3; 147,14.

3. V.14bc verklammert den zweiten und dritten Sinnabschnitt der letzten Strophe.

עֹשֶׁק ist Bedrückung, welche vor allem die personae
miserae auf vielfache Weise, etwa durch Ausbeutungsprak-
tiken und Rechtsmanipulationen der Mächtigen des eigenen Landes erleiden[1], während מְחִתָּה , Schrecken,
und das folgende, zum großen Teil dem Bereich 'Krieg'
zuzuordnende Vokabular zweifellos eine von außen kommende Bedrohung an die Wand malt, um sie sogleich auszu-
schließen. V.14b hat also die Funktion, das in 13a-14a
besprochene Thema 'innerer Frieden' wirkungsvoll abzu-
schließen und zum 'äußeren Frieden' (ab V.14c) überzu-
leiten.

Gegen die starke Furcht vor dem äußeren Feind muß der
Prophet offensichtlich schwere Geschütze seelsorgerlicher
Rede auffahren. Von daher versteht sich das V.4 wieder-
holende "Du wirst dich nicht fürchten" und das 2malige
deiktische "siehe" (V.15a/16a): Die Eingeschüchterten
sollen überhaupt erst einmal aufschauen und herhören.
Die nur eben angedeutete potentielle Aggression ist in
der Tat nicht von Pappe: Es könnten sich welche zum
Kampf gegen Zion zusammenrotten (3mal Vb. גּוּר in V.15[2]);
man wird Waffen schmieden zum Angriff auf Zion (17a);
man wird einen Prozeß gegen Zion anstrengen (17b). Diesen nicht ganz leicht nachzuvollziehenden Gedanken sollte
man vielleicht doch nicht als ornamentales Füllsel unter
dem Druck des Parallelismus membrorum betrachten, sondern
in Verbindung mit der Auseinandersetzung Israels mit den
Völkern und ihren Göttern sehen. Es steht ja durchaus zur
'gerichtlichen' Klärung an, ob Israel darin Recht bekommt,

---

1) Vgl. Jer 6,6; 22,17; Ez 22,7.12; Ps 119,134; Koh 5,7; 7,7.
2) Vgl. Ps 56,7; 59,4; 140,3.

daß es Jahwe als den Herrn über die Geschichte bekannt
hat und ausgerechnet jetzt noch verstärkt bekennt.[1]
Vor allem aber nimmt die denkbare Aggression im Begriff
des "Verderbers"[2] unheimliche Ausmaße, eine geradezu
mythische Dichte an. Das "Verderben" ist das grauenvol-
le Ende, das nicht rechtzeitig erkannt und gebannt werden kann, weil es sich im Dunkeln zusammenbraut (Ex 12,
13.23), weil es "geschmiedet" wird (Ez 21,36), weil man
sich heimlich zusammenrottet (2.Chr 20,23), weil es mit
Täuschung einhergeht (2.Chr 22,4). Es hat den Charakter
einer überindividuellen, nicht recht angreifbaren, un-
heilstiftenden Macht und ist in seiner Schweridentifi-
zierbarkeit mit dem zwischen Maskulinum und Neutrum
schwankenden "Bösen" im Vaterunser zu vergleichen.
Alle furchterregenden Möglichkeiten werden von Dtjes
ausgeredet; den seelsorgerlich wirksamsten Gedanken
setzt der Prophet dabei konzentriert in V.16 - auch in
seiner Struktur herausfallend - ein. Man verfehlt diese
seelsorgerliche Spitze, wenn man der Jerusalemer Bibel
folgt. Die Pointe liegt nicht etwa darin, daß Jahwe den
Waffenproduzenten Verderben bereiten kann; vielmehr sind
der Waffenschmied und der Verderber entweder identisch
(vgl. die Kontamination Ez 21,36 "die Verderben schmieden"), oder der Verderber führt das Werk des Schmiedes
zu Ende, indem er seine Erzeugnisse einsetzt. So sagt
Jahwe in Jes 54,16 etwas Unerhörtes: Ich schaffe die
Waffenindustrie und den Angriffskrieg. (Das Erschaffen
Jahwes ist hier nicht auf die Personen des Schmieds und
des Verderbers, sondern auf ihre ganze Tätigkeit bezogen.) In allem, was Menschen und Völker in der Geschichte

---

1) Vgl. etwa 41,1-5 und das Bangen der Gola um den mišpaṭ 40,27; 42,3.
2) ‏שׁ ח י ת‎ noch in 1.Sam 13,17; 14,15; 2.Chr 20,23; 22,4; Jer
   22,7; 51,25; Ez 5,16; 9,6; 21,36; 25,15.

initiieren und agieren, auch in dem Bösen, ist im letzten
der Schöpfer wirksam; ohne sein Mittun geschieht überhaupt nichts. Aber diese radikal gedachte Allmacht der
dtjes. Schöpfungstheologie mit einer schieren Verneinung
des menschlichen freien Willens (vgl. Jes 45,7) ist streng
in den Dienst der Seelsorge gestellt. V.16 will, V.15.17
durchaus etwas hinzufügend, das Gefühl vermitteln, daß
kein Sperling ohne Seine Zustimmung zur Erde fällt; die
Weltgeschichte bleibt unter seiner Kontrolle; daraus
schöpfe Jerusalem Vertrauen! Dieses ist eine Grundüber-
zeugung des dtjes. Schöpferglaubens; bezeichnenderweise
wird der in der priesterschriftlichen Schöpfungsgeschich-
te vorkommende und allein Jahwe vorbehaltene Begriff des
Schaffens ("bārā' ") gebraucht.

Wenn es richtig ist, daß Dtjes in V.16 eine fast numino-
se Angst vor einer Unheilsmacht anspricht, dann scheinen
mir in ihrer Benennung "mašḥīt" (Verderber oder Verderben) zwei Anklänge beabsichtigt.
a) Der erste Angriff auf Israels Existenz erfolgte durch
den "mašḥīt" in der Passanacht (Ex 12,13.23). Schon zur
Zeit der ersten Erlösung wußte Jahwe den Verderber zu
hindern, Israel ein Leid zu tun.
b) Nach Gen 9,11 P bekräftigte Gott, daß keine Sintflut,
zerstörerische Unheilsmacht, fortan das Leben auf der
Erde gänzlich zerstören darf (הׁשׁחִת). Dieses Thema
war schon in 54,9 angespielt. Sowohl in 54,16 als auch
in Gen 9,11 wird der Schöpfer Jahwe in seiner Überlegen-
heit über Unheilsmächte herausgestellt.
So erkennt der Prophet auch hier die Angst der Jerusalemer in ihrer abgründigen Tiefe und mobilisiert dagegen
Israels Grundgewißheit (Gen 9) und seine erste und

stärkste Erfahrung des Bewahrtseins (Ex 12).

Der konventionell-formelhaft wirkende, zusammenfassende
Schluß V.17c-d ist von Formulierungsparallelen im Hiob-
buch her zu erklären. "Was wäre sonst mein Teil von Gott,
mein Erbe vom Allmächtigen droben" im Reinigungseid
Hiobs (31,2) und "Das ist des Bösen Menschenlos von Gott,
das Erbteil, das ihm Gott zuspricht" in Sophars Rede
(2o,29; vgl. 27,13) beruhen auf derselben Glaubensüberzeugung.
Im Hintergrund dieser metaphorischen Rede vom "Erbteil"
(nah^{a}lāh) der Bösen und dem der Gerechten steht ein aus
dem profanen Gerichtsverfahren (Deut 25,1ff!) stammender
Vorstellungskomplex: Gottes höchstrichterlicher Urteils-
spruch stellt den Frevel der Unheilstäter einerseits und
die Gerechtigkeit der Gerechten andererseits fest und
teilt beiden - im Sinne einer Urteilsfolgebestimmung -
das ihnen zustehende Lebensschicksal zu.
Israelitischem Rechtsdenken entsprechend gehört konstitutiv zum Heil der mit Jahwe Verbundenen ("Knechte Jahwes" V.17c singulär bei Dtjes), daß "ihre Gerechtigkeit"
von Gott, dem Richter, festgestellt (V.17d) und belohnt
(V.17c) wird, zusammen mit dem gleichzeitigen Aufweis
des Unrechts des Prozeßgegners. (Damit ist ein organischer Zusammenhang von V.17b-d deutlich geworden.)
Konkret meint V.17b-d: Israel bekommt darin gegen seine
Widersacher Recht, daß es Jahwe als den Herrn der Geschichte bekennt. Jahwes 'Urteilsfolgebestimmung' umfaßt all das in Jes 54,1-17a beschriebene Heil Zions.
Funktion von V.17c-d ist es dann, zu vergewissern, die
größtmögliche 'rechtliche Verbindlichkeit' des zuvor geschilderten Glückes Aschenputtel-Zions auszusagen.

III JES 54 IM NEUEN TESTAMENT

Gerade im zuletzt Festgestellten leuchtet wieder einmal
auf, wie kompliziert das Verhältnis der beiden Testamen-
te zueinander in Wahrheit ist; Schemata wie Verheißung
und Erfüllung, Weg und Ziel, Typos und Antitypos werden
keineswegs allen Beziehungen gerecht. In Logien aus der
lkn. Sondertradition (13,31-35; 19,41-44; 21,5f; 23,27-
31) bezeugt Jesus, klagender Prophet, daß die Stadt Jerusalem in ihrem geschichtlichen, von Gott gegebenen
Auftrag versagt hat, indem sie nicht gewesen ist, die
sie hätte sein können (Jes 54); so hat sie die Konsequenz eines sie grausam treffenden Krieges zu tragen.
Ich möchte meine ntl. Betrachtung auf diese m.W. noch
kaum gesehene Beziehung konzentrieren, eingangs aber
auch andere Bezugnahmen der Evangelien auf Jes 54,1-17
immerhin andeuten.

1. Elemente aus Jes 54 in der Verkündigung Jesu

Im messianischen Werk übernimmt Jesus die Rolle Jahwes,
des Bräutigams von Zion (Jes 54,5ff): "Können denn die
Hochzeitsgäste fasten, solange der Bräutigam bei ihnen
ist?" (Mk 2,19)
Johannes der Täufer bezeugt: "Der die Braut hat, ist der
Bräutigam. Der Freund des Bräutigams, der dabeisteht und
ihn rufen hört, freut sich sehr, daß er die Stimme des
Bräutigams hört. Diese meine Freude nun hat sich erfüllt." (Joh 3,29; vgl. 2,1-11)[1]

---

1) Vgl. noch Mt 22,1-14; 25,1-13.

Im NT wird von einem 'aufwallenden Zorn' (=Jes 54,8) im
Wunder Jesu erzählt: Er richtet sich gegen die versklavenden Mächte, die sich dem Heilandswerk des messianischen Geistträgers widersetzen und die Geschöpfe Gottes
in der Knechtschaft festhalten. Konkret bekommen diesen
'Heiligen Zorn' die Gegenspieler des Schöpfers, Satan
und seine Dämonen (Mk 1,25; 9,25; Lk 4,41), aber auch
verstockte Pharisäer (Mk 3,5; vgl. Lk 14,21) zu spüren.
Er ist mehr als ein Beweggrund des Handelns Jesu, nämlich mit seinem "Erbarmen" über den leidenden Menschen
zusammen[1] die treibende Kraft im Heilungswunder.
Der Zorn ist also im "Erbarmen" aufgehoben und trifft
Menschen gerade nicht. (Vgl. schon Hos 11,9). Jedenfalls
zeigt sich auf dem messianischen Weg Jesu noch deutlicher als im Wort Dtjes.s, daß der Zorn des Gottes Israels in seine (ewige) Liebe eingebunden bleibt: eine
uneigentliche, nach Zeit und Stoßrichtung streng begrenzte Handlungsweise des seine Geschöpfe liebenden
Schöpfers.[2]

Wie ein roter Faden zieht sich durch die Verkündigung
Deuterojesajas die Verheißung, daß Gottes "Wort" (דבר),
sein "Heil" (ישועה ; צדקה), seine "Liebe" (חסד)
und sein "Friedensbund" (ברית שלום) in Ewigkeit
(עולם) nicht hinfällig werden (Jes 40,8; 51,6;
54,8-10), so gewiß es ist, daß Himmel und Erde mit aller

---

1) Mt 15,22; 17,15; Mk 1,41; 8,2; 9,22; 10,47f; Lk 17,13
2) Von daher erklärt sich ein Aspekt des Heiligen Zornes Jesu,
   sein "Stöhnen" ob des Elends eines leidenden Geschöpfes (Mk 7,
   34; Joh 11,33ff).

Herrlichkeit vergehen (Jes 51,6). Das Jesuswort Mk 13,
31 bekräftigt, kurzgefaßt, diese Verheißung:

> Himmel und Erde werden vergehen,
> meine Worte aber werden nicht vergehen.

Jesu Worte treten in diesem Logion an die Stelle von
'Gottes Wort' und stehen für Jahwes Heil, seine Liebe
und seinen Friedensbund ein. Das aber ist keine willkür-
liche Anmaßung, sondern beruht auf einer Zusage an den
messianischen Gottesknecht in Jes 59,21: "Meine Worte,
die ich in deinen Mund gelegt, sollen aus deinem Mund
nimmer weichen."

2. Zions heilsmittlerische Bedeutung im frühjüdischen Schrifttum.

Das Schicksal der anima Israels, der mütterlichen Heilsmittlerin Jerusalem ist eines der bewegenden Themen der
nachalttestamentlichen Zeit geblieben. Zions Kinder leiden, hoffen und freuen sich in allen Tiefen und Höhen mit;
an Jerusalems Geschick haben sie Teil.
Die literarischen Zeugnisse davon sind breit gestreut[1];
einige wenige, besonders charakteristische Texte mögen
im folgenden für viele andere aus allen Zweigen des früh-
jüdischen Schrifttums stehen.

Das Format, das Jerusalem in den Glaubensüberzeugungen
der Judenheit hatte, läßt sich schon aus dem Entsetzen
über den Verlust des königlichen Status' gut erahnen:

> Ihre herrliche Schönheit war nichts vor Gott,
> entehrt aufs Äußerste.
> Die Söhne und Töchter in schimpflicher Gefangenschaft,
> im Verschluß ihr Hals, bloßgestellt unter den Heiden...
> Heiden nämlich haben Jerusalem verhöhnt und zertreten;
> ihre Schönheit ward vom stolzen Thron herabgezogen.
> Sie mußte das Sackgewand anlegen statt des Ehrenkleides,
> einen Strick um ihr Haupt statt des Kranzes,
> nahm ab das herrliche Diadem, das Gott ihr aufgesetzt hatte:
> entehrt ihre Zier, ward weggeworfen zur Erde. -Ps Sal 2,5f.19ff

In diesen ergreifenden Worten beklagt ein Beter die
Katastrophe 63 v.Chr., als Jerusalem von Pompejus ein-
genommen wurde.

Wie auf eine Person, ja wie auf ein heilsmittlerisches
überirdisches Wesen richten sich auf Zion religiöse

---

1) Motive aus Jes 54 verwenden dabei vor allem: Tob 13; Ps Sal 1;
   Test Dan 5; 4.Esr 9,26-10,59; 13,35f; syr. Apk.Bar 9-12; 68;
   im NT Gal 4,26f; Apk 21-22.

Gefühle, Hoffnungen, Sehnsüchte, und dies in vielen
Strängen der zwischentestamentlichen Literatur[1], besonders eindrucksvoll in den Schauungen eines Apoka-
lyptikers, die im 4.Esra-Buch (1.Jhdt.n.Chr.) nieder-
geschrieben sind.

In 4.Esr 10,7 läßt der Visionär Esra, den Repräsen-
tanten des Judentums, Jerusalem-Zion "unser aller Mutter" nennen (vgl. Gal 4,26). Ihr Aschenputtelzustand
während der Exilszeit ("Ihre Kleider waren zerrissen
und Asche lag auf ihrem Haupt") erregt tiefstes Mitgefühl, noch in der Erinnerung (4.Esr 9,38ff).
An anderen Stellen begegnet Zion-Jerusalem als eine
gleichsam göttliche Wesenheit (Hypostase). Was im AT
nur von Jahwe gesagt werden kann, erlebt der apokalyptische Seher an Zion:

> Als ich noch so zu ihr sprach,
> siehe, da erglänzte ihr Angesicht plötzlich,
> und ihr Aussehen ward wie Blitzes Schein,
> so daß ich vor großer Furcht nicht wagte, ihr nahezukommen,
> und sich mein Herz gewaltig entsetzte.
> Während ich noch überlegte, was das zu bedeuten habe,
> schrie sie plötzlich mit lauter, furchtbarer Stimme,
> daß die Erde vor diesem Schrei erbebte.
> Und als ich hinblickte, da war die Frau nicht mehr zu
> sehen, sondern eine erbaute Stadt, und ein Platz zeigte
> sich mir auf gewaltigen Fundamenten. Da erschrak ich und
> schrie mit lauter Stimme und sprach...
> - 4.Esr 10,25-27; vgl. 10,50.55

Wie nach den synoptischen Evangelien Jesus (Mk 9,2ff),
so verklärt sich hier in plötzlicher Aufleuchtung Zion.
Zion "erscheint" wie Jahwe am Sinai, und der Seher reagiert mit dem aus den Theophanien bekannten Schauder
vor der Heiligkeit des Göttlichen.

---

1) Vgl. zum Ganzen O.Böcher, Die heilige Stadt im Völkerkrieg.
   Wandlungen eines apokalyptischen Schemas, in: Josephus-Studien
   - O.Michel zum 70.Geburtstag, 1974, S.55-76.

Am weitesten treibt die Vergöttlichung Zions in 4.Esr
13,35f, wonach am Ende der Zeit Zion mit dem Messias zusammen und in gleicher heilsmittlerischer Funktion, "erscheinen" wird:

> Er selbst aber wird auf den Gipfel des Zionberges treten;
> Zion aber wird erscheinen und allen offenbar werden,
> vollkommen erbaut, wie du gesehen hast,
> daß ein Berg ohne Menschenhände losgehauen ward. -

Jerusalem-Zion ist aber keineswegs nur Objekt religiö-
ser Nostalgie und sehnsüchtiger Zukunftsträume, sondern
geschichtswirksamer Glaube.
Dies spiegelt sich in den Berichten des Historikers
Flavius Josephus über den Jüdischen Krieg 66-70 n.Chr.
Danach suchte die sadduzäische Hochpriesterschaft einen
Modus vivendi mit der römischen Besatzungsmacht und be-
schränkte sich bei weitgehender Kompromißbereitschaft
auf die Verteidigung der drei großen Werte: in ihren
Augen das Überleben von "Volk, Stadt und Tempel(d.h.
des ungestörten Tempeldienstes)".[1]
Aber auch Ihre schärfsten weltanschaulichen Gegner
motiviert, bei diametral entgegengesetzten Intentionen,
ein inbrünstiger 'Glauben' an Zion das Denken, Fühlen
und Handeln. In einem leider zu wenig beachteten Aufsatz
behandelt Otto Betz das Verhältnis der Zeloten zu Zion[2].
Vom Glauben an die Gottesstadt erklärt sich der Ansturm
auf das als "Gegenstadt" gewußte römische Lager, aber
auch das Ausharren der Zeloten in Jerusalem bis zuletzt.
"Josephus läßt seinen Gegner Johannes von Gischala sagen, er fürchte keine Eroberung, da die Stadt Gottes Eigentum sei (Bell 6,98). Und die Tatsache, daß Gott im

---

1) Vgl. W.Grimm, Das Opfer eines Menschen 64-66
2) O.Betz, Stadt und Gegenstadt

Tempel wohnt, bietet den besten Schutz. Er steht als
Bundesgenosse auf der Seite der Juden, die deshalb den
Gefahren trotzen können (Bell.5,459)...Der Glaube an
die Unbesiegbarkeit Jerusalems hat die Kampfführung der
Zeloten bestimmt, den Angriff auf die Gegenstadt inspiriert. Er ist eine Art von Heiligem Krieg, der mit dem
unsichtbaren Gott als Bundesgenossen geführt wird." (99)

Es wundert, so gesehen,nicht, wenn wir in den Evangelien auch die vergangene, gegenwärtige und zukünftige
Geschichte Zions vor dem Hintergrund der atl. Bedeutung
der Stadt (Jes 1,21.27; 54) besprochen finden.
Und zwar geschieht dies , erschütternd, in der Passions-
überlieferung, in einer so nur von Lukas gebotenen Tradition,.welche sich freilich stellenweise mit Q-Spruch-
gut berührt (13,31-35; 19,41-44; 21,5f; 23,27-31).
Zur Passion Jesu gehört als ein Aspekt sein Leiden am
verspielten Schalom der königlichen Stadt, die zur Mittlerin von Gerechtigkeit und Frieden erkoren war (Jes 1,
21.27; 54,13f; Jer 33,15f; Test.Dan 5), aber Mörder-
Stadt wurde (vgl. Lk 13,34 mit Jes 1,21).

3. Jesu Wehklage über Jerusalem Lk 19,41-44

41   Und wie er nahe kam
                          und wie er die Stadt sah,
                          da weinte er über sie:

42 Ach wenn du doch an diesem Tage erkannt hättest - auch du! -,
                          was deinem Frieden dient -
    jetzt aber ist es verborgen vor deinen Augen.

43 Denn es werden Tage über dich kommen,
    da werden deine Feinde
            einen Wall um dich aufwerfen
        und werden dich ringsum einschließen
        und werden dich von allen Seiten zusammendrücken;
44   sie werden dem Erdboden gleich machen dich
                  und deine Kinder in dir;
        nicht werden sie einen Stein auf dem andern
                  lassen in dir,

    darum daß du nicht erkannt hast die Zeit deiner Heimsuchung.

Die Wehklage Jesu über Jerusalem (19,42) ist durch eine
dreitaktige Situationsangabe (19,41) geortet; sie bezieht sich auf prophetisch geschautes (19,43-44b) und
begründetes (19,44c) Unheil, aber nicht so, daß der
Prophet dieses verbindlich ansagt, sondern so, daß er
das Gewußte sinnierend vor sich hin spricht.
Die Bedeutungsgehalte der Perikope lassen sich in fünf
konzentrischen Kreisen darstellen; die fünf Kreise sind
jeweils einem Aspekt der Sendung Jesu zuzuweisen.
Anders ausgedrückt: Jesus agiert in Lk 19,41-44 in

fünf zu unterscheidenden, wenn auch nicht zu trennenden
Funktionen.

1. Er kommt als Wallfahrer mit den Wallfahrern (19,41a-
b; vgl. Ps.122).

2. Als er "sieht", wird er zum weinenden Propheten wie
Jeremia (19,41c).

3. Seine Trauer zu artikulieren, liefert ihm die Wehklage des Propheten Deuterojesaja (48,17-19) das
sprachliche Gerüst (19,42a).

4. Was den Zielpunkt der Klage anlangt, die Verkennung
der 'Heimsuchung', das Verpassen der Stunde, so
spricht Jesus als der Prophet wie Mose (Lk 19,42.44c;
vgl. Deut 18,15; Ex 4,31; 13,19).

5. Was seine persönliche Beziehung zum beweinten Jerusalem betrifft, klagt Jesus als der Messias-Bräutigam,
dem sich Zion, die vorgesehene königliche Braut (Jes
54), verweigert, statt bereit zu sein: Der König der
Gerechtigkeit hat sein weibliches Pendant, Salem, die
Stadt des Friedens, verloren (vgl. Gen 14,18!).

1. Die dreigliedrige Schilderung von V.41 läßt, so knapp
sie sich faßt, doch in ein Seelendrama blicken.
Zur Wallfahrt nach Jerusalem anläßlich der drei großen
Jahresfeste gehört das Wallfahrerlied; Ps 122 ist das
klassische Paradigma eines solchen. In besonderer Weise
besingt es die ewige Bestimmung Jerusalems (V.4): Der
Lobpreis richtet sich direkt an Jerusalem als Schalom-
Mittlerin (vgl. auch Ps 128,5f).
Das Pilgerlied ist 3-strophig aufgebaut:

1 WALLFAHRTSLIED, VON DAVID

Ich freute mich, als sie zu mir sagten:
Wir wollen zum Haus Jahwes gehen!
2 Und nun stehen unsere Füße an deinen Toren, Jerusalem!

3 Jerusalem, erbaut als eine Stadt,
fest ummauert, ringsum (?),
4 zu welcher die Stämme pilgern, die Stämme Jahs.
Gute Ordnung ist es für Israel, dort den Namen Jahwes zu preisen.
5 Denn dort stehen die Throne zum Gericht,
die Throne des Hauses Davids.

6 Wünschet Schalom Jerusalem, sicher seien deine Zelte!
7 Es sei Schalom in deinen Mauern,
Sicherheit in deinen Häusern.
8 Um meiner Brüder und Freunde willen
will ich also Schalom über dich sprechen,
und um des Hauses Jahwes, unseres Gottes, willen
will ich dir Gutes wünschen!

Es spiegeln sich in diesen drei Strophen drei fließend
ineinandergreifende Bewegungen oder Schritte des Wall-
fahrers: sein Gehen nach Jerusalem (im Rückblick V.1-2);
sein Sehen: sinnliches Wahrnehmen der Stadt und, unge-
trennt, Hineinsehen in ihr Wesen (am Standort des Psalm-
beters: V.3-5) und die spontanen Schalom-Segensrufe
(auf die Zukunft gerichtet: V.6-8).
In jeder Psalmstrophe findet sich je einmal der Name
"Jerusalem"; in der dritten - darauf läuft der Psalm
hinaus! - dreimal der Schalom, das von Jerusalem zu
vermittelnde Heilsgut (vgl. Jes 54,10.13).

Die drei Phasen des in Lk 19,41 geschilderten Aktes,
in dem freilich Bewegung, Wahrnehmung und Reaktion
unauflöslich ineinander verschränkt sind, entsprechen
diesem Psalm genau: Jesus nähert sich Jerusalem (1);
er "sieht" die Stadt, eben in der ganzheitlichen in
Ps 122,3-5 geschilderten Weise (2); er - hier zerbricht
das Wallfahrerschema: Anstelle des spontanen Jubels und
der Schalomrufe mit gleichermaßen feststellendem und
wünschendem Charakter brechen die Tränen aus. Der Wall-
fahrerjubel kippt in einer schieren Metamorphose in sein
Gegenteil, denn der Schalom, den zu stiften schon vom
Namen her Jerusalems Bestimmung war[1], ist verspielt.
Die Kriegskatastrophe zeichnet sich vor dem inneren
Auge des 'Sehenden' ab; Jesus "sieht" mit dem äußeren
Erscheinungsbild der Stadt zugleich ihren inneren Zustand und was nach bestem Wissen und Gewissen Israels
daraus werden muß.

V.41b "wie er die Stadt sah"[2] verdient sorgfältige Beachtung. Jesus sieht, wie der Fortgang zeigt, aber
auch der atl. Hintergrund von Ps 122, in einem
schlechterdings ganzheitlichen Wahrnehmungsakt
a) Jerusalem, das äußere Erscheinungsbild der Stadt,
wie sie ihm vor Augen liegt;
b) ihren inneren Zustand, gemessen an ihrer von Gott
gesetzten Bestimmung, i.a.W.: ihr Unwesen, gemessen an
ihrem Wesen, und
c) das (daraus Werdende und) auf sie Zu-Kommende.

---

1) Vgl. auch Ps 76,3; 128,5f; 147,14.

2) ἰδών. Meistens bezieht sich die Wortgruppe "auf Personen,
z.B. Jesus, Jünger, Kranke, Pharisäer oder Volksmassen. Wer
'sieht', vermag einzelne Personen in ihrer Individualität...
und oft in einer bestimmten Seins- oder Handlungsweise...zu
erfassen." (J.Kremer, EWNT II 1288)

Ein solches prophetisches Sehen nenne ich in Ermange-
lung eines mehr sagenden Begriffes 'Intuition': Vergangenheit, Gegenwart und Zukunft einer Wesenheit sind in
einem einzigen Wahrnehmungsakt als letzte Einheit 'ge-
blickt'. Jesus "sah" Jerusalem, wie nach der alten
Überlieferung der urtypische Seher Bileam Israel "sah":
seine äußere Erscheinung, die Lagerordnung (Num
23,9a; 24,2), und - mit "entschleiertem Auge" - sein Wesen, seine Bestimmung (Num 23,9bf.21-24; 24,5f) und
seine Zukunft (Num 24,7.17-19). Prophetische Intuition
setzt zwar als sinnliche Wahrnehmung ein, umfaßt aber
die Dimensionen Äußeres und Inneres ebenso wie die Dimensionen Vergangenheit, Gegenwart und Zukunft.
Um den beispiellosen Zerbruch der Form des Wallfahrer-
preises zu ermessen, möchte ich Lk 19,41-44 noch mit
Tob 13, dem abschließenden Danklied Tobits, kontrastieren. Die Lehrerzählung Tobit darf als ein Dokument des
Judentums der letzten beiden vorchristlichen Jahrhunderte gelten, in dem sich seine wesentlichen
Denkweisen, Werte und Glaubensüberzeugungen spiegeln.
Der Lobpreis Gottes V.1-9 geht in V.10 in ein Bekenntnis zu Jerusalem, der "heiligen Stadt", über. Dabei
fallen zahlreiche Anklänge und Anspielungen auf Jes
54 auf, besonders in V.15-18:

> 10 Alle, die in Jerusalem wohnen,
> sollen sich zu ihm bekennen und sagen:
> Jerusalem, du heilige Stadt!
> Der Herr bestraft die Taten deiner Kinder,
> doch er hat wieder Erbarmen
> mit den Söhnen der Gerechten.
> 11 Bekenne dich zum Herrn in rechter Weise,
> preise den ewigen König,
> damit sein Zelt von neuem errichtet wird,
> dir zur großen Freude.
> 12 Er mache in dir die Gefangenen wieder froh
> und schenke denen, die im Elend leben,

seine Liebe,
für alle Zeiten bis in Ewigkeit.
13 Von weither werden die Völker kommen,
um den Namen des Herrn, unseres Gottes, zu preisen.
Sie tragen Geschenke herbei,
Geschenke für den himmlischen König.
Alle Menschen jubeln dir zu.
14 Verflucht sind alle, die dich hassen,
auf ewig gesegnet alle, die dich lieben.
15 Freu dich und juble
über alle Gerechten!
Sie werden vereint sein
und den Herrn der Gerechten preisen.
Wohl denen, die dich lieben;
sie werden sich freuen
über den Frieden, den du schenkst.
16 Wohl denen, die betrübt waren
über deine harten Strafen;
denn sie werden sich über dich freuen,
wenn sie all deine Herrlichkeit sehen.
Sie werden sich freuen in Ewigkeit.
Meine Seele preise Gott, den großen König.
17 Denn Jerusalem wird wieder aufgebaut
aus Saphir und Smaragd;
seine Mauern macht man aus Edelstein,
seine Türme und Wälle aus reinem Gold;
Jerusalems Plätze werden ausgelegt
mit Beryll und Rubinen und mit Steinen aus Ofir.
18 Halleluja ruft man in all seinen Gassen
und stimmt in den Lobpreis ein:
Gepriesen sei Gott;
er hat uns groß gemacht für alle Zeiten.

So hoch hat man z.Z. Jesu von Jerusalem, dem realen oder
idealen?, gedacht, so viel Verehrung und Erwartung der
Stadt entgegengebracht. "Hallelujah ruft man in ihren
Gassen".
Hallelujah? - Wer die Stunde begreift, kann nur weinen
wie weiland Jeremia.

2. Jeremia ist der weinende Prophet schlechthin.[1]
Keiner litt und weinte so um Jerusalem wie Jeremia. Der

---

1) Freilich weiß das AT auch von anderen weinenden Geistträgern zu

Tochter Zion das Gericht ansagen zu müssen, zerriß
schier sein Herz.
Schreckliches Unheil sieht er auf Jerusalem zukommen:
"Hinaus aus Jerusalem..., denn von Norden droht Unheil...Die Schöne und Verwöhnte, die Tochter Zion,
ich vernichte sie (6,1f)...Ruft gegen Zion den Heiligen Krieg aus! (V.4)...Werft einen Wall auf gegen Jerusalem: Das ist die Stadt, [1]von der bei ihrer Heimsuchung erwiesen wurde[1]: Alles in ihr ist Unterdrückung
(V.6)...Darum bin ich erfüllt vom Zorn Jahwes...gieß
ihn aus über das Kind auf der Straße (V.11)...Den
Schaden meines Volkes möchten sie leichthin heilen,
indem sie rufen: Schalom, Schalom, aber es ist kein
Schalom da! (V.14)...In der Zeit, da ich sie heimsu-
che[2], werden sie fallen, sagt Jahwe (V.15)."
Ein ebenso gnadenloses Gerichtswort ergeht in 15,5-9:
"Wer wird mit dir, Jerusalem, Mitleid haben...Wer wird
kommen, um nach deinem Schalom zu fragen (V.5)...Ich
habe mein Volk kinderlos gemacht und es dem Untergang
geweiht. (V.7; vgl. Jes 54,1ff)."
Jeremia leidet unsagbar an der Botschaft, die er auszurichten hat. Bis zuletzt tritt er vor Jahwe für Jerusalem ein: "Ach Herr und Gott, die Propheten sagen doch
zu ihnen: Ihr werdet das Schwert nicht sehen, und der
Hunger wird nicht über euch kommen, sondern beständigen
Schalom gewähre ich euch an diesem Ort." (14,13) Als
Jahwe ihm erwidert: "Durch Schwert und Hunger werden
diese Propheten enden. Die Leute aber, denen sie weis-
sagen, werden auf den Straßen Jerusalems liegen,

---

erzählen (2 Kön 8,11: ein Gottesmann; 2 Sam 15,30: David, als
er aus Jerusalem fliehen muß; vgl. auch Jer 31,15: "Rahel
weint um ihre Kinder.").
1) הֻפְקַד
2) בְזַת פְּקֻדְתֹ֫ם

hingestreckt durch Hunger und Schwert. Niemand wird sie
begraben, sie, ihre Frauen, Söhne und Töchter. So gieße
ich das verdiente Unheil über sie aus." (14,15f), da
bricht Jeremia zusammen: "Meine Augen fließen über von
Tränen bei Tag und Nacht." (14,17)
An anderer Stelle lesen wir die erschütternde Klage
über Jerusalem: "Ach, wäre mein Haupt doch Wasser, mein
Auge ein Tränenquell: Tag und Nacht beweinte ich die Er-
schlagenen der Tochter meines Volkes." (8,23)
Die sprachlichen und inhaltlichen Übereinstimmungen der
Klagen Jeremias über die Katastrophe Jerusalems mit derjenigen Jesu 6oo Jahre später lassen kaum einen Zweifel:
Jesus sah sich, sofern Lk 19,41-44 auf zuverlässigem
Zeugnis beruht, in die Jeremia-Rolle des weinenden Propheten gedrängt, als er, mit den Pilgern zum Passafest
kommend, die Fassaden der Stadt sah und ihr Unwesen da-
hinter.

3. Seelisch in nächster Nähe zu Jeremia zwar, hat
Jesus seine Klage doch, was die Sprachform anlangt,
in Worte eines anderen Propheten, nämlich Deuterojes-
sajas, gekleidet. (Die sprachlichen Übereinstimmungen sind in der nachfolgenden Übersetzung von Jes
48,17-19 hervorgehoben):

17 So spricht Jahwe, dein Erlöser,
　　　　　　der Heilige Israels:

　　Ich bin Jahwe dein Gott,
　　　　der dich lehrt, was hilft,
　　　　　　der dich auf den Weg führt, den du gehen sollst.

18　Ach wenn du doch[1] geachtet hättest auf meine Gebote!
　　　Es wäre wie der Strom dein Friede (šālōm)
　　　　und deine Gerechtigkeit (ş^edāqāh) wie die Meereswogen.
19　　Es wäre wie der Sand dein Same
　　　　und deine Kinder wie seine Körner!
　　Nicht würde vernichtet und nicht vertilgt dein Name vor mir.

Daß sich Jesus dieses auch im Alten Testament vereinzelt dastehende Ach-wenn-du-doch-Wort des Zweiten Jesaja zueigen machte, ist unmittelbar evident.
Davon ausgehend, können wir nun einige umstrittene
Punkte der Wehklage über Jerusalem Lk 19,42-44 aufklä-
ren.
a) In V.42 erheben 2 Lesarten Anspruch auf Ursprüng-
lichkeit: "was dem Frieden dient" (dieser Lesart
folgen Nestle-Aland und Luther 75) konkurriert mit
"was deinem Frieden dient". Vom Gewicht der Textzeugen her wäre keine eindeutige Entscheidung möglich;
diese ermöglicht aber der Bezug von Lk.19,42 auf
Jes 48,17-19 und 54,13 : Jerusalem hat in der Tat
"ihren Frieden" sich angelegen sein zu lassen, also einen spe-
zifischen Friedensauftrag. Es geht in Lk 19,42 nicht
um allgemeingültige friedenfördernde Verhaltensweisen,

---

1) אִלוּ LXX εἰ = Lk 19,42

sondern um Jerusalems unverwechselbare Bestimmung!

b) Wie aber sollen wir dann das "auch du" von V.41 verstehen? Es suggeriert ja, daß ein anderer oder andere sehr wohl die "Erkenntnis" des Friedens haben.

Wir werden im übernächsten Abschnitt sehen, daß dieser andere der Messias, König der Gerechtigkeit, ist: als das männliche Pendant zu Zion-Jerusalem.

c) Welcher Frieden ist also gemeint?

Fernsein von Krieg? Beklagt Jesus die friedensgefährdenden Aktivitäten zelotischer Gruppen und die sich daraus ergebende irreversible Gewaltspirale? Das mag mitschwingen.

Aber im Kontext einer mit atl.-prophetischen Elementen gesättigten Klage ist, wenn der Schalom angesprochen wird, immer auch die "s^{e}dāqāh", Zwillingsschwester von Schalom, gefragt[1]. Dies gilt für die Klage Lk 19,42-44 sogar in besonderer Weise, insofern sie eben die äußere Gestalt von Jes 48,18f angenommen hat - dort ist das Verschwinden von Frieden und Gerechtigkeit Gegenstand der Ach-wenn-doch-Klage.

Wie wir oben S.186f schon gezeigt haben, führt s^{e}dāqāh-Verhalten, nach atl. Zionstradition, zu einem inneren Frieden auf der Grundlage der Bindung an den Gott Israels. Lebt das Gemeinwesen Jerusalem, religiöses Zentrum und Herz Israels, solchen sozialen Frieden im Sinne der schon vom Deuteronomium gewollten brüderlichen Jahwegesellschaft, dann wird es, im Innern eins, auch nach außen stark und wehrhaft sein und darf sich in diesem Fall zudem auf den Beistand Gottes gegen einen potentiellen Aggressor verlassen.

---

1) Vgl. außer Jes 48,18f auch 32,17; 54,13-17; 59,8f;
6o,17f; Sach 9,9f; Ps 72,1-4.7; 85,11.
Noch bei Paulus folgt und fußt šalōm auf s^{e}dāqāh (Röm 5,1ff; 14,17).

Konkret ist s^{e}dāqāh/šālōm nach Jes 48,17-19 so vor-
zustellen, daß die zehn Worte gerade in Zion einen
Lebensraum des Friedens stecken, den man - im Konsens
des Jahwevolkes - als von Gott gegeben ehrfürchtig
anerkennt und dankbar als Orientierungsrahmen für alle
Lebensvollzüge annimmt.
Ein solcher Schalom ist nach dem prophetisch-intuitiven
Urteil Jesu in Jerusalem verspielt.

4. Jerusalem hätte, und damit reicht die Wehklage Jesu
in eine vierte Dimension, vor allem den "Kairos der
Heimsuchung erkennen" sollen. (19,44 c)
In der Geschichte des Gottesvolkes gab es ganz am Anfang - und dann eigentlich nie wieder so - einen ein-
zigartigen Kairos der "Heimsuchung"[1], der nicht verpaßt werden durfte: Als Mose die Zusage Jahwes, daß
er Israel aus Ägypten herausführen werde, dem Volk vorgetragen und sich durch Wunderzeichen als Jahwes Beauftragten ausgewiesen hatte, da glaubte das Volk, "und
als sie hörten, daß Jahwe sich der Israeliten <u>angenom-
men</u>[2] und ihr Elend gesehen habe, da verneigten sie
sich und warfen sich vor ihm nieder." (Ex 4,31; vgl.
13,19 und Rut 1,6)
Das ist der Punkt: Es ist - heiliger Exodus-Tradition
gemäß - unmöglich, von Gott gnadenvoll heimgesucht zu
werden und doch alles beim alten zu lassen, eine Antwort zu versagen. Wenn sich Zion just in dem Moment

---

1) Die hebr.Vokabel hinter ἐπισκοπή ist פקד mit der Grundbedeutung "nach (etwas) sehen", "sich kümmern um", "visitie-
ren". Sie kann sowohl einen positive Gefühle als auch einen
negative Gefühle hervorrufenden Vorgang bezeichnen. Im Lk-
Evangelium (1,68.78; 7,16; 19,44) bezieht sich die Wortgruppe
ἐπισκοπή / ἐπισκέπτομαι = פקד ausschließlich auf einen
"<u>gnädigen</u> Besuch" Gottes - in der Linie von Ex 4,31; 13,19;

ihrem Gott verschließt, da dieser sich ihr voller
Liebe zuwendet, provoziert sie den Zorn des Liebenden: Gott verbirgt sein Angesicht. Leuchtet es nicht
mehr, so kann Zion den Weg zum Schalom nicht mehr sehen (vgl. Num 6,25f), selbst wenn es jetzt sehen wollte. Das Gericht beginnt mit dem Sichverbergen Gottes
und der Verblendung Zions; der Krieg mit seinen
Schrecken ist nur eine, freilich zwangsläufige Folge
der zerbrochenen Beziehung.[1]
Welche Stunde hat Jerusalem verpaßt, auf welche Heimsuchung nicht reagiert?
Die "gnädige Heimsuchung" ist nach der israelitischen
Überlieferung die Exodus-Erfahrung schlechthin und
folglich an Mose gebunden. Vorläufig können wir darum sagen: Jerusalem hat verkannt, daß Gott sich im
Kommen Jesu gnädig der im Elend Lebenden angenommen
hat, so wie Er es in der Zeit der ersten Knechtschaft
Israels tat, indem Er Mose sandte.
Wenn das richtig ist, dann bekundet sich in Jesu Wehklage über Jerusalem ein Bewußtsein, den Auftrag des
in Deut 18,15 angekündigten Propheten-wie-Mose zu
erfüllen, und die Enttäuschung darüber, daß man nicht
auf ihn hörte, wie es der Aufforderung von Deut 18,15
entsprochen hätte.

Rut 1,6.
Daß die "Heimsuchung", so übersetzte Luther ἐπισκοπή, in
der Christenheit ein eher negativ besetzter Topos wurde,
hängt letztlich auch mit der Verwendung des hebr. פקד im
Kontext prophetischer Gerichtsrede zusammen: dort meint
es Gottes strafende Intervention, das "Ahnden" von Vergehen.

2) פקד LXX ἐπεσκέψατο
1) Vgl. mit Lk 19,42 ἐκρύβη Jes 6,9ff; 8,16; 29,10.

5. Im Kern halte ich Lk 19,42-44 für die Ach-ich-habe-sie-verloren-Klage des Messias-Bräutigams. Der Messias hatte seine Rolle angenommen, aber: "Ach wenn doch auch du...": Zion hat ihre Bestimmung, Braut des Königs der Welt zu sein, nicht erkannt und ist, als der Bräutigam kommt, nicht bereit.

In der atl. Zionstradition ist das Bild vom Bräutigam und der Braut auf den Bund Jahwes mit Zion-Jerusalem angewandt (Jes 54; 62,4f; Zeph 3,17f).[1] Die Evangelien übertragen die Bräutigam-Funktion auf den Messias; sie zeigen Jesus in der Rolle des (sicherlich dann messianisch zu verstehenden) Bräutigams des Gottesvolks (Mk 2,19f; Mt 25,1-13; Joh 3,29). In der Darstellung der Jerusalemer Tage lassen sie durchschimmern, daß der Messias-Bräutigam zu seiner Braut kam. Entsprechende Akzente setzt vor allem Matthäus mit dem Erfüllungszitat 21,5: "Sagt der Tochter Zion: Siehe, dein König kommt zu dir..." (=Jes 62,11; Sach 9,9) und mit der Plazierung der Gleichnisse über das königliche Hochzeitsmahl (22,1-14) und den Bräutigam und die zehn Jungfrauen (25,1-13) in die Jerusalemer Predigt Jesu.

Die Übertragung des atl. Bräutigam-Braut-Motivs auf den Messiaskönig und Jerusalem ist wohl schon im zeitgenössischen Judentum vollzogen worden. Eine aus der Zeit des jüdisch-römischen Krieges 66 - 70 n.Chr. berichtete, mit Lk 19,42-44 verwandte prophetische Verkündigung wehklagt über die Zerschlagung einer dementsprechenden Hoffnung:

> Vier Jahre vor dem Krieg, als die Stadt noch im höchsten Maße Frieden und Wohlstand genoß, kam nämlich ein gewisser

---

1) In dieser Tradition steht noch die rabbinische Auslegung von Ex 19,17 "Und Mose führte das Volk aus dem Lager heraus, Gott entgegen" in Mek z.St.: "Der Herr kam vom Sinai, um Israel zu empfangen, wie ein Bräutigam herauskommt, der Braut zu begegnen."

Jesus, Sohn des Ananias, ein ungebildeter Mann vom Lande,
zu dem Fest, bei dem es Sitte ist, daß alle Gott eine
Hütte bauen, in das Heiligtum und begann , unvermittelt zu
rufen:
'Eine Stimme vom Aufgang, eine Stimme vom Niedergang,
eine Stimme von den vier Winden,
eine Stimme über Jerusalem und den Tempel,
eine Stimme über Bräutigam und Braut,
eine Stimme über das ganze Volk.' (Bell 6,300f)

Was ist der Ermöglichungsgrund und der innere Sinn
der Übertragung des Bräutigam/Braut-Motivs auf den
Messias und Zion?
Mir scheint das die Personifikation, die 'personale
Verdichtung' des unzertrennlichen atl. Paares šālōm /
ṣᵉdāqāh und des darin ausgedrückten Ideals (siehe dazu S.187) zu sein. Denn die Gerechtigkeit in Person
stellt nach israelitischer Glaubensüberzeugung der da-
vidische Gesalbte dar (Jer 23,5; 33,15f; Sach 9,9; vgl.
Jes 9,6b; 11,5f), und Schalom ist, wie schon der Name
ausweist, Inbegriff der Aufgabe Jerusalems, ihre Bestimmung, Ausdruck ihrer 'Selbstverwirklichung' (vgl. Ps
76,3; 122; 128,5f; 147,14). Wie nun Frieden und Gerechtigkeit nicht ohne einander sein können, so bedürfen
der 'König der Gerechtigkeit' und die 'Stadt des Friedens' einander als zwei Pole der Heilsvermittlung:
männlicher und weiblicher. (Erste Symbolfigur dieser
zweipoligen Heilsvermittlung ist "Melchisedeq", der
Priesterkönig, in "Salem", Gen 14,18.) Da die Frie-
densstadt zugleich 'Braut' (Jahwes) ist, wird der Messias, Jahwes Repräsentant auf Erden, wie von selbst
'Bräutigam' Zions.

In Jesu Kommen im Jahr der Gnade, ein letztes Mal am
bedeutsamen Tag seines Einzugs in "seine", des
Messias Stadt haben "Gerechtigkeit und Frieden", die alte Idee der Zionstheologie, sozusagen ihre große Chance in der Weltgeschichte, steht doch zu hoffen, daß
sie nunmehr im Messias und seiner Braut Zion letztgültige "personhafte" Gestalt annehmen : Wie in der Urzeit Melchisedeq und Salem (Gen 14,18), so könnten
nun Jesus als Messias der Gerechtigkeit und Jerusalem

als Stadt des Schaloms eine eschatologische Zwei-
einheit bilden: der "ṣaddiq" (Sach 9,9) in Salem
(Gen 14,18; Ps 76,3)[1]. Beide zusammen wären präde-
stiniert, Gerechtigkeit und Frieden zu "verkörpern"
und segensreich zu vermitteln. Aber Jerusalem ver-
stand nicht, daß ihr Schalom sich auf jene Art von
Gerechtigkeit stützen müßte, die Jesus lehrte, übte
und in Person darstellte. Die königliche Braut ver-
weigerte sich dem messianischen Bräutigam.
Kontrastieren wir die Klage Jesu Lk 19,42-44 mit
dem Dokument über die Bestimmung Jerusalems, Jes 54,
so ahnen wir etwas von der Erschütterung und dem
Schmerz im Herzen Jesu:
Zion-Jerusalem hat in seinen Augen alles Heil, welches zu vermitteln sie auserkoren war, verspielt.
Schalom sollte ihr Wahrzeichen sein (Jes 54,10d.13b)
- jetzt aber: Sie hat den Weg der Gerechtigkeit, der
dahin führen würde, nicht begriffen (Lk 19,42).
In Kinderreichtum sollte sich ihr Leben erfüllen
(Jes 54,1-3) - jetzt aber: "Man wird zerschmettern
dich und deine Kinder in dir." (Lk 19,44a; vgl. 4.
Esr 9,42.45) Aus "Edelsteinen" sollte sie schön und
sicher gebaut sein (Jes 54,11b -13c) - jetzt aber:
"Nicht wird man einen Stein auf dem anderen lassen in
dir." (Lk 19,44b) Krieg sollte sie nicht schrecken
(Jes 54,13b-17a) - jetzt aber: "Es werden deine Feinde
dich von allen Seiten zusammendrücken." (Lk 19,43)
Der Messias Israels hat Zion, seine Braut, verloren.
Damit ist die Bindung des messianischen Heilswerks
an die Hauptstadt Israels zerrissen, freilich die
Sehnsucht nach dem wahren Jerusalem nicht für immer
ad acta gelegt. Sie bricht in der eschatologischen

---

1) Der 'Einzug Jesu in Jerusalem' auf dem Esel des 'ṣaddiq' (Mk 1,1-11; Mt 21,1-11;
Lk 19,28-40) läßt diese Möglichkeit einen Augenblick aufblitzen.

Hoffnung des Paulus (Gal 4,26f zit. Jes 54,1) und in
der Vision Johannes' Apk 21-22 in eine andere Dimension
durch; mit der Präsentation eines "oberen", himmlischen
bzw. "neuen" Jerusalem wird Gott die alten Verheißungen einlösen: "Ich sah die heilige Stadt, das neue Jerusalem, von Gott her aus dem Himmel herabkommen; sie
war bereit wie eine Braut, die sich für ihren Mann geschmückt hat." (Apk 21,2)

Nach der Erklärung des vorliegenden Textbestandes soll
abschließend die überlieferungsgeschichtliche und die
historische Frage gestellt werden.
Lk hat das Stück zwischen den Jüngerlobpreis beim Einzug in Jerusalem (19,37ff) und die Tempelreinigung
und -lehre (19,45-48) gefügt, die Begegnung des Messias mit seiner Stadt somit als ein Geschehen in 4
Phasen dargestellt:
a) Angesichts der Stadt Jerusalem, "als er an die
Stelle kam, wo der Weg vom Ölberg hinabführt", huldi-
gen ihm allein die Jünger mit dem Segensspruch von
Ps118,26 - ein Akzent, den Lk setzt, wie der Vergleich
mit den synoptischen Parallelen ergibt.
Der Frieden wird nicht mehr "auf Erden", sondern
b) "im Himmel" gesehen; auf seine Verleiblichung in
den politischen und gesellschaftlichen Strukturen ist
nicht mehr zu hoffen; Jerusalem , repräsentiert in den
Hohenpriestern und Schriftgelehrten (vgl.19,47), hat
sich gegen den Messias verschlossen; jeder heilsmittle-
rischen Funktion der Stadt und ihrer Institutionen ist
damit der Boden entzogen. (Lk 19,41-44)
c) Nichts anderes gilt für den vorfindlichen Tempel
und den mit einer "Räuberhöhle" verglichenen kommerzia-
lisierten Tempelbetrieb (Lk 19,45f).

d) Wohl aber behält der gereinigte Tempel als die geistliche Dimension Jerusalems Bedeutung für das In-Kontakt-
Kommen mit dem durch Jesus erwirkten Heil, mit dem "im
Himmel" bereitliegenden "Frieden": Zeichenhaft und zu-
kunftsweisend stellt Jesus den Tempel durch einen (freilich gewaltfrei!) Exorzismus wieder als Gebetshaus
und Stätte der messianischen Lehre her. (Lk 19,47f)
Damit hat Lk in je zwei Negationen (19,41-44 und 19,45f)
und zwei Positionen (19,37f und 19,47f) - also in
chiastischer Anordnung der diesbezüglichen Aussagen! -
geklärt, welche Art von Heil dem Christen inskünftige
angelegen sein soll.

Lk 19,41-44, "Sondergut", fußt, wie die sprachstatisti-
schen Untersuchungen J.Jeremias' (Sprache des Lukasevangeliums 281f) ergeben haben, im wesentlichen auf einem
überkommenen Traditionsstück, ist also nicht von Lk frei
gestaltet. Lk wird die Episode einer Quelle entnommen
haben, aus der auch weitere - nur von ihm gebotene —
Stücke um das Schicksal Jerusalems stammen (vgl. noch
13,31-33; 21,5f; 23,27-31).

Die meisten Ausleger seit Bultmann vermuten ein vati-
cinium ex eventu nach der erlebten Eroberung der Stadt
im Jüdischen Krieg 70 n.Chr. Doch wird man sich Ries-
ners Gegenargumenten kaum verschließen können: "Die
Präzisierungen sind von so allgemeiner Art, daß die Annahme ausreicht, Lukas habe Züge aus Belagerungsschilde-
rungen zugefügt, die er in der Septuaginta fand [sc.
namentlich Jes 29,3f; Ez 4,2; Hos 10,14; 14,1; 2 Kön 8,
11f; Ps 137,9 könnten eingewirkt haben] . Im Gegensatz
zu Josephus [sc. der über die Ereignisse des Jüdischen

Krieges präzise berichtet] schweigt Lukas über Hunger, Pest, Kannibalismus und Brandschatzung, obwohl er in all diesen Einzelheiten Erfüllungen alttestamentlicher Prophetie hätte sehen können. Vor allem haben sich einige Ansagen nicht in der von Lukas beschriebenen Form verwirklicht. Zweimal wird angekündigt, daß die Stadt ganz von Heeren eingeschlossen werden soll (Lk 19,43; 21,20), aber gerade dagegen hat sich Titus nach Josephus (Bell V 491-511) entschieden. Die Juden wurden ebensowenig 'unter alle Heidenvölker gefangen geführt' (21,24) wie 'kein Stein auf dem anderen blieb'." (26)
In der Tat erweckt die Szene eher den Eindruck einer Intuition, die aus dem Wissen um die ursprüngliche Bestimmung Jerusalems, aus Zeitbeobachtung und Kenntnis der altbundlichen Geschichte gespeist ist.

IV DER HISTORISCHE ORT DES LIEDES UND SEINE ÜBER-
ZEITLICHE BEDEUTUNG

Wiederum will es nicht gelingen, das große Trostlied
für Zion präzise zu lokalisieren und zu datieren. Es
kommt wohl nicht von ungefähr, daß einige Ausleger, da-
runter K.Elliger, dieses Gedicht Tritojesaja zuschrei-
ben. In den ersten Jahren nach 538, dem Datum des Ky-
rosediktes, welches den Wiederaufbau des Tempels prin-
zipiell genehmigte und einen ersten Rückwandererstrom
aus Babylon einleitete, blieb die Lage in Jerusalem
weiterhin ziemlich trostlos. So kommt für die Abfassung
des Stückes Jes 54 mindestens die ganze Zeitspanne von
etwa 580 bis 520 v.Chr. in Betracht.[1] Sollte es , wie
immer noch die Mehrzahl der Forscher annimmt, ein tatsächlich im babylonischen Exil predigender Deuterojesaja verfaßt haben, so dokumentierte sich darin einmal
mehr seine außergewöhnliche Fähigkeit, sich buchstäblich
zu 'versetzen'. In diesem Falle erspürte er die desola-
te psychische Befindlichkeit seiner hunderte Kilometer
entfernt lebenden Brüder und Schwestern. Eine solche
Identifikation mit der Stadt Jahwes über eine große
räumliche Entfernung hinweg scheint keineswegs ausge-
schlossen, vermochte doch Jahrhunderte später noch der
Verfasser von 4.Esra in bewegenden Worten die Klage
der Israeliten von 587 v.Chr. nachzuvollziehen:

> Unser Heiligtum verwüstet,
> unser Altar niedergerissen;
> unser Tempel zerstört,
> unser Gottesdienst aufgehoben,
> unsere Harfe in den Staub geworfen,
> unser Jubellied verstummt,
> unser Stolz gebeugt,
> unseres Leuchters Licht erloschen,

---

1) Vgl. die Überlegungen unter D IV zu Jes 44,1-5 und noch Neh 1,
   1-4; 7,4; 11,1-2.

unseres Bundes Lade geraubt,
unsere Heiligtümer verunehrt,
der Name, nach dem wir heißen, geschändet,
unsere Edlen mit Schmach bedeckt,
unsere Priester verbrannt,
unsere Leviten gefangen,
unsere Jungfrauen befleckt,
unsere Frauen vergewaltigt,
unsere Greise verunehrt,
unsere Gerechten weggeführt,
unsere Kinder geraubt,
unsere Jünglinge zu Sklaven geworden
und unsere Helden schwach. - 4.Esr 10,21f

Mit diesen Worten ist zugleich die Stimmungslage bestens skizziert, in die hinein Dtjes, sei es in Babylon, sei es in Jerusalem, die tröstenden Worte von Kap 54 gesprochen hat.

Weder das historische Jerusalem noch irgendeine Hauptstadt der Welt würden wir heute bei dieser Verheißung behaften; zu breit ist der Graben zwischen der Funktion der Stadt damals und ihrer Funktion im Leben der Heutigen. Konnten die Jerusalemer damals die Stadt, ihre Segnungen erwartend, liebevoll ihre "Mutter" nennen, so entwickeln heute nur wenige Menschen Gefühle der Zugehörigkeit, geschweige denn eine Begeisterung für ihre Stadt oder das Gefühl, ein Glied von ihr zu sein. Allenthalben beklagen wir die Anonymität und Unwirtlichkeit unserer großen Städte. H.Raiss beschreibt, nachdem er festhält: "Die Stadt hat eine Verheißung", die ungute Entwicklung so:

"Sie soll Wohnung Gottes sein und Geborgenheit wie menschliche Nähe vermitteln. Sie war mit ihrer Kommunikationsdichte lange Zeit der größte 'Kulturbrüter'. Die Entwicklung zur anonymen Massensiedlung muß als Fehlentwicklung erscheinen, die zur Selbstzerstörung führt. Sie ist kaum Bürgergemeinschaft, sondern ein Konglomerat sich befehdender Gruppen und eine Ansammlung immer stärker vereinsamter Menschen. Sie verfehlt ihre Aufgabe,

wenn sie nur noch durch Kauf- und Vergnügungsangebot
attraktiv ist, wobei auch Kultur wie Religion vor allem
konsumiert werden." (170)[1]

Die Bedeutung der 'Stadt' und das Verhältnis eines Bür-
gers zu seiner Hauptstadt ist gewiß dem historischen
Wandel unterworfen: Der Gedanke, daß Gott sich in be-
sonderer Weise an eine bestimmte Stadt binde, ist uns
Heutigen unerschwinglich und gerade auch durch das in
Jerusalem aufgerichtete Kreuz Jesu verwehrt.

Und doch enthält Jes 54,1-17 über die Zeiten Bleibend-
Bedeutsames, insofern in der hell-sichtigen Schilderung des neuen, heilen Jerusalem das Ewig-Weibliche
sich offenbart.
Nach C.G.Jung sind psychische Bahnungen im kollektiven
Unbewußten, sogenannte 'Archetypen', für das immer wieder gleiche Auftauchen der 'Symbole' verantwortlich,
"so für die...Verherrlichung des Lichtes im Gegensatz
zur Unheimlichkeit von Dunkelheit und Schatten, für die
Riten um Geburt, Reifung, Wandlung, Tod und Auferstehung,
für die Symbole von Vater und Mutter, Himmel und Unter-
welt". (Wiesenhütter 96) Das wichtigste Paar - Archetypen treten in gegenpoligen Paaren auf - ist das von
Anima und Animus. Jeder Mensch, ob Mann oder Frau, trägt
die gegengeschlechtlichen Regungen im Schatten der eigenen Psyche als 'minderwertige Funktion' in sich. Die
Anima manifestiert sich vorgegebenermaßen zunächst in
der 'konkreten' Frau. Aber auch der Mann, der sein Selbst
verwirklichen, ein ganzheitlicher Mensch werden will, hat
im sogenannten Individuationsprozeß seine Anima aus Dorn-
röschenschlaf zu wecken und sie in seine Persönlichkeit
zu integrieren.

---

1) Vgl. auch die schöne Predigt von Peter Kreyssig über Ps 147
   (Bürgernähe 14ff).

Was sind nun die Funktionen, Seinsvollzüge, Werte des
Ewig-Weiblichen? Hanna Wolff, Schülerin von C.G.Jung,
umstellt sie durch die Begriffe "Rezeptivität, Empfangen, Kontaktfähigkeit, gefühlsmäßige Einschätzung und
Beurteilung der Realität, Spontaneität, nicht rationale
Zuwendung zur konkreten Wirklichkeit" (Jesus als Psychotherapeut 136). Hildegund Wöller, in der Auslegung des
Aschenputtel-Märchens, betont die Mütterlichkeit (21ff),
"Geduld, Leidensfähigkeit, Tragfähigkeit" (42), die Zuversicht des Wünschens und die Lust am Schenken (45),
den Wunsch nach beständiger erotischer Beziehung (47),
den Hang zum Fest, Musik, Spiel und Tanz, Duft und
schönen Kleidern (56). Damit verhalten sie sich zu den
Animus-Funktionen "Leistungsstreben, Rationalität, Ge-
setzlichkeit" (Hanna Wolff) gegenpolig.
C.G.Jung würde bezüglich Jes 54 vielleicht von einer
Anima-Projektion sprechen. E.Wiesenhütter beschreibt
dieses Phänomen am Beispiel der Verliebtheit: "Vom Mann
wird auch im Volk behauptet, er besitze eine 'bessere
Hälfte'. Hinter dieser Redewendung steht das Wissen um
manche sogenannte Anima-Projektion, die als Verliebtheit
bezeichnet wird. In einem solchen Fall ist der Mann unbewußt von seiner Gegenfunktion völlig fasziniert und
okkupiert, etwa wenn er eine robuste Natur ist und seine
weiche , vom Gefühl getragene Seite in eine entsprechende
Frau projiziert und in dieser annehmen und lieben lernt."
(97)
Hat nicht Jerusalem in Jes 54,1-17 Züge der Anima angenommen? Könnte man nicht, zugespitzt, sagen, daß der
(männliche) Verfasser des Gedichts eine unbewußte Sehnsucht nach dem Weiblichen auf Jerusalem, auf eine überindividuelle Wesenheit also richtet? Ursprung des Gedichts wäre dann die Anima-Projektion eines israelitischen Mannes bzw. eines männlichen Kollektivs.

Drückt sich aber in Kap.54 nicht eher eine darbende,
nach Betätigung und Erfüllung lechzende Anima selber
aus, die, zur Königin bestimmt, an ihrem Aschenputtel-
Dasein leidet? Auch damit wäre der Charakter des Stückes
als prophetisch-vollmächtiges Wort noch nicht genügend
erfaßt.
M.E. tröstet hier, im Bewußtsein der Ermächtigung durch
Jahwe, ein Prophet, der im Elend der Jerusalemer Bevölkerung ein Anima-spezifisches Element erspürt hat. In
ein und derselben Verkündigung geht er sowohl ein auf
das, was in den Jahren nach 587 speziell die Jerusale-
merin, aber auch die Anima des israelitischen Mannes
an Entehrung erlitten haben mag, als auch auf das,
was speziell der israelitische Mann, aber auch der Animus der israelitischen Frau von der Mutter Jerusalem
z.Z. vergeblich suchen, bald aber wieder im Übermaß erwarten dürfen. Erstaunlich bleibt, wie absolut frei
von Animosität der Prophet im Rahmen der doch patriarchalen Gesellschaft das Feminine zur Sprache bringt.

Insofern hier in einer durchaus auf eine bestimmte historische Situation zielende Verkündigung archetypisches Wissen eingeflossen ist, eröffnen sich uns Ein-
blicke in das Ewig-Weibliche.
Das Leben der Frau erfüllt sich, wenn wir Dtjes folgen,
(durchaus) in Mutter-Werden und Mutter-Sein. Ihre
Schönheit empfängt die Frau und auch die Anima des Mannes vor allem aus der lebendigen und beständigen Beziehung. Indem sie geliebt und geehrt wird, gewinnt sie
die psychische Kraft, ihren Kindern Geborgenheit
und ein sicheres Lebensfundament zu verschaffen (54,
13b-14a). Geliebt, schön und zuzeiten festlich geschmückt

zu sein, ist ein primäres und unbedingt legitimes Bedürf-
nis jeder Frau und des 'integrierten Mannes', der seine
Anima-Seelenanteile in bewußte Lebensgestaltung über-
führt. Werden der Anima diese elementaren Lebensmittel
entzogen, aus welchen Gründen auch immer, so erlebt sie
das als Erniedrigung ins Aschenputtel-Dasein, und davor
fürchtet sie sich wie vor wenigem anderen. Ihre Bestimmung bleibt es, schöne Königin und mütterliche Segens-
mittlerin zu werden. Sie dahin zu erlösen, vermag am
ehesten ein wahrhaft Liebender wie die Prinzen im
Aschenputtelmärchen und in der Zauberflöte, auf der
biblischen Ebene: Jahwe, der König der Welt bzw. Sein
Sohn, der Messias Israels, dessen Macht Liebe und dessen
Liebe mächtig ist. (Die künstlerische Äußerung des
Glücksgefühls der vom Aschenputtel zu ihrem eigentlichen
Königin-Sein Erlösten ist m.E. Gioacchino Rossini am
mitreißendsten gelungen, im wundervollen Schlußrondo
der Cenerentola in der gleichnamigen Oper. Sogar die
segensmittlerische Funktion der erlösten Aschenputtel
ist in Rossinis Vertonung zu spüren. Trunken vor Freude, singt Cenerentola den Vater, die Stiefschwestern
und Freunde in ihr Glück herein. Sie sollen Teilhaber
eines umfassenden Schalom sein.)

Eine zweite Bedeutsamkeit von Jes 54, und damit kehren
wir zur Ausgangsfrage zurück, hängt nun daran, daß Dtjes
diese Anima und die Stadt Jerusalem vergleichend nebeneinander gestellt hat, so daß sie sich gegenseitig interpretieren. Ja, wir können sogar sagen, Dtjes hat die
beiden Größen so ineinander geschoben, daß uns Jerusalem als eine überindividuelle Erscheinungsform der Anima entgegenleuchtet. Im theokratischen Modell Israels
wird der Hauptstadt die Rolle und Aufgabe zugewiesen,

Anima-Werte auf der überindividuellen Ebene darzustellen.
"Du suchst zu töten eine Stadt und Mutter in Israel" -
mit diesen Worten tritt eine "kluge Frau" dem zum Krieg
gegen Abel-Bet-Baacha entschlossenen Feldherrn Joab be-
schwörend entgegen (2.Sam 20,19; vgl. Jes 66,10ff). Wenn
Schalom und ṣ^{e}dāqāh Fundament der Stadt sind, dann bedeutet das, daß der Bürger in ihren Gottesdiensten, in ihren Institutionen, in ihrer Rechtssprechung, in ihren
Gesetzen, in der fürsorgerischen Art, wie sie mit den
Armen und Schwachen umgeht, in dem sicheren Schutz, den
sie nach außen, und in der Qualität des Wohnens, die sie
innen bietet, eine 'mütterliche' Geborgenheit findet.[1]
Die Stadt soll Heimat geben, und sie soll einfach auch
etwas Schönes sein, an dem man sich erfreut und worauf
man mit Stolz zeigt. (Von alledem erklärt sich leicht,
daß Jerusalem in der Apokalyptik messianische, ja göttliche Züge annehmen kann.)
Eine direkte Handlungsanweisung für die Umschaffung
unserer Städte ist daraus gewiß nicht zu gewinnen, und
doch sind wir durch die Existenz Jerusalems und die un-
eingelösten Verheißungen, welche diese Stadt Gottes
trägt, stetig daran erinnert, wozu unsere Städte nach
Gottes Willen bestimmt sind.

---

1) Vgl. das schöne Bild von Jerusalem in der Heilszeit, das
Sach 8,4-5 zeichnet.

ABSCHLIESSEND: ZUR GATTUNG DER FÜRCHTE-DICH-NICHT-WORTE

Die Auslegung der in diesem Buch vorgestellten fünf
dtjes. Heilsworte ist bis zum heutigen Tag im wesentlichen geprägt von einer bahnbrechenden Entdeckung, die
Joachim Begrich 1934 darlegte[1]. Er sah im sogenannten
"priesterlichen Heilsorakel" diejenige Redeform, welche dem Propheten Dtjes diente, seinen geschlagenen
Landsleuten Mut und Gewißheit einer helleren Zukunft
zuzusprechen.
Die Ausleger zählen heute zum sicheren Minimalbestand
des Heilsorakels bei Dtjes 41,8-16; 43,1-7; 44,1-5.
Begrichs klassisch gewordene Gattungsbestimmung[2], auf
welcher die großen Kommentare von C.Westermann (ATD)
und K.Elliger (BK) fußen, hat gewiß in 43,1-7 ihre
stärkste Stütze. Die zuletzt von C.Westermann präziser
gefaßte Form liegt in Reinkultur eigentlich nur hier
vor: Dem Anruf "Fürchte dich nicht" (a) folgt die
Hauptaussage über die Intervention Jahwes, die Feststellung des bei Gott schon beschlossenen und inganggesetz-
ten Heils (perfektischer Satz oder Nominalsatz; Jahwe
Subjekt) (b). Konkrete Folgen dieser Wende werden dann
aus der Sicht der Angeredeten geschildert (imperfektische Sätze) (c), und die Angabe des Ziels des göttlichen Handelns beschließt die Redeeinheit (d).
Entlehnt ist die Sprachform - nach Begrich - dem Kultus.
Er bestimmt den ursprünglichen Ort des Heilsorakels wie
folgt: Ein Einzelner tritt im Heiligtum mit seinen Klagen und der Bitte um Erhörung vor Jahwe. Möglicherweise

---

1) Das priesterliche Heilsorakel, ZAW 52 (1934) 81-92

2) "Heilsorakel" scheint mir freilich eine unglückliche, weil miß-
verständliche Bezeichnung der gefundenen Gattung. "Heilszusage"
entspricht dem Wesen der Jahwereligion jedenfalls besser.

nach Einholung eines Orakelbescheides oder nach vor-
ausgegangener Opferschau antwortet als Sprecher Gottes
der Priester mit einer Heilszusage, eröffnend mit dem
Beruhigungsruf: "Fürchte dich nicht!" Wenn der Priester
gesprochen hat, beschließt der Beter den kasuellen Vorgang mit Worten der Gewißheit, des Gelübdes oder des
vorweggenommenen Dankes.

In welche Lebenszusammenhänge ein solches priesterliches Heilswort seit alters eingebettet ist, vermag
1 Sam 1-2 zu verdeutlichen. Einfühlsam berichtet der Erzähler von der gewendeten Klage der bis dahin kinderlos
gebliebenen Hanna. "In ihrem Seelenschmerz betete sie
[vor dem Priester im Tempel] zu Jahwe und weinte bitter-
lich." Sie "redete still vor sich hin; ihre Lippen be-
wegten sich, doch ihre Stimme war nicht zu vernehmen."
Der Priester Eli, der ihr Verhalten zuerst mißdeutete,
verkündete ihr nach einem klärenden Zwiegespräch
schließlich: "Geh hin in Frieden, und der Gott Israels
wird deine Bitte erfüllen, die du an ihn gerichtet
hast." Und Hanna sagte: "Möge deine Magd Gnade finden
vor deinen Augen." Dann "ging sie weg; sie aß wieder und
hatte kein trauriges Gesicht mehr." (1 Sam 1,9-18)

Aber damit ist nun auch der neuralgische Punkt der Theo-
rie berührt! Elis, des Priesters, Wort, mit dem er Hanna
entläßt, ist der Sprachform nach ein wirkmächtiger Se-
genswunsch, nicht aber eine Fürchte-dich-nicht-Zusage,
wie wir sie bei Dtjes finden. Auch sonst sehen wir im AT
weit und breit kein priesterliches Wort zitiert oder dokumentiert, das sich sprachlich eng mit den dtjes.
Fürchte-dich-nicht-Worten berührte. Mehr noch: Die von
Westermann aus den dtjes. Texten rekonstruierte ideal-
typische Form eines Heilsorakels zeigt sich nirgends
außerhalb Dtjes.s.
Zwar enthalten einige Psalmen als solche kenntlich ge-
machte Gottessprüche[1]; aber diese entbehren des "Fürchte

---

1) Ps 12,6; 60,8-11; 75,3-4; 81,7-17; 91,14-16; vgl Deut 20,1-4

dich nicht" und sind ausnahmslos an eine versammelte Gemeinde Israels gerichtet oder an die Frommen als Gruppe innerhalb Israels. Dem Vokabular der dtjes. Fürchte-dich-nicht-Worte stehen sie relativ fern.

Eher schon könnte man einige indirekte Anspielungen als Indizien gelten lassen. An mehreren Stellen[1] schimmert durch, daß auch einzelne Leidende einen Gottesspruch, welcher Gestalt auch immer, erfleht haben, der ihnen mit Jahwes Zuwendung die Befreiung von der Not bringen würde. Daß ein solcher erhoffter Gottesspruch durch den Mund des Priesters ging, liegt nahe. Und wenn er in keinem der Psalmen mitgeteilt wird, mag das damit zusammenhängen, daß der Psalter eben das Gesangbuch der Gemeinde Israel ist, während die Gottesworte eher in die Agende des Priesters gehören.

Die Institution eines priesterlichen Heilsorakels würde schließlich den totalen, unvermittelt anmutenden Stimmungsumschwung von tiefer Klage zu plötzlicher Heilsgewißheit in vielen Psalmen[2] gut begreifbar machen; freilich läßt sich dieser Tatbestand zur Not auch anders erklären.

Vorausgesetzt Kl 3,55ff ist nicht von Dtjes abhängig, zeigt dieses rückblickende Danklied, welches in V.58 "Du erlöstest mein Leben..." Jes 43,1ff eng berührt, daß "Fürchte dich nicht" als Kennzeichen eines wie immer vermittelten Heilsworts im Bewußtsein Israels verankert war: Es steht in Kl 3,57 pars pro toto.

---

1) Ps 56,10f; 85,9; 107,20; 119,81ff; 130,5f
2) Ps 6,8/9; 13,5/6; 28,5/6; 31,19/20 u.a.

Alles in allem reichen die Belege nicht aus, die
Existenz eines an den Einzelnen gerichteten priesterlichen Heilsorakels zu beweisen; einige äußere Indizien
sprechen aber dafür. Das priesterliche Heilsorakel einmal vorausgesetzt, erscheint die Annahme plausibel,
Dtjes habe davon freien Gebrauch gemacht, und zwar aus
den folgenden Überlegungen.
Was die dtjes. Frohbotschaft unverwechselbar macht, ist
die von diesem Propheten in hohem Maße vollzogene Einfühlung in die Stimmung und seelische Verfassung der
Exulanten, das genaue Hinhören auf ihre Klagen. Man
braucht als Ort der Verkündigung Deuterojesajas nicht
unbedingt regelmäßige Volksklagefeiern anzunehmen, die
H.E.v.Waldow aus Stellen wie Sach 7,1ff; 8,19; Ps 44;
74; 79; Kl 5; 1 Kön 8,22-59 (dtr.); Jes 51,9-15 erschließt: "Im Anschluß an die Zerstörung Jerusalems
wurden in Judäa an den Trümmern des Tempels und unter
den Exulanten mit der Blickrichtung dorthin an den Ge-
denktagen der unglücklichen Ereignisse des Jahres 587
regelmäßig Volksklagefeiern abgehalten. Bei den exilischen Volksklagefeiern hat der Prophet Dtjes die Heilsorakel verkündigt und in ihnen seine Heilsbotschaft
ausgerichtet." (58) Tatsache ist, daß Dtjes in seelsorgerlich einfühlsamster Weise die Nöte und Zweifel der
deprimierten Gola abtastet, um eine stimmige Antwort zu
formulieren, in welcher die Klagen ganz ernst genommen
sind.[1] Für dieses sorgsame Eingehen auf Befindlichkeit
und tiefste Empfindungen seiner Volksgenossen mag sich
das auf den Gebetsruf bezogene Heilsorakel des Priesters

---

1) Vgl. zu diesem seelsorgerlichen Stil, der das Vorbei-Reden ver-
meidet, vor allem Jes 4o,27-31; 41,14 (die Anrede "du Wurm Jakob,
du Würmlein Israel" mag sich auf Selbstbezeichnungen der betenden
Exulanten beziehen; vgl. Ps 22,7); 41,17; 42,18; 43,22ff; 49,14ff;
51,9-15; 54.

als äußeres Gewand angeboten haben.

In jüngster Zeit erheben sich wieder Stimmen, die
Dtjes.s Fürchte-dich-nicht-Worte vor dem Hintergrund
tatsächlich belegter Sprachformen erklären.
Manche Forscher verweisen auf das mesopotamische
Königsorakel[1]; andere sehen Dtjes eigenständigen Gebrauch machen von einer "Fürchte-dich-nicht-Ermutigung",
die keineswegs in einem eng eingrenzbaren Bereich nur
vorkomme, sondern in Israel und seiner Umwelt in ver-
schiedensten Lebenszusammenhängen beheimatet sei.[2]

Unsere Auslegung schloß den Einfluß eines möglichen
"priesterlichen Heilsorakels" auf die Fürchte-dich-
nicht-Worte Dtjes.s nicht gerade aus, relativierte
aber seine Bedeutung.
Die Zusammenhänge mit dem im AT tatsächlich belegten
"Kriegsorakel" und dem "Patriarchenorakel" waren dagegen mit Händen zu greifen.
Die Verschmelzung der Fürchte-dich-nicht-Redeform mit
dem Trostwort an Zion möchte ich als originäre Leistung
Deuterojesajas bewerten.
Damit ist ihm in großartiger Weise eine ganzheitliche
Schau der im exilischen Israel virulenten Ängste gelungen, die ihrerseits wieder durchsichtig sind auf Urängs-
te des Menschseins überhaupt, und zwar des animus (Jes
41), der anima (Jes 54) und des Menschseins in der Zugehörigkeit (Jes 43,1-7; 44,1-5).

---

1) Zur materialen Basis vgl. ANET I 449-451 und AOT 281-283;
   H.W.Wolff, BKAT XIV 1, S.256.
2) Vgl. etwa Gen 15,1; 21,17; 26,23f; 35,17f; 46,1-4; Num 21,34;
   1Sam 22,23; 23,17; 28,13; 2 Sam 9,7; 1Chr 22,13.16; 28,20f; Hag
   2,4-9. Als gemeinsamen Nenner könnte man evtl. noch die Situation einer Aufgabenstellung bzw. Beauftragung finden.

So wie die fünf Fürchte-dich-nicht-Worte in das uns vorliegende Corpus eingefügt sind, drängt sich geradezu die
Vermutung auf, sie könnten in einem Vorstadium einmal
als eine wohldurchdachte, relativ abgeschlossene Komposition Dtjes.s selbständig existiert haben, wohl in
der jetzt noch erkennbaren Reihenfolge mit einer auffallenden Symmetrie:
Den beiden am "Kriegsorakel" orientierten Stücken 41,8-
13 und 41,14-16 an die Mannen Israels korrespondiert auf
dem anderen Flügel das große Fürchte-dich-nicht-Wort,
das sich an die Frau Zion wendet (Jes 54).
Die Achse bilden 43,1-7 und 44,1-5, zwei Fürchte-dich-
nicht-Worte, welche die alte Verheißung erneuern, die
einst Jakob empfangen hat: Behütung auf dem Weg und
Heimkehr ins Land sowie gesegnetes Leben in einer (starken) Familie.
Ermächtigt, die verschiedenen Ängste des Menschseins,
wie sie bei den Exulanten zutage treten, 'systematisch'
zu bekämpfen, greift Dtjes mit sicherer Intuition auf
die heiligen Traditionen und Stoffe Israels zurück: die
Exodus/Landnahmeerfahrung ist es letztlich, welche Jes
41,8-13.14-16, den Ermutigungen der Mannen Israels, die
Sprache leiht; die Väterverheißungen, besser: die Verheißungen an die familia Dei prägen Jes 43,1-7; 44,1-5;
Gottes Bindung an Zion verspricht ein von Jerusalem,
der zu sich selbst gekommenen anima Israels, ausstrah-
lendes Heil.

L I T E R A T U R N A C H W E I S

(ohne Lexikon-Artikel. Unterstreichung bezeichnet die Kurzform, in der ein Werk im laufenden Text zitiert ist)

KOMMENTARE UND ÜBERGREIFENDES

K.Elliger, Deuterojesaja. 1.Tb. Jes 40,1 - 45,7,
        BKAT XI 6, 1978

G.Fohrer, Die Propheten um die Mitte des 6. Jahrhunderts,
        Bd. 4 von "Die Propheten des Alten Testaments",
        1975

C. Westermann, Das Buch Jesaja, Kap.40-66 (ATD 19), 1966

J.Begrich, Das priesterliche Heilsorakel, ZAW 52(1934)81-92

E.W.Conrad, The 'fear not' oracles in Second Isaiah,
        VT 34 (1984) 129-152

H.J.Hermisson, Deuterojesaja-Probleme, VuF 31 (1986)
        53 - 84

D.Michel, Art. Deuterojesaja, TRE XIII, 510 - 530

H.D. Preuß, Deuterojesaja. Eine Einführung in seine
        Botschaft. 1976

J.M.Vincent, Studien zur literarischen Eigenart und
        geistigen Heimat von Jesaja , Kap.40-55,
        Beitr.z.bibl. Exegese und Theologie 5, 1977

C.Westermann, Sprache und Struktur der Prophetie Deu-
        terojesajas, 1964, Neudruck mit einer Litera-
        turübersicht 1964-79 von A.Richter: 1981

ZU KAPITEL "HINFÜHRUNG"

I.Hilzinger, Zu zweit sind wir stärker, 1986

W.Lindenberg, Gespräche am Krankenbett, [6] 1976

W.Pisarski, Anders trauern, anders leben, 1983

F.Riemann, Grundformen der Angst, [14] 1979

232

M.Wandruszka, Was weiß die Sprache von der Angst, in:
Angst und Schuld in theologischer und psy-
chotherapeutischer Sicht, hg.v. W.Bitter,
[4]1967, S.14-22

ZU   A   (JES 41,14-16) UND   B (JES 41,8-13)

O.Betz, Was wissen wir von Jesus, [2]1967

R.Glöckner, Neutestamentliche Wundergeschichten, Walbers-
berger Studien 13, 1983

W.Grimm, Der Ruhetag, ANTJ 4, 1980

H.J.Kraus, Psalmen, Bd I-II, BKAT XV 1-2, [5]1978

P.Ricoeur, Stellung und Funktion der Metapher in biblischer Sprache, in: E.Jüngel - P.Ricoeur, Metapher: Ev Theol.Sonderheft, 1974, S.45-70

H.E.v.Waldow, Denn ich erlöse dich, Biblische Studien 29,
1960

C.Westermann, Vergleiche und Gleichnisse im Alten und
Neuen Testament, Calwer Theol.Monographien,
1984

ZU   C (JES 43,1-7)   UND   D (JES 44,1-5)

J.A.Bühner, Der Gesandte und sein Weg im 4.Evangelium,
WUNT II 2, 1977

H.Dickerhoff, Wege ins Alte Testament - und zurück, EHS
23, 211

H.Gese, Zur biblischen Theologie. Alttestamentliche Vor-
träge, 1977

L.Goppelt, Theologie des Neuen Testaments, 2 Bde, 1975/76

W.Grimm, Jesus und das Danielbuch, Bd.I, ANTJ 6/1, 1984

W.Grimm, Die Verkündigung Jesu und Deuterojesaja,
ANTJ 1, 2.Aufl. 1981

W.Grimm, Die Heimkehr der Jakobskinder, EHS 23 /251, 1985

M.Hengel, Der stellvertretende Sühnetod Jesu, in: Inter-
      nationale katholische Zeitschrift 'Communio'
      1980, S.1-25

B.Janowski, Sühne als Heilsgeschehen, 1983

S.Kim, The Son of Man as the Son of God, WUNT 30, 1983

P.Stuhlmacher, Existenzstellvertretung für die Vielen:
      Mk 10,45 (Mt 20,28), in: Werden und Wirken des
      Alten Testaments, FS C.Westermann, 1980

C.Westermann, Genesis, BKAT I 1-3, [2] 1976/1981/1982

C.Westermann, Theologie des Alten Testaments in Grund-
      zügen, ATD Ergänzungsreihe 6, 1978

H.W.Wolff, Anthropologie des Alten Testaments, [3] 1977

H.W.Wolff, Hosea, BKAT XIV 1, [3] 1976

W.Zimmerli, Grundriß der alttestamentlichen Theologie,
      ThW, [4] 1982

ZU   E (JES 54)

O.Betz, Stadt und Gegenstadt. Ein Kapitel zelotischer
      Theologie. FS L.Rapp, 1978, S.96-109

O.Böcher, Die heilige Stadt im Völkerkrieg. Wandlungen
      eines apokalyptischen Schemas, in: Josephus-
      Studien, FS O.Michel 1974, S.55-76

H.Frey , Das Buch der Weltpolitik Gottes. Kap.40-55 des
      Buches Jesaja. Die Botschaft des AT.s, 1937

W.Grimm, Das Opfer eines Menschen. Eine Auslegung von
      Joh 11,47-53, in: Israel hat dennoch Gott zum
      Trost, FS Schalom Ben-Chorin 1978.

J.Jeremias, Die Sprache des Lukasevangeliums, Redaktion
          und Tradition im Nicht-Markusstoff des drit-
          ten Evangeliums. Kritisch-exegetischer Kom-
          mentar über das Neue Testament, 1980

P.Kreyssig, Bürgernähe, 25 Predigten in der Stuttgarter
          Gedächtniskirche, 1983

H.D.Preuß, Deuteronomium, EdF 164, 1982

H.Raiss, Dem Frieden eine Stätte bereiten. Zum 10.Sonntag
          nach Trinitatis, Lk 19,41-48, in: Predigt-
          studien I 2, 1979, S.169ff

J.Schreiner, Jeremia Bd.I-II, Die Neue Echter Bibel,
          1981/84

E.Wiesenhütter, Grundbegriffe der Tiefenpsychologie,
          Darmstadt 1969

H.Wolff, Jesus als Psychotherapeut, 1978

H.Wöller, Aschenputtel. Energie der Liebe, 1984

STELLENREGISTER (Auswahl)

A L T E S   T E S T A M E N T

NEUES TESTAMENT

J Ü D I S C H E S   S C H R I F T T U M

Abkürzungen in Anlehnung an ThWAT.